大数据与业财税行业产教融合共同体

会计教育产教融合新形态教材

CAIJING FAGUI YU
KUAIJI ZHIYE DAODE

财经法规与
会计职业道德

张俊民　丁彦波　主　编 ▦

王　荣　赫宇歌　杨丽红　刘立源　副主编 ▦

东北财经大学出版社　大连
Dongbei University of Finance & Economics Press

图书在版编目（CIP）数据

财经法规与会计职业道德 / 张俊民，丁彦波主编. —大连：东北财经大学出版社，2025.6. —（会计教育产教融合新形态教材）. —ISBN 978-7-5654-5652-7

Ⅰ. D922.2；F233

中国国家版本馆 CIP 数据核字第 202524F1J7 号

财经法规与会计职业道德

CAIJING FAGUI YU KUAIJI ZHIYE DAODE

东北财经大学出版社出版

（大连市黑石礁尖山街217号　邮政编码　116025）

网　　址：http://www.dufep.cn

读者信箱：dufep@dufe.edu.cn

大连金华光彩色印刷有限公司印刷　　东北财经大学出版社发行

幅面尺寸：185mm×260mm　　字数：319千字　　印张：15　　插页：1

2025年6月第1版　　　　　　　　　　2025年6月第1次印刷

责任编辑：张旭凤　刘晓彤　　　　　　责任校对：赵　楠

封面设计：原　皓　　　　　　　　　　版式设计：原　皓

书号：ISBN 978-7-5654-5652-7　　　　定价：38.00元

会计教育产教融合新形态教材编写委员会

序

大数据与业财税行业产教融合共同体（以下简称"共同体"）由天津神州浩天科技有限公司、天津职业技术师范大学、天津轻工职业技术学院牵头成立。共同体聚焦京津冀协同发展，辐射全国。下设数智财税培训中心、教材开发组等八大项目组，致力于财会人才培养、岗位培训、教学装备研发及技术创新等建设。自2023年成立以来，通过构建产教供需对接机制、联合开展创新型人才培养、深度推进产学研协同技术攻关以及协同开发高质量教学资源，实现了跨区域汇聚产教资源，促进了产教布局高度匹配、服务高效对接，为行业高质量发展提供了有力支撑。

为深入落实教育部提出的"产教融合、岗课赛证协同育人"战略部署，锚定"衔接职业准入、服务产业升级"的专业人才培养核心方位，共同体以育人使命为纲，凝聚天津市院校教学资源与行业智慧，联合开发会计教育产教融合新形态系列教材。首次出版的是全国会计专业技术资格考试（初级）的系列教材，包含《会计基础》《财经法规与会计职业道德》《企业财务会计》《经济法基础》四本教材。本套教材紧扣初级会计职称考试大纲，秉持"书证融通为纲、能力培养为核、价值塑造为魂"的编写逻辑，既服务学生高效突破初级会计职业准入壁垒，更致力于培育业财税融合背景下"守法规、懂核算、精实务、会工具"的高素质技能人才，紧密呼应新时代财务会计的改革方向。

本系列教材全面覆盖初级会计职称考试知识点，内容编排科学合理，具有以下显著特点：

（1）岗课赛证融通，创新教学模式

本系列教材紧跟教育教学改革步伐，秉持"以实践为导向、以能力为本位"的教学理念，构建"岗位需求→课程内容→竞赛标准→证书考核"四位一体育人体系，推动课程教学向"职业能力培养"全面升级。教材采用项目任务式编写模式，精心设计了"价值引领→任务情景→任务准备→任务实施→巩固与提升"多环节任务学练体系，任务设计层次分明、逐步进阶，通过实际工作任务驱动，引导学生自主探究、合作交流，在完成任务过程中深入理解会计知识，熟练掌握会计技能，着重提升学生实践操作与解决实际问题的能力，切实提高教育教学质量，为教育教学改革注入新动力。

（2）紧贴考试大纲，助力职业发展

本系列教材紧密对接初级会计职称考试大纲要求，精准把握考试重点和难点，在任务准备、任务实施及巩固与提升环节，精心配套了大量初级会计职称考试真题及仿真模拟题，使学生在学习过程中能够充分熟悉考试题型、掌握答题技巧，破解"学考脱节"痛点，彰显"做中学、学中用"的实践育人本质。这不仅为学生的职业发展奠定了坚实基础，更是在学生个人成长成才方面迈出了坚实的一步。

（3）丰富数字资源，赋能高效学习

为适应新时代教育教学的发展需求，本系列教材积极探索数字化转型，注重数字资源的开发与整合。在传统纸质教材的基础上，配备了包括在线课程、教学视频、习题库等多种形式的数字化教学资源，借助神州浩天数字化教辅平台实现线上线下融合互动和个性高效学习，为学生提供了更加丰富、便捷的学习途径，也为教育教学模式的创新提供了有益的探索和实践。

（4）深化产教融合，实现协同育人

对接行业需求，本系列教材采用校企合作的编写模式，深度整合院校与企业优质资源。教材内容涵盖会计学科前沿理论的同时，广泛融入大量企业真实案例与实际操作流程，使学生能够深入了解行业现状与发展趋势，推动学校教育与企业需求的无缝对接，实现校企协同育人，切实提升学生的就业竞争力与职业发展能力，为其未来发展奠定坚实基础。

本系列教材由大数据与业财税行业产教融合共同体教材开发项目组精心策划与组织编写，旨在打造一套高质量、贴合教育需求的初级会计职称考试系列教材。在编写过程中，各参与院校充分发挥自身优势，积极调配优秀师资力量，确保教材的高质量完成。《会计基础》《财经法规与会计职业道德》《企业财务会计》《经济法基础》四本教材分别由天津天狮学院、天津石油职业技术学院、天津渤海职业技术学院、天津轻工职业技术学院牵头编写。教材编写过程中得到了众多行业专家和天津神州浩天科技有限公司的大力支持。在此，项目组向所有支持和参与教材编写的单位及个人致以诚挚的感谢。

教学改革持续推进，教材开发是一个持续迭代、不断完善的过程。囿于编写团队的时间和能力，本系列教材难免存在疏漏和不足之处，恳请广大读者批评指正，以便我们在今后的修订工作中不断完善，精益求精。

大数据与业财税行业产教融合共同体

教材开发项目组

2025 年 6 月

前　言

　　2014年10月23日，习近平总书记在党的十八届四中全会上讲话强调，社会主义市场经济本质上是法治经济。治理国家、治理社会必须一手抓法治、一手抓德治，既重视发挥法律的规范作用，又重视发挥道德的教化作用，实现法律和道德相辅相成、法治和德治相得益彰。2019年2月，习近平总书记在主持召开中央全面依法治国委员会第二次会议时发表重要讲话，深刻阐明法治和营商环境的关系，指出"法治是最好的营商环境"。习近平法治思想是马克思主义法治理论中国化最新成果，是习近平新时代中国特色社会主义思想的重要组成部分，是全面依法治国的根本遵循和行动指南。会计人员承担着生成和提供会计信息、维护国家财经纪律和经济秩序的重要职责，加强会计人员职业道德建设，引导会计人员形成正确的价值追求和行为规范，对于推动经济社会高质量发展具有重要意义。开设"财经法规与会计职业道德"课程，以习近平法治思想为根本遵循与行动指南，是推动会计教育高质量发展、培养知法懂法高素质会计人才的必然要求。

　　面对新时代教育要求，为贯彻落实党的二十大精神，让立德树人从理念转化为课堂的具体行动，突出"法规"课程教学要求和特点，本教材进行了以下几个方面的创新性尝试。

　　一是坚持以学生为中心。

　　本教材采用项目任务式编写体例，打破了传统教材以教师传授知识为中心、按照知识体系设置章节的编写体例，尝试通过教材内容编排和编写体例的改革，推动更加凸显以学生为主体、以教师为主导的课程教学改革。编者围绕素养、知识和技能三个层面的人才培养目标，循序渐进地将任务情景、任务准备、任务实施铺陈展开，不仅避免了传统教材编写中知识单向输出而对学习者要求模糊不清的短板，而且增强了互动性和代入感，使学习者成为主体得以自然实现。

　　二是充分发挥案例教学的独特作用。

　　本教材将短小精悍、一学就懂的案例融入每一个任务情景，针对性强，既有助于学生对所学知识的理解和应用，又会加强对学生发现问题和分析问题能力的培养。"知之守之"栏目，通过提供蕴含法治意识、职业道德、社会责任等方面教育的案例，帮助学生树立正确的世界观、人生观和价值观，成长为德才兼备的会计人才。

　　三是将学历教育与技能认证有机统一。

　　本教材将助理会计师资格考试内容与教材内容相结合，力图实现专业课程教学内容与资格证书考试内容有效对接，提高学习效率，强化模拟训练，提升就业竞争力，达到一举两得的学习效果。

　　在教材编写过程中，东北财经大学出版社编辑部主任张旭凤编审为教材编写体例设计、统稿、审校等做了大量工作，在此表示衷心的感谢。

本教材适合高等院校审计、会计和财务管理及相关专业开设"财经法规与会计职业道德"课程教学使用，也可作为财务人员考取职业资格证书的参考书籍。由于时间和水平有限，书中难免存在不足之处，恳请广大读者批评指正。

张俊民

2025年3月于天津

目 录

数字资源目录

项目一　财经法规与会计职业道德概述

■ 素养目标

1. 培养财经法规与会计职业道德思维和意识，能够自觉遵守财经法规和会计职业道德要求，维护财经法规尊严和职业声誉。

2. 树立正确的财经法规和会计职业道德价值观，理解财经法规在维护经济社会秩序中的重要作用，掌握会计职业道德在维护会计工作正常秩序中的重要作用，增强会计职业的社会责任感。

3. 提升运用财经法规和会计职业道德知识分析和解决实际问题的能力，在面对财经法规事务及会计职业行为时，能够保持理性、客观和谨慎。

■ 知识目标

1. 掌握财经法规与会计职业道德的意义与作用，了解财经法规和会计职业道德在维护经济社会秩序和会计工作秩序中的作用。

2. 熟悉我国财经法规和会计职业道德体系的构成、监管责任的划分，以及各自的基本监管范围。

3. 理解会计职业道德规范与会计法律制度的联系与区别。

■ 技能目标

1. 培养阅读、理解和分析财经法规、会计职业道德规范与经济社会秩序、会计工作秩序内在关系的能力，能够准确把握财经法规和会计职业道德的意义与作用。

2. 锻炼遵守财经法规和遵循会计职业道德规范的能力，能够从具体案例中识别会计法律制度与会计职业道德规范的联系与区别，运用财经法规与会计职业道德规范原理和规则进行会计职业判断。

3. 增强自觉抵制违反财经法规行为的能力，增强运用会计职业道德的自律能力，不断提升弘扬会计诚信文化和营造会计行业诚信氛围的自觉自省能力。

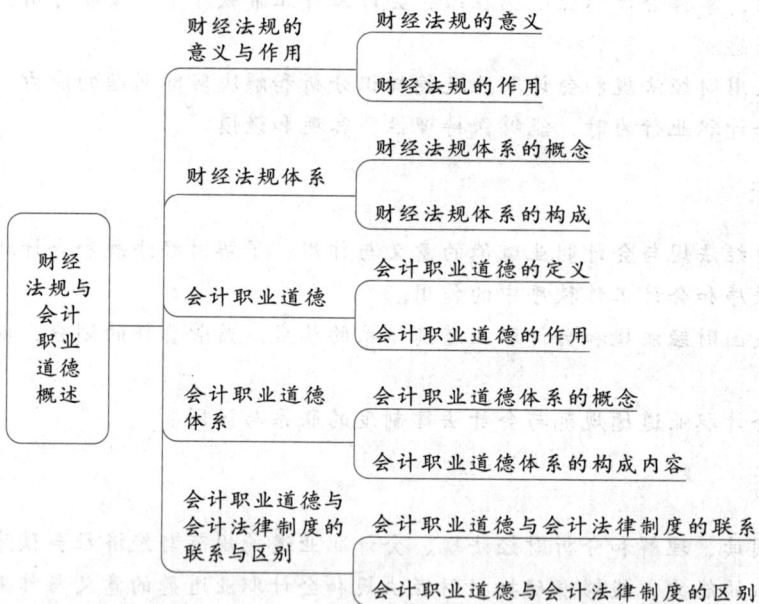

任务一　了解财经法规的意义与作用

一、任务情景

（一）任务场景

中国证券监督管理委员会（以下简称"证监会"）2025年1月10日发布行政处罚决定书〔2024〕141号，经调查，汤某（公司控股股东、实际控制人、董事长）与颜某合谋，通过支付保证金并操控多个证券账户，实施对"昊志机电"的市场操纵行为。操纵期间，相关账户在313个交易日中交易活跃，日成交占比均值达到28.33%。汤某获利3 639万元，违反了《中华人民共和国证券法》（以下简称《证券法》）第五十五条第一款第一、三项的规定，构成了第一百九十二条所述操纵证券市场违法行为。根据当事人违法行为的事实、性质、情节与社会危害程度，依据《证券法》第一百九十二条的规定，决定对汤某处以1.09亿元罚款，对肖某（公司董事、董事会秘书、副总经理、财务总监，在本案例中并未实际获利）处以200万元罚款。

2025年3月24日，检察机关出具了不起诉书及解除取保候审决定书，对汤某、肖某作出不起诉决定，解除了两人的取保候审措施。此后，两人陆续回归工作岗位。

在讨论上述案例过程中，张同学阐明：汤某为进行"市值管理"而购买其控股公司的股票，并获取一定的投资回报是证券市场上的交易行为。王同学提出：此种证券市场行为不一定会给其他投资者造成损失。

（二）任务布置

1. 理解学习财经法规的意义与作用，查询相关资料后分析"任务场景"中的张同学和王同学的观点是否正确。

2. 了解法律责任及处罚的意义，分析"任务场景"中财务总监为何没有实际获利但仍应承担法律责任及相关处罚。

3. 了解法律责任主要有哪几种，不同法律责任的处罚有何区别。

二、任务准备

（一）财经法规的概念和意义

1. 财经法规的概念。

财经法规是国家或其授权的部门、机构制定的以调整和处理与财政经济活动及其关系相关的法律、规章和制度的规范性文件的总称，旨在规范经济行为、调整和处理一切财政经济关系、保障经济秩序、促进经济健康发展。它是国家管理经济的重要手段，也是企业、个人发生经济行为时必须遵循的规范和准则。

2.财经法规的意义。

财经法规的制定和实施,对于保障国家经济安全、促进经济发展、规范市场主体行为、正确处理财政经济活动中利害关系各方的关系、保护投资者和其他利益相关者的合法权益、提高财政资金使用效益、防范和化解金融风险、维护社会经济秩序具有重要意义。

（二）财经法规的作用

财经法规涉及财政、经济活动的各个方面,在规范企业等市场主体、财政、会计、税务、金融及资本市场等方面都发挥着十分重要的作用。具体来说,财经法规的作用主要有以下几个方面:

1.明确法律责任。

财经法规明确了经济活动的法律责任和处罚措施。法律责任由国家强制力保障实施,对于维护法律尊严、教育违法者和广大经济活动参与者自觉守法、保障财经法规的严肃性和权威性具有重要意义。

2.规范经济行为。

财经法规通过明确规定经济活动的合法性和合规性,能够确保经济活动的公平、公正和透明,防止财务舞弊和经济犯罪的发生,为个人和企业提供明确的行为准则,降低经济活动中的不确定性和风险。财经法规不仅可以规范税收征收管理行为,保障税收的公平性和合法性,还可以规范政府财政收支行为,保障财政资金的有效使用和财政经济行为的合法和安全。

3.保护投资者和市场主体合法权益。

财经法规通过规范企业、投资者等利害关系各方经济行为,能够保护企业法人、投资者和其他利益相关者的合法权益,防止欺诈和不当操作,维护市场的稳定和健康发展。财经法规可以保护市场主体的合法权益,包括知识产权、财产权、经营权等,使其免受侵害。

4.维护经济和市场秩序。

财经法规是调整和处理经济关系的重要手段,通过立法程序,能够确保财政经济活动的正常进行,维护市场的统一领导和权威,防止政出多门和权责不明等情况;确立明确的市场规则和准则,确保市场参与者的行为合法合规,维护市场的公平竞争,防止不正当竞争和垄断行为的发生;规范企业和行政事业单位的会计核算行为,确保会计信息的真实、准确和完整。

5.促进经济高质量发展。

财经法规通过规范会计行为、税收征收管理、金融活动等,为各项经济活动提供法律保障,确保资源的合理配置和利用,促进经济的高质量健康发展。财经法规通过制定财政、金融等方面的优惠、扶持等支持经济发展政策,鼓励企业创新和发展,促进经济的繁荣和增长。

6.防范经济风险，维护经济安全。

在经济活动中，各种风险和不确定性因素时刻存在，通过规范经济主体的行为，及时发现和化解各种经济风险，能够保障国家经济的稳定与安全。财经法规对于防范金融风险、维护金融稳定具有不可替代的作用。金融法规的制定和实施可以有效地防范金融风险，保障金融及资本市场的安全稳定和健康稳健运行。

关键知识清单

1.财经法规的概念

2.财经法规的意义

3.财经法规的作用

三、任务实施

1.张同学的说法错误。案例当事人汤某为进行"市值管理"而购买其控股公司的股票，并获取一定的投资回报是证券市场上的交易行为。但是，汤某作为"昊志机电"公司控股股东、实际控制人、董事长，与颜某合谋，通过支付保证金并操控多个证券账户，相关账户在313个交易日中交易活跃，日成交占比均值达到28.33%，并获利3 639万元。这是一种明显的市场操纵行为。汤某作为公司控股股东、实际控制人、董事长拥有信息优势，以"市值管理"为名，在特定日期内利用合谋和集中资金优势、持股优势以及信息优势，通过大量买卖公司股票，赚取高额价差，违背了市场公平、公正和透明的基本原则，构成了《证券法》第一百九十二条所述操纵证券市场的违法行为。

王同学的观点错误。汤某作为"昊志机电"公司控股股东、实际控制人、董事长，与颜某合谋，利用集中资金优势、持股优势以及信息优势，大量买卖"昊志机电"公司股票，操纵股价，获取高额价差，势必会给处于信息弱势的其他股东特别是中小股东造成大额损失。

2.上述案例中，对汤某处以1.09亿元罚款，而对肖某处以200万元罚款，并非仅仅因为肖某在本案例中没有实际获利。根据《证券法》第五十五条第一款第一、三项的表述，汤某、肖某存在"单独或者通过合谋，集中资金优势、持股优势或者利用信息优势联合或者连续买卖""在自己实际控制的账户之间进行证券交易"等手段操纵证券市场，影响或者意图影响证券交易价格或者证券交易量的违法事实。肖某作为"昊志机电"公司董事、董事会秘书、副总经理、财务总监，是此项操纵证券市场违法行为的主要参与者。

3.法律责任主要有民事责任、行政责任和刑事责任3种，其中刑事责任最重。上述案例中，检察机关对汤某、肖某"昊志机电"操纵证券市场案的违法行为不起诉，就意味着案件结案，取保候审解除。其违法行为仅承担行政责任，未触及刑罚，不承担刑事责任。

任务二 熟悉财经法规体系

一、任务情景

(一) 任务场景

2024年6月8日，财政部发布对深圳市成双工业设备有限公司（以下简称"成双工业"）的行政处罚决定书（财监法〔2024〕162号）。

依照《中华人民共和国会计法》（以下简称《会计法》）的规定，财政部组织检查组于2023年6月至9月对成双工业会计信息质量开展了检查。检查发现的主要问题和行政处罚决定如下：

（1）账实不符，虚列应收账款8 345 776元。成双工业与交易方公司于2011年4月签署购货合同，合同总价款11 085 000元。截至2017年3月6日，交易方公司已支付8 342 500元合同款，剩余2 742 500元未付，双方当日签订补充协议，免除交易方公司1 371 250元合同款。成双工业于2018年8月收到1 371 250元合同款，至此协议履行完毕。截至2022年12月31日，成双工业账面对交易方公司的应收账款期末余额仍为8 345 776元。

（2）往来款项核算不实，伪造28家企业公章予以确认。截至2021年12月31日，成双工业与外部单位往来账款余额不一致，涉及应收款项5 161.48万元、应付款项3 069.61万元。深圳中炘国际会计师事务所（普通合伙）（以下简称"中炘所"）在对成双工业2021年度财务报表执行审计工作时，中炘所交由成双工业代寄代收的33份"往来询证函"，成双工业实际并未发函，而是私刻28家企业公章对33份"往来询证函"上的金额予以盖章确认。

（3）虚列研发费用骗取财政资金。成双工业2021年列支研发费用3 724 289.53元，其中，原材料1 900 325.11元，人员工资1 558 665.04元。2022年列支研发费用3 763 127.72元，其中，原材料1 487 679.86元，人员工资1 882 474.91元。该公司研发费用下设原材料及人员工资等明细科目。经查，上述原材料会计核算仅见记账凭证，未附其他能够证明经济业务发生的原始凭证作为支撑；上述人员工资会计核算，记账凭证仅附工资表。成双工业2022年依据中炘所出具的审计报告，向深圳市科技创新委员会申请高新技术企业培育资助资金10万元。

上述行为违反了《会计法》第十四条、第十七条的规定。

成双工业单位负责人赵世春，对上述行为负有责任。依据《会计法》第四十三条的规定，财政部决定给予赵世春罚款5万元的行政处罚。

在讨论上述案例的过程中，张同学提出：该案例中就被处罚公司而言，其所涉及的财经法规就是《会计法》。王同学提出：成双工业为会计师事务所代寄代收"往来询证函"没有明确的处罚，说明这一行为并不违法。

（二）任务布置

1. 自主预习财经法规体系内容，分析"任务场景"中张同学和王同学的观点是否正确。

2. 分析"任务场景"中涉及的国家行政管理部门的执法依据是什么，其所依据的法规是否也属于财经法规体系。

3. "任务场景"中企业"账实不符"这种违规违法行为的实施由会计人员经办，该公司具体经办的会计人员也应受到处罚。对此，你有什么看法？

二、任务准备

（一）财经法规体系的概念

财经法规体系是指调整国家财政经济活动中所发生的社会关系的各种法律法规所形成的有机联系的统一整体，是财经法律、条例、规则、章程、制度等的总称。按照法律体系来划分，财经法规体系主要是指经济法，主要包括两个部分：一是创造平等竞争环境、维护市场秩序方面的法律；二是国家宏观经济调控方面的法律。详述参见本书项目二有关内容。

（二）财经法规体系的构成

财经法规体系涵盖财政税收、金融证券、企业组织、会计审计等多个领域的法规。

1. 财政税收法规。

财政税收法规是指调整国家财政收支关系的法律规范的总称。它是规范市场经济主体、维护市场经济秩序的重要工具。其主要有《中华人民共和国宪法》关于国家财政的法律规定，以及《中华人民共和国预算法》《中华人民共和国企业所得税法》《中华人民共和国增值税法》《中华人民共和国环境保护税法》《中华人民共和国个人所得税法》《中华人民共和国烟叶税法》《中华人民共和国税收征收管理法》《中华人民共和国车船税法》等。

2. 金融证券法规。

金融证券法规是指规范金融市场行为、保护投资者权益、维护金融稳定的一系列法律和规则。其主要有《中华人民共和国中国人民银行法》《中华人民共和国商业银行法》《中华人民共和国证券法》《中华人民共和国保险法》《中华人民共和国票据法》《中华人民共和国反洗钱法》《中华人民共和国人民币管理条例》等。

3. 企业组织法规。

企业组织法规是指规范企业设立、组织、运营和终止等各个方面的法规。它是保障企业合法权益、维护市场经济秩序的一系列法律和规则。其主要有《中华人民共和国公司法》《中华人民共和国合伙企业法》《中华人民共和国民法典》《中华人民共和国民营经济促进法》《中华人民共和国外商投资法》《中华人民共和国外商投资法实施条例》《中华人民共和国市场主体登记管理条例》《中华人民共和国市场主体登记管理条例实施细则》等。

4.会计审计法规。

会计审计法规是指国家规范管理会计审计工作的法律、条例、规则、章程、制度等的总称。

会计法规主要有《中华人民共和国会计法》《总会计师条例》《企业财务会计报告条例》《会计基础工作规范》《企业会计制度》《企业会计准则》《小企业会计准则》《政府会计准则》等；审计法规主要有《中华人民共和国审计法》《中华人民共和国国家审计准则》《审计机关封存资料资产规定》《审计机关审计档案管理规定》《审计署关于内部审计工作的规定》《审计机关审计听证规定》《设立"小金库"和使用"小金库"款项违法违纪行为政纪处分暂行规定》等。注册会计师审计法规主要有《中华人民共和国注册会计师法》《中国注册会计师审计准则》《中国注册会计师职业道德守则》等。

关键知识清单

1.财经法规体系的概念

2.财经法规体系的构成

三、任务实施

1.张同学的说法错误。从案例公司所实施的违法事项看，除了违反《会计法》相关规定外，还涉及其他一些财经法规。比如，案例公司虚列研发费用骗取财政资金事项，根据《财政违法行为处罚处分条例》的规定，企业以虚报、冒领等手段骗取财政资金的行为被明确列为财政违法行为。根据《财政违法行为处罚处分条例》第六条的规定，单位有骗取财政资金行为的，责令改正，调整有关会计账目，追回有关财政资金，限期退还违法所得，并给予警告或者通报批评的行政处罚。如果企业骗取财政资金的行为构成犯罪，则可能触犯《中华人民共和国刑法》（以下简称《刑法》）的相关规定。特别是当企业利用职务上的便利，以骗取等手段非法占有公共财物时，可能构成贪污罪，依据《刑法》第三百八十二条进行处罚。

王同学的说法错误。会计师事务所交由案例公司代寄代收"往来询证函"，而案例公司私刻被询证企业公章伪造"往来询证函"的行为，除案例公司违反了《会计法》相关规定外，会计师事务所还违反了《中华人民共和国审计法》和《中国注册会计师审计准则第1312号——函证》等相关条款的规定。

2.按照《会计法》《关于进一步加强财会监督工作的意见》等法规规定，各级财政部门是本级财会监督的主责部门，牵头组织对财政、财务、会计管理法律法规及规章制度执行情况的监督。在本案例中，违规公司违反了《会计法》等行政法规的相关规定，属于财经法规范畴。对于案例公司违反《刑法》等相关法律规定的，不属于财经法规范畴。

3.企业"账实不符"这种违规违法行为的实施主体是某个或某些会计人员，对此项违法行为的处罚，首先，按照《会计法》第四条规定"单位负责人对本单位的会计工作和会计资料的真实性、完整性负责"对单位负责人进行处罚;其次,对参与违法行为的具体经办会计人员,应由公司依据公司规章制度进行相应处罚。

任务三 了解会计职业道德

一、任务情景

(一) 任务场景

1.一位先进会计工作者的成长历程。张锋露(本处为化名)现任某集团有限公司财务部总经理,正高级会计师。20世纪90年代初,张锋露从某财经学院会计学专业毕业,就职于某集团有限公司下属企业,从一名普通会计做起。学思践悟、矢志创新,经过不懈奋斗,其成长为一名卓越的会计工作者、行业的好管家。

(1)坚持学习。磨刀不误砍柴工,在学习中不断提升。张锋露热爱党、热爱祖国、热爱会计事业,以"时不我待"的主动意识,坚持不懈地学习,不仅十分重视党的理论、路线、方针、政策的学习,而且努力完善会计、经济管理知识,提升自身水平,让自己的会计之路能够坚持正确的政治方向,始终处于会计行业的第一梯队。他先后考取了中级会计师、注册会计师(CPA)、高级会计师资格,通过了正高级会计师职称评审。他在参加工作后考取了某大学商学院会计专业研究生并取得硕士学位,入选市级和全国会计领军(后备)人才培养工程。学思践悟是他成功的秘笈。他认为"会计是门技术活儿,必须不断地学习,并在实践中加以应用,勤于思考和总结,加深对会计行业的感悟"。

(2)守正创新。强基固本善创新,服务企业中心工作。张锋露勤于思考,善于总结,勇于实践。他带领团队强化企业会计基础工作,建立规范的企业会计秩序,加强全过程财务管理,积极稳步推进内部控制制度建设。他紧跟会计信息化发展趋势,修改并完善财务结算制度,增强财务信息系统的处理能力,组织开发了多项信息化子系统。他还致力于提升财务公司的金融服务水平,建立资金集中管理方案,使公司连续多年获得较高的评级。他始终坚持创新的工作理念,紧密围绕集团总体战略布局,科学安排,超前谋划,忠诚担当,埋头苦干,奋力谱写了集团财务管理工作高质量发展的新篇章。

(3)坚持准则,守责敬业。张锋露秉持"依法治企""守责敬业"的工作理念,不断健全财务管理制度体系,不断提高财务管理规范化、精细化和科学化水平。他密切关注境内外资金市场最新动态,优化负债结构,盘活存量资产,初步形成多元化、多层次综合融资体系。他加强资金及债务风险防控顶层设计、制度整合及机制创新,完善集团公司风险防控预警体系;运用"制度+科技"手段,建设实施集团资金管理系统,加快推进集团财务综合管控信息系统建设,着力促进业财数据的互联互通。他组织开展相关财税财会制度研究,确立符合服务集团战略导向和整体利益的财务管理模式;不断优化完善经营分析框架,提高财务分析质量,助推企业转型升级和提质增效。

在学习讨论上述案例的过程中,张同学提出:从该案例来看,会计是一项技能要求很高的专业性工作，作为一名合格的会计人员，不仅需要掌握会计、财务管理等专业知识和技能，还应该掌握经济管理等其他方面的许多知识。王同学提出：会计职业道德对于做好会计工作具有非常重要的意义与作用。

2.甲和乙为某学校会计学专业刚毕业的同学，同时就职于某工业设备生产企业财务部，甲同学被分配到出纳岗从事出纳工作，乙同学被分配到产品成本核算岗从事产品成本核算工作。张同学认为：甲同学的出纳岗工作简单，工作压力会很小。王同学认为：乙同学的成本核算岗比出纳岗好，因为不用天天忙于货币资金的收付业务，工作中风险较小。

3.某公司为一家大型先进技术设备生产企业，其不同生产车间所使用的生产设备技术先进水平存在较大差异，计提各种生产设备的折旧方法一直沿用直线法。

（二）任务布置

1.结合"任务场景1"的资料，分析张同学和王同学的想法各有什么长处。

2.结合"任务场景2"的资料，分析不同会计工作岗位对会计人员职业道德的要求有何不同。

3.结合"任务场景3"的资料，分析说明某公司计提各种生产设备的折旧方法一直沿用直线法是否妥当。

二、任务准备

（一）会计职业道德的意义

2023年1月，财政部发布《会计人员职业道德规范》（财会〔2023〕1号，以下简称《规范》），将新时代会计人员职业道德规范概括为"三坚三守"，即"坚持诚信、守法奉公，坚持准则、守责敬业，坚持学习、守正创新"。"坚持诚信、守法奉公"是对会计人员的自律要求，"坚持准则，守责敬业"是对会计人员的履职要求，"坚持学习，守正创新"是对会计人员的发展要求。《规范》的制定与实施对于引导会计人员形成正确的价值追求和行为规范、提高会计工作水平和会计信息质量、加强社会信用体系建设、推动经济社会高质量发展具有重要意义。

1.有利于塑造会计职业的社会声誉。

树立良好职业形象，维护会计行业声誉，是会计职业道德规范对会计人员的基本自律要求，是塑造、维护会计职业声誉的基本保证。会计职业道德规范是会计职业对社会的庄严承诺和责任担当的彰显。通过建立健全会计职业道德规范体系，促使会计职业和会计人员积极主动融入社会大局，提高政治站位，不断发挥会计在经济社会发展中的积极作用，进一步塑造和提高会计职业的社会声誉。坚持党的领导，是中国共产党团结带领中国人民在革命、建设和改革伟大历程中得出的一条根本经验。党的领导为会计事业发展指明正确方向。会计工作应当坚持服务经济社会发展，服务社会公共利益，服务中国特色社会主义事业，建立健全会计工作的正常秩序，构建适应社会主义市场经济的会计模式；完善会计监督体系，构建单位、社会、政府等共同参与的会计监督机制，有效发挥社会力量在会计监督中的协同作用。因此，制定实施会计人员职业道德规范，积极推动会计职业道德建设，有利于塑造会计职业的社会声誉。

2.有利于提高会计工作水平和会计信息质量。

严格执行准则制度，保证会计信息真实、完整，是会计职业道德规范的基本要求。只有切实保障会计资料的真实、准确、完整，才能保障会计信息的真实、可靠。经济越发展，会计越重要。从微观企业角度看，会计人员坚持诚信、守法奉公，严格执行准则制度，才能保证会计信息真实、完整。高质量会计信息是引导企业资源有效配置的基本保障，也是宏观经济决策的重要依据。投资者、债权人、经营者，以及社会公众和政府都需要真实、可靠的会计信息为其合理决策提供支持。从国家宏观经济角度看，包括会计信息在内的财会信息是经济发展的"晴雨表"，是营商环境的"检测剂"，是宏观经济决策的重要依据。没有高质量的会计信息支持，就难以实现高质量发展，难以营造更加宽松、公平的营商环境，难以进行更加务实、科学的宏观经济决策。作为通用商业语言，会计在整个经济运行和经济管理中的基础性作用，必然要求会计人员诚实守信、客观公正。同时，提高会计工作法治化、规范化水平，有利于进一步升华会计人员职业理想与信念，进一步加强会计人员队伍建设，进一步提高会计工作水平，增强社会对会计信息的信任度。

3.有利于加强社会信用体系建设。

坚持诚信，牢固树立诚信理念，是会计职业道德规范的基本要求。会计人员承担着核算、监督和提供会计信息的重要职责。会计领域的诚信是经济社会诚信的基础之一，诚信是会计安身立命的根本，因此，会计职业道德的核心是诚信。会计职业道德建设对于维护国家财经法纪和经济秩序，特别是资本市场秩序至关重要。通过加强会计人员职业道德建设，有利于加强社会信用体系的建设与完善，促进经济社会的高质量发展。

4.有利于培养高素质会计人员。

坚持学习，守正创新，是会计职业道德规范的基本要求。经济社会的发展、科学技术的进步对会计工作产生了深刻影响。特别是随着新业态的不断涌现，经济活动的类型日益多元，会计处理方式方法日趋复杂，如何客观、全面反映经济活动实质，成为未来会计工作面临的一项巨大挑战；随着新技术的高速发展，会计职能正在从传统的会计确认、计量、记录、报告向价值管理、决策支持等转型，特别是人工智能、电子会计凭证等新的科学技术、新事物的出现，给会计职业带来了深刻变革。会计职业道德建设不仅是提高会计工作和会计信息质量的关键途径，也是培养高素质、有崇高职业理想会计人员的重要措施。高素质的会计人员需要具备积极践行社会主义核心价值观等职业道德素质，这样才能在复杂的会计事项处理中找到合适的反映手段和方法，提供真实、可靠的会计资料和会计信息。

5.有利于推动会计事业高质量发展。

会计工作不仅是微观企业的管理性工作，也是国家宏观经济管理和市场资源配置的基础性工作。会计人员职业道德规范要求会计人员坚持学习、守正创新，不断提升专业能力，适应新形势、新要求。因此，加强会计人员职业道德规范建设，会促使会计人员主动融入国家改革发展大局，深入贯彻落实新发展理念和新发展格局战略构想，把握新时代发展的新机遇、新挑战，这也必将有助于推动会计事业的高质量发展，提升会计服务社会发展的整体水平。

（二）会计职业道德的作用

会计人员职业道德在会计行业和经济社会发展中具有重要作用，主要体现在以下几个方面：

1.规范会计行为。

会计职业道德通过提出具体要求，引导会计人员树立正确的会计理想和会计观念，牢固树立诚信理念，确保会计资料和会计信息的真实、准确、完整，这是会计职业道德规范的调节和引导作用。会计职业道德规范的调节作用是指会计职业道德具有纠正人们的会计行为和指导社会经济实践活动的功能，具有调节会计人员之间、会计人员与其他工作人员之间、会计人员与企业单位和国家之间的工作、政治或经济的关系的作用，从而为企业建立正常的会计工作秩序。会计职业道德规范的导向作用是指会计职业道德扮演着指导人们的会计行为方向的"向导"的角色。我国社会主义会计职业道德可以指导社会公众和会计人员自愿地选择有利于消除各种矛盾、调整相互关系的会计行为，避免相互之间发生矛盾或解决、缓和已经产生的矛盾，改善会计职业领域人与人之间、个人与国家之间的协调一致的和谐关系。同时，会计职业道德规范通过社会舆论和会计人员的职业道德表现或先进事迹的表彰，弘扬高尚的会计职业精神和文化，影响和引导会计事业科学发展的方向。

2.保证会计目标实现。

会计目标是提供会计资料和会计信息，提高经济社会效益，维护经济社会秩序。会计职业道德要求会计人员诚实守信，提供有用的会计信息，避免因提供不充分、不可靠的信息而导致决策失误和社会经济秩序混乱。

3.提高会计人员素质。

会计职业道德规范对提高会计人员素质提出了非常高的要求，高素质的会计人员应当爱岗敬业，勤于学习，锐意进取，始终秉持专业精神，持续提升会计专业能力，具有高水准的业务技能。会计职业道德规范通过多种方式塑造会计职业道德风尚，树立会计职业道德榜样，以此来深刻影响人们的会计道德观念和会计道德行为，培养会计人员的良好会计道德习惯和高尚会计道德品质。

4.补充财经法规。

会计职业道德规范是对会计法律制度的重要补充，法律制度是底线要求，而职业道德则提供了更高的行为标准和要求。

5.推动行业风气建设。

通过坚持诚信、守法奉公、守责敬业和守正创新的要求，推动建立会计人员失德失信行为惩戒机制，形成良好的行业风气，助力会计事业的高质量发展。

■ **关键知识清单**

1. 会计职业道德的意义
2. 会计职业道德的作用

三、任务实施

1. 张同学的认识是很充分的。从案例中张锋露的工作履历不难看出，会计从来不是简单的记账算账和简单的价值判断的工作，而是一项涉及经管责任落实、经济利益分配、经济决策等经济社会管理多方面的十分复杂、严谨的工作。会计也从来不仅是技术性的，而且是道德性的。保证会计资料真实、完整，加强经济管理和财务管理，提高经济效益，维护社会主义市场经济秩序是会计的基本目标和要求。面对传统产业转型升级、现代产业体系协同发展，新形势、新任务、新要求都需要进一步提高对会计重要性的重新认识。贯彻新发展理念，推动高质量发展，开启中国式现代化新征程，是会计发展取得突破的重要机遇。在这样的形势下，不仅传统的会计职能作用要巩固要发展，而且更应大力扩展会计的职能作用，充分利用现代信息技术，推动会计工作数字化转型，提高会计管理效能，加强包括管理会计应用和实践在内的创新性发展，这对于推进国家治理体系和治理能力现代化，建立完善现代企业制度，增强核心竞争力和价值创造力，推动会计职能对内对外双向拓展，推进会计行业提质增效都有着十分重要的意义。显然，顺应经济社会和会计的发展趋势，作为一名合格的会计人员，不仅需要掌握会计、财务管理等专业知识和技能，还应该掌握经济管理等方面的许多知识。

王同学认为会计职业道德对于做好会计工作具有非常重要的意义与作用也是很好的。会计职业道德是会计人员应当遵守的基本行为规范。《会计人员职业道德规范》既对会计人员提出了基本的自律要求，又对会计人员提出了认真履职的基本要求，还对会计人员的发展提出了更高的要求。这对于引导会计人员形成正确的价值追求和行为规范、提高会计工作水平和会计信息质量、加强社会信用体系建设、推动经济社会和会计工作高质量发展具有重要意义。

2. 张同学和王同学对甲、乙两位同学所从事会计工作的认识及评价不够全面。首先，无论从事何种具体会计工作，都是具有十分重要的作用和意义的，会计职业道德规范的要求都是一样的，都应该勤勤恳恳、兢兢业业，努力做好本职工作。其次，具体会计工作确实存在一定的差别，职业风险也存在一定的区别，但是，只要严格按照《会计法》等财经法规和会计职业道德规范的要求，不断努力学习，不断提高专业素质和能力，谨慎、认真工作，正确对待并化解工作中可能遇到的各种风险与挑战，就一定能够做好各自的工作。相较于其他会计工作岗位，出纳岗的职务风险和自律要求更高一些。

中央纪委国家监委网站于2023年5月3日发布题为《以案为鉴 斩断伸向群众"身后事"的黑手》的警示文章，讲述的是南京某公墓有限公司出纳杨某严重违反《会计人员职业道德规范》和相关法律，犯贪污罪、职务侵占罪，数罪并罚，最终锒铛入狱的事例。在案例中，杨某私自购买收据并偷盖单位发票印章，用收据代替发票开给购墓人，将售墓款截留在自己手中。后来甚至不再通过银行卡转存售墓款，而是堂而皇之地将自己的收款二维码贴在窗口，让客户直接扫码支付。经专项审计，2014年以来，多达477个墓穴的购墓款和部分护墓费被杨某侵占、贪污，涉案金额高达2 300余万元。杨某最终被判处有期徒刑13年6个月，罚金5万元，没收财产750万元。本案例说明，出纳岗位是会计循环中的重要一环，出纳工作非常的繁杂，直接与现金打交道，如果不能做到"三坚三守"，面对外界诱惑，就容易迷失自我，最终走向犯罪的深渊。案例中的杨某作为单位出纳，未能严格要求自己，利欲熏心，未能守法奉公，长期沉迷于奢华的享受之中，并为其家人购置多套门面房，没有守住底线和红线，最终付出了惨痛的代价。

3.按照我国《企业会计准则第4号——固定资产》第十七条的规定，企业应当根据与固定资产有关的经济利益的预期实现方式，合理选择固定资产折旧方法。可供选用的折旧方法包括年限平均法、工作量法、双倍余额递减法和年数总和法等。根据《中华人民共和国企业所得税法》及其实施条例、《财政部 国家税务总局关于进一步完善固定资产加速折旧企业所得税政策的通知》（财税〔2015〕106号）的规定，企业可以采用双倍余额递减法或者年数总和法计提折旧。按照"坚持准则，守责敬业"的会计职业道德规范要求，首先要严格遵守会计准则，其次在会计准则规定"可选择"多种固定资产折旧方法的情况下，还应做到"守责敬业"。在本案例中，会计人员应该在遵守会计准则的基础上检索所得税等相关法规的相应规定，积极全面理解并达到"坚持诚信，守法奉公"职业道德规范要求，充分用对用好国家支持企业高质量发展的方针政策，维护企业合法权益。所以，在本案例中，企业"计提各种生产设备的折旧方法一直沿用直线法"的做法可能是不正确的。

任务四　熟悉会计职业道德体系

一、任务情景

（一）任务场景

2024年6月8日，财政部发布对当事人许某的行政处罚决定书（财监法〔2024〕148号），依照《注册会计师法》等法律的规定，财政部组织检查组于2023年6月至8月对安永华明会计师事务所（特殊普通合伙）（以下简称"安永华明所"）执业质量等情况开展了检查。检查发现的主要问题和行政处罚决定如下：

大家人寿保险股份有限公司（以下简称"大家人寿"）将投资的远洋集团控股有限公司（以下简称"远洋集团"）H股股票计入长期股权投资核算并按权益法进行后续计量。经对现金流量折现模型检查发现，大家人寿2021年对营运资本计算公式进行了调整，未剔除属于筹集资金活动的短期借款因素，得出不减值结论。根据《企业会计准则》修正大家人寿营运资本错误计算公式，依据大家人寿减值公式和参数，测算持有远洋集团长期股权投资资产预计未来现金流量的现值为1.15亿元；2021年年末大家人寿持有远洋集团H股股票市场价值33.52亿元。综上，两种方法测算可收回金额均低于2021年年末账面价值1.33亿元，按照《企业会计准则第8号——资产减值》相关规定，大家人寿2021年账面少计大额资产减值损失。

安永华明所在执行大家人寿2021年度财务报表审计工作时，对其持有远洋集团长期股权投资减值测试进行审计工作，发现大家人寿2021年对营运资本计算公式进行了调整，但短期借款取值错误。安永华明所调整管理层减值测算模型中折现因子及折现系数、利润总额/营业收入预测比例、综合所得税税率预测、营运资本变动预测，但未说明原因和调整依据，未发现经测算后预计未来现金流量的现值以及2021年年末大家人寿持有远洋集团H股股票市场价值均低于2021年年末账面价值、存在减值金额不实的情况，并得出不减值结论。安永华明所未保持职业怀疑，存在职业判断错误。

上述行为违反了《注册会计师法》第二十一条，《中国注册会计师审计准则第1101号——注册会计师的总体目标和审计工作的基本要求》第二十八条，《中国注册会计师审计准则第1321号——审计会计估计（包括公允价值会计估计）和相关披露》第十五条、第十八条等规定。许某作为上述审计报告的签字注册会计师，对上述问题负有审计责任。依据《注册会计师法》第三十九条的规定，财政部决定给予警告的行政处罚。

在学习讨论上述案例过程中，张同学提出：在本案例中，受到惩罚的是一名负有审计责任的签字注册会计师，被审计公司或会计人员并没有受到惩罚，说明被审计公司或会计人员对相关业务的会计处理并无不当。

王同学提出：在本案例中，会计师事务所和注册会计师之所以审计失败受到处罚，主要是因为被审计公司会计人员未严格遵守会计准则和会计职业道德要求而得出"不减值"错误结论导致的，受到处罚的理应是被审计公司单位负责人和会计人员。

（二）任务布置

1. 学习掌握会计职业道德体系的含义，分析张同学和王同学的观点是否正确。

2. 会计职业道德规范主要是规范会计职业行为人精神层面的标准与要求，会计准则才是会计技术层面的标准与要求。请对此发表你的见解。

3. 说明会计职业道德规范对于失范行为的处罚包括哪些内容。

二、任务准备

（一）会计职业道德体系概述

1. 会计职业道德体系的形成。

我国会计职业道德的发展历程，通常认为有以下几个阶段：

（1）早期自律阶段。会计人员主要依靠自身的职业操守和道德修养来规范自己的行为。随着社会的发展和会计业务的复杂化，单纯依靠会计人员的自律已经难以满足社会对会计工作的要求。

（2）法律规范阶段。政府通过一系列法律法规来约束会计从业人员的行为，《会计法》（1985年1月21日全国人大常委会通过；1993年12月29日第一次修正；1999年10月31日修订；2017年第二次修正；2024年6月28日第三次修正）第三十七条规定："会计人员应当遵守职业道德，提高业务素质，严格遵守国家有关保密规定。对会计人员的教育和培训工作应当加强。"《会计基础工作规范》（1996年6月17日财政部发布）对会计职业道德进行规范。《注册会计师法》（1993年10月31日全国人大常委会通过；2014年8月31日修正）对注册会计师的执业行为进行规范。但是，法律往往存在滞后性，单纯依靠法律规范还不够，难以及时应对会计领域不断出现的新的会计职业道德问题。

（3）社会共治阶段。会计职业道德建设不仅需要自律和法律规范，还需要全社会的共同参与和监督。2018年4月，财政部发布《关于加强会计人员诚信建设的指导意见》（财会〔2018〕9号），提出"政府推动，社会参与"的基本原则，同时指出强化会计职业道德约束。针对会计工作特点，进一步完善会计职业道德规范，引导会计人员自觉遵纪守法、勤勉尽责、参与管理、强化服务，不断提高专业胜任能力；督促会计人员坚持客观公正、诚实守信、廉洁自律、不做假账，不断提高职业操守。2023年1月，财政部印发《会计人员职业道德规范》（财会〔2023〕1号）。2023年2月，中共中央办公厅、国务院办公厅印发《关于进一步加强财会监督工作的意见》，指出到2025年，构建起财政部门主责监督、有关部门依责监督、各单位内部监督、相关中介机构执业监督、行业协会自律监督的财会监督体系；基本建立起各类监督主体横向协同，中央与地方纵向联动，财会监督与其他各类监督贯通协调的工作机制。这种社会共治的模式有利于全方位推动会计职业道德建设，形成较为完整的会计职业道德规范的制定、执行和监督体系，提高会计工作质量和会计社会公信力。

2.会计职业道德体系的概念。

会计职业道德体系是指由会计职业理想、会计工作态度、会计职业责任、会计职业技能、会计工作纪律和会计工作作风等系统构成的一个相互联系、相互制约的有机整体。从会计职业道德规范角度看，会计职业道德体系是由会计职业道德规范的制定、执行和监督等构成的一个相互联系、相互制约的有机整体。从会计职业道德约束方式看，会计职业道德体系是由会计职业道德自律、会计职业道德他律和会计职业道德自律与他律相互协调、相互制约的统一的社会共治所构成的一个有机整体。

（二）会计职业道德体系的构成内容

会计职业道德体系的构成内容是指会计职业道德体系约束对象内容及其范围。国际会计师联合会（International Federation of Accountants，IFAC）下属道德委员会出版的《职业会计师道德守则》是该委员会的重大成果之一，其适用于在公共会计师领域、工商业界、政府部门和教育界工作的所有会计师，为各国制定职业会计师道德规范提供了一个参考的范本。其内容包括适用于所有职业会计师、适用于执行公共业务的职业会计师和适用于受雇的职业会计师等三个部分。其适用范围包括企事业单位会计人员和注册会计师。财务执行官协会国际联合会（International Association of Financial Executives Institutes，简称IAFEI或国财协联）下设有财务道德委员会。在我国，广义的会计职业道德体系除企事业单位会计职业道德外，有时还涵盖国家审计人员职业道德体系和内部审计人员职业道德体系以及注册会计师职业道德体系，即会计与审计不分。迄今为止，我国在实践中财务管理与会计不分，所以，狭义的会计职业道德体系涵盖的范围主要指的是会计与财务管理领域职业道德范畴，习惯上称为会计职业道德体系。

▇ 关键知识清单

1. 会计职业道德体系的形成
2. 会计职业道德体系的概念
3. 会计职业道德体系的构成内容

三、任务实施

1. 张同学的回答是错误的。在本案例中，受到惩罚的是一名负有审计责任的签字注册会计师，被审计公司或会计人员并没有受到惩罚，但是，这并不能说明被审计公司或会计人员对长期股权投资减值的会计处理并无不当。被审计单位会计人员没有做到严格执行资产减值会计准则制度，导致少计大额资产减值损失，在保证会计信息真实完整方面存在缺失。按照《会计基础工作规范（征求意见稿）》第二十条的规定，会计人员违反职业道德的，所在单位应进行相应处理。

王同学的表述也是不正确的。在本案例中，企业会计职业道德在严格执行会计准则方面的缺失，客观上是导致审计人员职业判断错误的重要原因。但是，注册会计师的职责就是要通过审计发现会计处理的差错，注册会计师没有严格执行审计准则，未保持职业怀疑，存在职业判断错误，理应受到应有的处罚。

本案例说明了会计职业道德与注册会计师职业道德的关联关系。

2. 的确如此，会计职业道德规范主要是规范会计职业行为人精神层面的标准与要求，会计准则是对会计处理的技术层面的标准与要求。但是，会计职业道德规范也对会计技术方面提出了很高的要求，要求会计人员始终秉持专业精神，勤于学习，锐意进取，持续提升会计专业能力。

3. 会计职业道德规范对于失范行为的处罚，主要运用道德谴责方式。不仅如此，还有严重失信会计人员"黑名单"制度、罚款、限制从事会计工作、警告、通报批评、不予接纳、劝退等多种行政责任追究惩戒措施。

任务五　明确会计职业道德与会计法律制度的联系与区别

一、任务情景

（一）任务场景

某公司尚未应用电子原始凭证。2020年7月的一张凭证，业务内容为报销车辆补贴9 500元，没有附件；还有一张凭证为支付给职工的应急值班费，金额合计7 740元，但直接支付给一个人，没有其他领款人签字确认。

在学习讨论上述案例过程中，张同学认为：在本案例中，两笔业务的会计处理均为原始凭证不够齐全，按照2023年印发的《会计人员职业道德规范》，其会计行为没有严格执行《会计人员职业道德规范》的要求，并无法律上的不当。

王同学则认为：本案例中的会计行为不仅没有严格执行《会计人员职业道德规范》，而且违反了《会计法》和《会计基础工作规范》的相关规定。

请分析张同学和王同学的观点是否正确。

（二）任务布置

1. 学习掌握会计职业道德与会计法律制度的关系，分析张同学和王同学的观点是否正确。

2. 会计人员职业道德规范属于会计行业的自律性规范和要求，《会计法》等会计法律属于他律性法律，是强制性的规范和要求，二者性质截然不同。请判断这一说法的正误，并分析会计人员职业道德规范与会计法律制度之间的性质区别。

3. 会计职业道德规范与会计法律制度相比较，会计职业道德规范要求低于会计法律制度要求。请判断这一说法的正误，并分析说明会计法律制定要求与会计职业道德规范要求对会计行为的要求哪一个更高。

二、任务准备

（一）会计职业道德与会计法律制度的联系

1. 会计职业道德与会计法律制度在内容上相互渗透、相互吸收。

会计法律制度与会计职业道德规范的调控范围有所重叠而相互包容，会计法律制度中含有会计职业道德规范的内容，会计职业道德规范中也包含会计法律制度的某些条款。尽管会计法律制度与会计职业道德在规范作用的层次和范围上有所不同，但二者在维护经济社会秩序、促进公平正义方面有着共同的目标和职责。会计职业道德是会计法律制度正当性、合理性的基础，会计法律制度是会计职业道德法律化的结果，会计职业道德所要求或者禁止的，往往是会计法律制度作出相关规定的重要依据。凡是会计法律制度所禁止和制裁的行为，通常也是会计职业道德所禁止和谴责的行为；反之，会计法律制度所要求和鼓励的行为，往往也是会计职业道德所培养和倡导的行为。比如会计职业道德的核心是诚信，而会计法律制度也必然以诚信为基础。基本的会计行为必须运用会计法律制度强制遵守，但不需要或不宜用会计法律制度进行规范的非法律化行为，可以通过会计职业道德规范来实现。

2. 会计职业道德与会计法律制度在作用上相互补充、相互协调。

从调整范围看，会计职业道德和会计法律制度都是会计行为规范，但它们的调整范围不同，相辅相成、缺一不可。会计职业道德是会计法律制度的评价标准和推动力量，是会计法律制度的重要补充；会计法律制度是传播会计职业道德、保障会计职业道德实施的有效手段。从强制性看，会计法律制度是指由国家制定并强制实施，用于规范会计行为，确保会计信息真实、完整、准确的一系列法律法规。这些法律制度为会计人员提供了明确的行为准则，是会计工作的法律基础。相比之下，会计职业道德则是会计人员在进行会计工作时所应遵循的道德规范和职业操守，其更多地依赖于会计人员的内心信念、职业精神和职业操守，体现了会计行业的精神风貌和职业操守。从作用方式看，会计职业道德主要是通过社会舆论、传统习俗和内心信念及自我感悟来引导人们的行为，使人们自觉遵守会计职业行为规范，维护会计工作的社会秩序。同时，会计职业道德还能激发会计人员的积极性和创造力，促进会计工作的和谐与进步。

3.会计法律制度是会计职业道德的最低要求。

会计法律制度为会计人员提供明确的行为准则和法律责任，具有强制力，确保会计职业道德规范的遵守和实施。例如，对于严重违背会计职业道德的行为，会计法律制度会给予相应的制裁，从而维护经济社会和会计的习惯惯例等公序良俗。会计法律制度是会计职业道德的基本制度保障，遵守会计法律制度是会计职业道德标准的最低要求。

（二）会计职业道德与会计法律制度的区别

1.性质不同。

会计法律制度通过国家权力强制执行，具有很强的他律性；会计职业道德通过行业行政管理部门规范和会计从业人员自觉执行，具有内在的控制力，可以约束会计人员的内在心理活动，具有职业的更高目标，要求会计人员"应该做什么或者不应该做什么"，具有很强的自律性。

2.作用范围不同。

会计法律制度侧重于调整会计人员的外在行为和结果的合法性，具有较强的客观性；会计职业道德不仅调整会计人员的外在行为，还调整会计人员内在的价值观和精神世界，作用范围更加广泛。

3.表现形式不同。

会计法律制度是通过一定的程序由国家立法部门或行政管理部门制定、颁布的，其表现形式是具体的、明确的、正式形成文字的成文规定；会计职业道德出自会计人员的职业生活和职业实践，其表现形式既有成文的规范，也有不成文的规范。

4.实施保障机制不同。

会计法律制度依靠国家强制力保证其贯彻执行；会计职业道德主要依靠行业行政管理部门监管执行和职业道德教育、社会舆论、传统习惯和道德评价来实现。

5.评价标准不同。

会计法律制度以法律规定为评价标准；会计职业道德以行业行政管理规范和道德评价为标准。

关键知识清单

1.会计职业道德与会计法律制度的联系
2.会计职业道德与会计法律制度的区别

视频1

会计职业道德与会计法律制度的关系

三、任务实施

1.张同学的回答是错误的。一张凭证没有附件；另一张凭证手续不全，缺少其他领款人签字确认。这些问题违反了《会计基础工作规范（征求意见稿）》第四十三条的规定，记账凭证应当连同所附的原始凭证或者原始凭证汇总表，按照编号顺序进行整理保管；违反了《会计法》第十四条的规定，要求对原始凭证进行审核，对记载不准确、不完整的原始凭证予以退回，并要求按照国家统一的会计制度的规定更正、补充；同时，按照《会计人员职业道德规范》"坚持准则，守责敬业"对会计人员的履职要求，没有坚持按照相关会计制度履行会计程序进行会计处理，也没有做到"守责敬业"的基本要求。

王同学的回答是正确的。

2.正确。《会计人员职业道德规范》属于会计行业的自律性规范和要求，《会计法》等会计法律属于他律性法律，是强制性的规范和要求，二者性质截然不同。尽管《会计人员职业道德规范》是由财政部制定并印发的，按照《会计法》第一章第七条的规定"国务院财政部门主管全国的会计工作"，因此，仍然不能否定《会计人员职业道德规范》属于会计行业的自律性规范。财政部《关于印发〈会计人员职业道德规范〉的通知》提出，应当指导用人单位加强会计人员职业道德教育，将遵守职业道德情况作为评价、选用会计人员的重要标准。此外，对于违背会计职业道德要求的会计行为，《会计人员职业道德规范》没有明确的处罚条款，需要按照《会计法》和《会计基础工作规范》等相应条款处理解决。其中，《会计法》第四章第三十七条规定，会计人员应当遵守职业道德，提高业务素质，严格遵守国家有关保密规定。对会计人员的教育和培训工作应当加强。《会计基础工作规范（征求意见稿）》第十七条规定，会计人员在会计工作中应当遵守职业道德，按照《会计人员职业道德规范》要求，坚持诚信、守法奉公，坚持准则、守责敬业，坚持学习、守正创新。

3.错误。会计职业道德规范与会计法律制度相比较，会计职业道德规范的要求高于会计法律制度的要求。遵守会计法律制度是会计职业道德规范的最低要求。

知之守之

　　财政部发布《会计人员职业道德规范》不久之后，某公司会计唐女士负责在财务部门的办公室里做了一面文化墙，"坚持诚信，守法奉公""坚持准则，守责敬业""坚持学习，守正创新"24个红色大字与旁边的《公司财务管理制度》相互映衬，在白色的墙壁上格外醒目。唐女士指出，或许是因为《会计人员职业道德规范》是由财政部发文的，让财务人员有了"尚方宝剑"，可以更加理直气壮地照章办事。"财会行业风清气正，财务人员严格做到'三坚三守'，公司的每个人都跟着受益。"唐女士表示，日常的差旅报销、工资发放等工作都需要财务人员根据流程反复核对，在许多人眼里"太较真"。但是，对于整个公司来说，差一分一毫、一个小数点都有可能带来巨大的损失。因此，不怕财务人员"太较真"，就怕不那么较真，最后出现一笔糊涂账。

案例解析：会计职业道德规范是会计人员的工作守则，更是一种会计文化，也是企事业单位文化的重要组成部分。会计职业道德文化塑造需要营造积极向上的会计工作氛围，建立开放的沟通交流渠道，培养团队互助合作精神，构建学习型组织。上述某公司会计唐女士以会计职业道德规范为内容做了文化墙，宣传会计职业道德规范，让会计人员及广大员工能够更直观地熟知会计职业道德规范的基本内容，做到"知之"。在会计工作中，会计人员以会计职业道德规范为"尚方宝剑"，"理直气壮"敢于"较真"，使财会行业风清气正，严格践行"三坚三守"，做到"知之守之"。

巩固与提升

【例 1-1·单选题】财经法规的制定者是（　　　）。

A. 有限责任公司

B. 国家或其授权的部门、机构

C. 上市公司设立的法务部门

项目一在线测试

D. 个人独资企业

【例 1-2·单选题】下列关于财经法规主要作用的表述中，正确的是（　　　）。

A. 规范经济行为，维护市场秩序　　　B. 提高企业利润

C. 增加政府财政收入　　　　　　　　D. 促进个人消费

【例 1-3·单选题】下列各项中，不属于对财经法规意义表述的是（　　　）。

A. 保障国家财政收入　　　　　　　　B. 保护投资者合法权益

C. 提高企业管理效率　　　　　　　　D. 维护社会经济秩序

【例 1-4·单选题】财经法规的制定和实施主体是（　　　）。

A. 企业　　　　　　　　　　　　　　B. 政府

C. 个人　　　　　　　　　　　　　　D. 行业协会

【例 1-5·单选题】财经法规的直接作用是（　　　）。

A. 提高企业竞争力　　　　　　　　　B. 规范税收征管

C. 增加个人收入　　　　　　　　　　D. 促进技术创新

【例 1-6·单选题】下列关于会计职业道德核心的表述中，正确的是（　　　）。

A. 坚持准则　　　　　　　　　　　　B. 坚持诚信

C. 坚持学习　　　　　　　　　　　　D. 守正创新

【例 1-7·单选题】下列关于会计职业道德与会计法律制度性质上区别的表述中，正确的是（　　　）。

A. 会计法律制度具有很强的他律性，会计职业道德具有很强的自律性

B. 会计职业道德作用的范围比会计法律制度更加广泛

C. 会计法律制度是正式的成文规定，会计职业道德有成文和不成文的规范

D. 会计职业道德和会计法律制度的保障机制不同

【例 1-8·单选题】下列关于会计职业道德与财经法规关系的表述中，正确的

是（　　）。

A.会计职业道德是财经法规的基础

B.财经法规是会计职业道德的补充

C.两者相互独立，没有直接联系

D.两者相辅相成，共同规范会计行为

【例1-9·多选题】财经法规的作用为（　　）。

A.明确法律责任　　　　　　　　B.规范经济行为

C.保护投资者和市场主体合法权益　　D.保护或剥夺人身自由

【例1-10·多选题】财经法规的意义为（　　）。

A.维护市场公平竞争　　　　　　B.保障国家经济安全

C.促进企业技术创新　　　　　　D.保护消费者权益

【例1-11·多选题】下列选项中，属于财经法规的范畴有（　　）。

A.税法　　　　　　　　　　　　B.公司法

C.劳动法　　　　　　　　　　　D.环境保护法

【例1-12·多选题】由我国财政部制定并发布的会计法规有（　　）。

A.《企业财务会计报告条例》　　B.《会计基础工作规范》

C.《企业会计准则》　　　　　　D.《中华人民共和国国家审计准则》

【例1-13·多选题】下列关于会计职业道德规范意义的表述中，正确的有（　　）。

A.有利于塑造会计职业的社会声誉

B.有利于提高会计工作水平和会计信息质量

C.有利于培养高素质会计人员

D.有利于加强社会信用体系建设

【例1-14·多选题】下列关于会计职业道德与会计法律制度联系的表述中，正确的有（　　）。

A.二者在内容上相互渗透、相互吸收

B.二者在作用上相互补充、相互协调

C.会计法律制度是会计职业道德的最低要求

D.会计职业道德是会计法律制度的重要补充

【例1-15·多选题】下列关于会计职业道德与会计法律制度评价标准区别的表述中，正确的有（　　）。

A.会计职业道德以会计人员的自我感悟为评价标准

B.会计职业道德以行业行政管理规范和道德评价为标准

C.会计法律制度依据法律规定作为评价标准

D.会计职业道德以会计的经济后果为评价标准

【例1-16·多选题】下列选项中，既违反会计职业道德，又违反财经法规的有（　　）。

A.伪造会计凭证 　　　　　　　　B.虚报财务报表

C.泄露公司商业秘密 　　　　　　D.未按时申报纳税

【例1-17·多选题】下列选项中，属于会计法规体系构成部分的有（　　）。

A.《会计法》 　　　　　　　　　B.《企业会计准则》

C.《小企业会计准则》 　　　　　D.《会计基础工作规范》

【例1-18·多选题】下列关于会计职业道德与财经法规的共同目标的表述中，正确的有（　　）。

A.维护经济秩序 　　　　　　　　B.提高会计信息质量

C.保护投资者利益 　　　　　　　D.促进企业利润最大化

【例1-19·判断题】只有切实保障会计资料的真实、准确、完整，才能保证会计信息的质量。 　　　　　　　　　　　　　　　　　　　（　　）

【例1-20·判断题】会计职业道德体系应当包括会计职业道德规范的制定、执行和监督等三个有机组成部分。 　　　　　　　　　　　　　　　（　　）

【例1-21·判断题】会计职业道德是会计行业自律的体现，不具有法律约束力。 　　　　　　　　　　　　　　　　　　　　　　　　　　（　　）

【例1-22·判断题】会计职业道德是财经法规的基础，财经法规则是会计职业道德的具体化。 　　　　　　　　　　　　　　　　　　　　　　　（　　）

【例1-23·判断题】会计职业道德的约束力强于财经法规。 　　　　（　　）

【例1-24·判断题】会计人员在工作中应该优先考虑会计职业道德的要求，而不是财经法规的规定。 　　　　　　　　　　　　　　　　　　　（　　）

答案与解析

项目二　法学基础

■ **素养目标**

1.培养学生的法治思维和法律意识，使其能够自觉遵守法律法规，维护法律尊严。

2.引导学生树立正确的法律价值观，理解法律在社会秩序、公平正义中的重要作用，增强社会责任感。

3.提升学生运用法律知识分析和解决实际问题的能力，使其在面对法律事务时能够保持理性和客观。

■ **知识目标**

1.使学生掌握法学的基本概念、特征、起源和发展规律，了解法律的本质和作用。

2.帮助学生熟悉我国法律体系的构成、法律部门的划分以及各主要法律部门的基本内容。

3.让学生理解法律制定、实施、适用和遵守的基本原理和程序。

■ **技能目标**

1.培养学生阅读、理解和分析法律条文的能力，能够准确把握法律条文的含义和适用范围。

2.锻炼学生运用法律知识进行案例分析的能力，能够从具体案例中识别法律问题，运用法律原理和规则进行推理和判断。

3.掌握法律的基础、主体、责任，为学习财经法规打好基础。

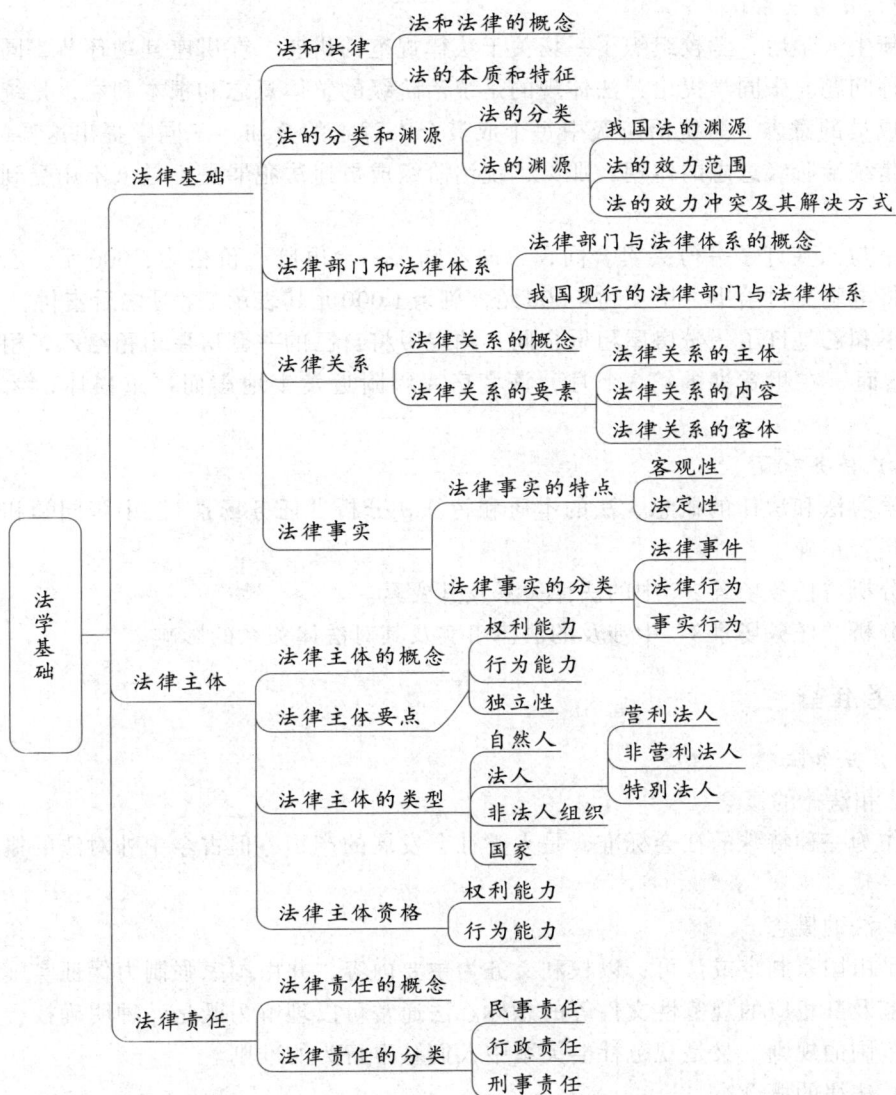

任务一 了解法律基础

一、任务情景

（一）任务场景

1.新生入学后，学校组织了一场关于法律规范的讲座。在讲座互动环节，同学们提出了各种问题。张同学提出：法体现的是统治阶级的整体意志和根本利益，是统治阶级中个别成员的意志，是统治阶级中每个成员个人意志的叠加。王同学提出这样的问题：法既然是统治阶级意志的体现，那么，统治阶级成员违法犯罪是不是就不用受到法律的制裁呢？

2.甲与乙签订了一份买卖合同，甲向乙购买一台电脑，价格为5 000元。乙按照合同约定将电脑交付给甲，甲支付4 000元，剩余1 000元其表示1个月之后支付。

3.甲和乙签订了一份房屋租赁合同，约定甲将自己的一套房屋出租给乙，租赁期为1年。然而，在租赁期的第3个月，该套房屋因附近发生地震而严重损坏，无法继续居住。

（二）任务布置

1.学习法和法律的概念、法的本质和特征，分析"任务场景1"中张同学和王同学的观点是否正确。

2.分析"任务场景2"中的法律关系及其要素。

3.分析"任务场景3"中涉及的法律事实及其对法律关系的影响。

二、任务准备

（一）法和法律

1.法和法律的概念。

法作为一种特殊的社会标准，是人类社会发展的产物，但古今中外对法的概念和理解并不一致。

（1）法的概念。

法是由国家制定或认可，以权利义务为主要内容，并由国家强制力保证实施的社会行为规范及其相应的规范性文件等的总称。法通常可以理解为既是一种明确社会主体权利义务范围的规则，又是规范社会关系中人们基本行为的准则。

（2）法律的概念。

狭义的法律仅指拥有立法权的国家机关（国家立法机关），即全国人民代表大会及其常务委员会依照法定权限和程序制定并颁布的法律；广义的法律则指法的整体，即国家制定或认可，并由国家强制力保证实施的各种行为规范的总和，包括宪法、全国人民代表大会及其常务委员会制定的法律、国务院制定的行政法规、地方人民代表大会及其常务委员会制定的地方性法规，以及民族自治地方的人大及其常委会制定的自治条例和单行条例等。

2.法的本质和特征。

（1）法的本质。

法是统治阶级的国家意志的体现，但法所体现的"统治阶级"的意志，不是随心所欲、凭空产生的，而是由统治阶级的物质生活条件决定的，是社会客观需要的反映。

① 法体现的是统治阶级的共同意志和根本利益，而不是统治阶级每个成员个人意志的简单相加。

② 法律反映统治阶级的意志，并不意味着法律完全不顾及被统治阶级的愿望和要求，法律也会在一定程度上照顾被统治阶级的利益。

在当代中国，法是在中国共产党的领导下，保证人民的根本利益，保证人民当家作主的权利，保证人民民主专政国体和人民代表大会制度政体的社会规范，是中国特色社会主义道路、理论、制度、文化在法治上的集中体现。我国的法是广大人民的共同意志，体现了广大人民的根本利益。

（2）法的特征。

法作为一种特殊的行为规则和社会规范，不仅具有行为规则、社会规范的一般共性，还具有自己的特征。其主要有以下四个方面：

① 具有国家意志性。制定和认可，是国家创制法的两种方式，也是统治阶级将自己的意志变为国家意志的两条途径。法是通过国家制定和发布的，但并不是说国家发布的任何文件都是法。

② 具有国家强制性。法是由国家强制力保障其实施的规范。国家强制力以国家的强制机构（如警察、法庭、监狱）为后盾，与国家制裁相联系，表现为对违法者采取国家强制措施。法是最具有强制力的规范。

③ 具有概括性和利导性。法律通过规定人们的权利和义务来分配利益，从而影响人们的动机和行为，进而影响社会关系，实现统治阶级的意志和要求，维持社会秩序。

④ 具有明确公开性和普遍约束性。法具有明确的内容，能使人们预知自己或他人一定行为的法律后果（法的可预测性）。法具有普遍适用性，凡是在国家权力管辖和法律调整的范围、期限内，其对所有社会成员及其活动都普遍适用。

（二）法的分类和渊源

1.法的分类。

根据不同的标准，可以对法进行不同的分类。

（1）根据法的内容、效力和制定程序，划分为根本法和普通法。

根本法就是宪法，宪法规定国家制度和社会制度的基本原则，具有最高的法律效力，是普通法立法的依据。因此，宪法的制定和修改，通常需要经过比普通法更为严格的程序。普通法泛指宪法以外的所有法律，普通法根据宪法确认的基本原则就某个方面或某些方面的问题作出具体规定，

视频2

法的分类

普通法不能违反宪法。

（2）根据法的空间效力、时间效力或对人的效力，划分为一般法和特别法。

一般法是指在一国领域内对一般自然人、法人、组织和一般事项都普遍适用的法律。特别法是指只在一国的特定地域内或只对特定主体或在特定时期内或对特定事项有效的法律。一般法与特别法的划分是相对的。例如，《民法典》"合同编"的相关规定与《民法典》"总则编"的相关规定相比，就是特别法与一般法的关系，而《民法典》"合同编"的相关规定与《中华人民共和国保险法》（以下简称《保险法》）中关于保险合同的规定，又是一般法与特别法的关系。

（3）根据法的内容，划分为实体法和程序法。

实体法是指具体规定法律主体的权利和义务的法律，如《民法典》等。程序法是指为了保障法律主体实体权利和义务的实现而制定的关于程序方面的法律，如《中华人民共和国民事诉讼法》等。对具体的法律而言，其中往往既有实体法，又有程序法，如《公司法》不仅规定了相关主体的权利与义务，而且规定了相关主体行使权利的程序。

（4）根据法的主体、调整对象和渊源，划分为国际法和国内法。

国际法是指适用于主权国家之间以及其他具有国际人格的实体之间的法律规则的总体。国际法的主体主要是国家，调整对象主要是国家之间的相互关系，渊源主要是国际条约和各国公认的国际惯例，实施则以国家单独或集体的强制措施为保证。国内法是指由特定的国家创制的并适用于本国主权所及范围内的法律规则的总体。国内法的主体主要是该国的自然人和社会组织，调整对象主要是一国内部的社会关系，渊源主要是该国立法机关颁布的规范性文件，实施则以该国的强制力予以保证。

（5）根据法律运用的目的，划分为公法和私法。

凡是以保护公共利益为目的的法律为公法，如宪法、行政法、刑法、诉讼法；凡是以保护私人利益为目的的法律为私法，如民法、商法。也有学者认为，是按法律所调整的社会关系的状况予以划分的，即凡是调整国家与国家之间的关系，国家与自然人、法人之间的权力与服从关系的法律，就是公法；凡是调整平等主体之间的关系的法律，就是私法，如调整自然人与法人之间的民事、经济关系的法律。

（6）根据法的创制方式和发布形式，划分为成文法和不成文法。

成文法是指有权制定法律的国家机关，依照法定程序所制定的具有条文形式的规范性文件。不成文法是指国家机关认可的、不具有条文形式的规范，如习惯法、判例法等。我国是成文法国家，在没有明确法律依据时，习惯和判例中的内容不能作为法律。

2.法的渊源。

法的渊源也称为法的形式，是指法具体的表现形态，其主要是依据创制法的国家机关的不同、创制方式的不同而进行划分的。

（1）我国法的主要渊源。

① 宪法。

宪法由国家最高立法机关即全国人大制定，是国家的根本大法。宪法规定国家的基本制度和根本任务、公民的基本权利和义务，具有最高的法律效力，也具有最为严格的制定和修改程序。我国现行宪法是1982年12月4日第五届全国人大第五次会议通过的《中华人民共和国宪法》（以下简称《宪法》），全国人大于1988年、1993年、1999年、2004年和2018年先后五次以宪法修正案的形式对《宪法》作出修改和补充。

② 法律。

法律由全国人大及其常委会制定。全国人大制定和修改刑事、民事、国家机构和其他的基本法律。全国人大常委会制定和修改除应当由全国人大制定的法律以外的其他法律；在全国人大闭会期间，对全国人大制定的法律进行部分补充和修改，但是不得同该法律的基本原则相抵触。

法律通常规定和调整国家、社会和自然人生活中某一方面带根本性的社会关系或基本问题。其法律效力和地位仅次于宪法，是制定其他规范性文件的依据。根据《中华人民共和国立法法》（以下简称《立法法》）第十一条的规定，下列事项只能制定法律：国家主权的事项；各级人民代表大会、人民政府、监察委员会、人民法院和人民检察院的产生、组织和职权；民族区域自治制度、特别行政区制度、基层群众自治制度；犯罪和刑罚；对公民政治权利的剥夺、限制人身自由的强制措施和处罚；税种的设立、税率的确定和税收征收管理等税收基本制度；对非国有财产的征收、征用；民事基本制度；基本经济制度以及财政、海关、金融和外贸的基本制度；诉讼制度和仲裁基本制度；必须由全国人大及其常委会制定法律的其他事项。

③ 行政法规。

行政法规由国务院制定。行政法规可以就下列事项作出规定：为执行法律的规定需要制定行政法规的事项；《宪法》第八十九条规定的国务院行政管理职权的事项。行政法规通常冠以条例、办法、规定等名称，如国务院发布的《企业财务会计报告条例》。

④ 地方性法规、自治条例和单行条例。

省、自治区、直辖市的人大及其常委会根据本行政区域的具体情况和实际需要，在不同宪法、法律和行政法规相抵触的前提下，可以制定地方性法规。

设区的市的人大及其常委会根据本市的具体情况和实际需要，在不同宪法、法律、行政法规和本省、自治区的地方性法规相抵触的前提下，可以对城乡建设与管理、生态文明建设、历史文化保护、基层治理等方面的事项制定地方性法规，法律对设区的市制定地方性法规的事项另有规定的，从其规定。设区的市的地方性法规须报省、自治区的人大常委会批准后施行。

经济特区所在地的省、市的人大及其常委会根据全国人大的授权决定，制定法规，在经济特区范围内实施。上海市人大及其常委会根据全国人大常委会的授权决定，制定浦东新区法规，在浦东新区实施。海南省人大及其常委会根据法律规定，制定海南自由贸易港法规，在海南自由贸易港范围内实施。

民族自治地方的人大有权依照当地民族的政治、经济和文化的特点，制定自治条例和单行条例。自治区的自治条例和单行条例，报全国人大常委会批准后生效。自治州、自治县的自治条例和单行条例，报省、自治区、直辖市的人大常委会批准后生效。自治条例和单行条例可以依照当地民族的特点，对法律和行政法规的规定作出变通规定，但不得违背法律或者行政法规的基本原则，不得对宪法和民族区域自治法的规定以及其他有关法律、行政法规专门就民族自治地方所作的规定作出变通规定。

⑤ 特别行政区的法。

《宪法》第三十一条规定，国家在必要时设立特别行政区。在特别行政区内实行的制度按照具体情况由全国人大以法律规定。从目前情况看，特别行政区实行不同于全国其他地区的经济、政治、法律制度，因而在立法权限和法律形式上也有特殊性。全国人大制定的特别行政区基本法以及特别行政区依法制定并报全国人大常委会备案的、在该特别行政区内有效的规范性法律文件，属于特别行政区的法。例如，《中华人民共和国香港特别行政区基本法》第八条规定："香港原有法律，即普通法、衡平法、条例、附属立法和习惯法，除同本法相抵触或经香港特别行政区的立法机关作出修改者外，予以保留。"关于在特别行政区实施的全国性法律，在基本法中则明确列出，并且规定全国性法律除列于基本法附件者外，不在特别行政区实施；而列于基本法附件的法律，则由特别行政区在当地公布或者立法实施。

⑥ 规章。

国务院各部、委员会、中国人民银行、审计署和具有行政管理职能的直属机构以及法律规定的机构，可以根据法律和国务院的行政法规、决定、命令，在本部门的权限范围内，制定规章。部门规章规定的事项应当属于执行法律或者国务院的行政法规、决定、命令的事项。没有法律或者国务院的行政法规、决定、命令的依据，部门规章不得设定减损公民、法人和其他组织权利或者增加其义务的规范，不得增加本部门的权力或者减少本部门的法定职责。

省、自治区、直辖市和设区的市、自治州的人民政府，可以根据法律、行政法规和本省、自治区、直辖市的地方性法规，制定规章。没有法律、行政法规、地方性法规的依据，地方政府规章不得设定减损公民、法人和其他组织权利或者增加其义务的规范。

⑦ 国际条约。

国际条约属于国际法而不属于国内法的范畴，但我国缔结和参加的国际条约对于我国的国家机关、社会团体、企业、事业单位和公民也有约束力。因此，这些条约就其具有与国内法同样的拘束力而言，也是我国法的渊源之一，如《国际民用航空公约》。

（2）我国法的效力范围。

法的效力范围亦称法的生效范围，是指法在什么时间和什么空间对什么人有效。

① 法的时间效力。

法的时间效力是指法的效力的起始和终止的时限以及对其实施以前的事件和行为有无溯及力。

法规定生效期限的方式主要有两种：一是明确规定一个具体生效时间；二是规定具备何种条件后开始生效。

法的终止又称法的终止生效，是指使法的效力绝对消灭。具体来讲，大致有两种情况：一是明示终止，即直接用语言文字表示法的终止时间，这种方法为现代国家所普遍采用；二是默示终止，即不用明文规定该法终止生效的时间，而是在实践中贯彻"新法优于旧法""后法优于前法"的原则，从而使旧法在事实上被废止。

我国法的终止方式主要有以下四种：第一种，新法取代旧法，由新法明确规定旧法废止，这是通常做法；第二种，有的法在完成一定的历史任务后不再适用；第三种，由有权的国家机关发布专门的决议、决定，废除某些法律；第四种，同一国家机关制定的法，虽然名称不同，但是在内容上旧法与新法发生冲突或相互抵触时，以新法为准，旧法中的有关条款自动终止效力。

法的溯及力又称法的溯及既往的效力，是指新法对其生效前发生的行为和事件是否适用。如果不适用，新法就没有溯及力；如果适用，新法就有溯及力。我国法律采用的是从旧兼从轻原则，也就是说，原则上新法无溯及力，对行为人适用旧法，但新法对行为人的处罚较轻时则适用新法。《立法法》第一百零四条规定，法律、行政法规、地方性法规、自治条例和单行条例、规章不溯及既往，但为了更好地保护公民、法人和其他组织的权利和利益而作出的特别规定除外。

② 法的空间效力。

法适用于国家主权所及一切领域，包括领陆、领水及其底土和领空、驻外使馆、境外飞行器、停泊在境外的船舶。

法的空间效力的原则包括：

A.属人原则。凡本国人，无论在国内、国外，均受本国法的约束。凡是中国公民，在中国领域内一律适用中国法律，平等地享有权利和承担义务。中国公民在国外的，仍然受中国法律的保护，也有遵守中国法律的义务。

B.属地原则。凡属本国管辖范围内，无论本国人、外国人，均受本国法的约束。凡在中国领域内的外国人均应遵守中国法律。中国法律保护外国人的人身权利、财产权利、受教育权利和其他合法权利。

C.保护原则。凡损害本国利益，无论侵犯者地域、国籍，均受本国法的约束。

③ 法的对人效力。

法的对人效力亦称法的对象效力，是指法适用于哪些人或法适用主体的范围。我国法律对人效力采用的是结合主义原则，即以属地主义为主，但又结合属人主义与保护主义的一项原则。属人主义原则，是根据自然人的国籍来确定法的适用范围。按照这一原则，凡是本国人，不论在国内还是在国外，一律受本国法的约束。属地主义原则，是根据领土来确定法的适用范围。按照这一原则，凡属一国管辖范围的一切人，无论是本国人，还是外国人，都受该国法的约束。保护主义原则，是从保护本国利益出发来确定法的适用范围。其含义是只要损害了本国利益，不论侵犯者在何地域或是何国国籍，一律受本国法律的约束。

根据我国有关法律的规定，法的对人效力主要包括两个方面：一方面，对中国公民的效力。凡是中华人民共和国的公民，在中国领域内一律适用中国法律，平等地享有法律权利和承担法律义务。中国公民在国外的，仍然受中国法律的保护，也有遵守中国法律的义务，但由于各国法律规定不同，这就必然涉及中国法律与居住国法律之间的关系问题。总的原则是，既要维护中国主权，也要尊重他国主权。也就是说，中国公民也要遵守居住国的法律，当发生冲突时，应当根据有关国际条约、惯例和两国签订的有关协定予以解决。另一方面，对外国人的效力。我国法律既保护外国人的合法权益，又依法查处其违法犯罪行为。这实际上是国家主权在法律领域的体现。凡在中国领域内的外国人，均应遵守中国法律。但在刑事领域，对有外交特权和豁免权的外国人犯罪需要追究刑事责任的，通过外交途径解决。对于外国人的人身权利、财产权利、受教育权利和其他合法权利，我国法律均予以保护。但外国人不能享有我国公民的某些权利或承担我国公民的某些义务，如选举权、担任公职和服兵役等。

（3）法的效力冲突及其解决方式。

法的效力等级亦称效力位阶，是指在一国法的体系中因制定法的国家机关地位不同而形成的法在效力上的等级差别。这种效力等级的形成，与该国立法体制有着直接关系。制定法的国家机关地位越高，其制定的法的效力等级就越高。法的效力冲突是指在适用法律的过程中，一国法律内部对同一问题作出不同规定从而产生的冲突。

① 解决法的效力冲突的一般原则。

第一，根本法优于普通法。在成文宪法国家，宪法是国家根本法，具有最高法律效力，普通法必须以宪法为依据，不得同宪法相抵触。这是国家法制统一的必然要求。在我国，宪法具有最高的法律效力，一切法律、行政法规、地方性法规、自治条例和单行条例规章，都不得同宪法相抵触。

第二，上位法优于下位法。不同位阶的法之间发生冲突，遵循上位法优于下位法的原则，适用上位法。在我国，法律的效力高于行政法规、地方性法规、规章。行政法规的效力高于地方性法规、规章。地方性法规的效力高于本级和下级地方政府规章。省、自治区的人民政府制定的规章的效力高于本行政区域内的设区的市、自治州的人民政府制定的规章。

第三，新法优于旧法。同一国家机关在不同时期颁布的法产生冲突时，遵循新法优于旧法的原则。

第四，特别法优于一般法。这一原则的适用是有条件的，这就要求必须是同一国家机关制定的法，并包括以下两种情况：一是指在适用对象上，对特定主体和特定事项的法优于对一般主体和一般事项的法；二是指在适用空间上，对特定时间和特定区域的法优于平时和一般地区的法。

② 解决法的效力冲突的特殊方式。

如果法的效力冲突不能按照一般原则予以解决，只能采取特殊方式。以我国为例，依据《立法法》的有关规定，出现下列情况可由有权的国家机关予以裁决：法律之间对同一事项的新的一般规定与旧的特别规定不一致，不能确定如何适用时，由全国人大常委会裁决。行政法规之间对同一事项的新的一般规定与旧的特别规定不一致，不能确定如何适用时，由国务院裁决。地方性法规、规章之间不一致时，由有关机关依照规定的权限作出裁决。同一机关制定的新的一般规定与旧的特别规定不一致时，由制定机关裁决。地方性法规与部门规章之间对同一事项的规定不一致，不能确定如何适用时，由国务院提出意见，国务院认为应当适用地方性法规的，应当决定在该地方适用地方性法规的规定，认为应当适用部门规章的，应当提请全国人大常委会裁决。部门规章之间、部门规章与地方政府规章之间对同一事项的规定不一致时，由国务院裁决。根据授权制定的法规与法律规定不一致，不能确定如何适用时，由全国人大常委会裁决。

（三）法律部门和法律体系

1.法律部门与法律体系的概念。

法律部门又称部门法，是根据一定的标准和原则，按照法律规范自身的不同性质、调整社会关系的不同领域和不同方法等所划分的同类法律规范的总和。法律部门划分的标准，首先是法律调整的对象，即法律调整的社会关系。例如，调整行政主体与行政相对人之间行政管理关系的法律规范的总和，构成行政法部门。其次是法律调整的方法。例如，民法和刑法都调整人身关系和财产关系，但民法是以自行调节为主要调整方式，而刑法是以强制干预为主要调整方式，民法要求对损害予以财产赔偿，而刑法则要求对犯罪人处以严厉的人身惩罚。不过，法律部门的划分也不是绝对的，可以有不同的标准，可以交叉、重合，没有对错之分，只有方便与不方便、合理与不合理之分。

一个国家现行的法律规范分类组合为若干法律部门，由这些法律部门组成的具有内在联系的、互相协调的有机联系的统一整体，即为法律体系。

2.我国现行的法律部门与法律体系。

我国现行的法律体系大体可以划分为以下法律部门：

（1）宪法及宪法相关法。

宪法是国家的根本法，宪法相关法是与宪法相配套、直接保障宪法实施和国家政权运作的法律规范的总和，主要包括四个方面的法律：①有关国家机构的产生、组织、职权和基本工作制度的法律；②有关民族区域自治制度、特别行政区制度、基层群众自治制度的法律；③有关维护国家主权、领土完整和国家安全的法律；④有关保障公民基本政治权利的法律。

（2）民商法。

民商法是规范民事、商事活动的法律规范的总和，具体可以分为民法和商法。民法调整的是自然人、法人和其他组织等平等主体之间的人身关系和财产关系。商法可以看作是民法中的一个特殊部分，是在民法基本原则的基础上适应现代商事活动的需要逐渐发展起来的，调整平等主体之间的商事关系的法律，主要包括公司、破产、证券、期货保险、票据、海商等方面的法律。常见的民事法律是《民法典》，商事法律有《公司法》《证券法》《保险法》等。

（3）行政法。

行政法是规范国家行政管理活动的法律规范的总和，包括有关行政管理主体、行政行为、行政程序、行政监督以及国家公务员制度等方面的法律规范。行政法调整的是行政机关与行政管理相对人之间因行政管理活动而发生的社会关系。在这种管理与被管理的纵向关系中，行政机关与行政管理相对人的地位是不平等的，行政行为由行政机关单方面依法作出，不需要双方平等协商。例如，《中华人民共和国行政许可法》《中华人民共和国行政处罚法》等就属于行政法律。

（4）经济法。

经济法是调整国家从社会整体利益出发对市场经济活动实行干预、管理、调控所产生的社会经济关系的法律规范的总和。经济法是在国家干预市场经济活动过程中逐渐发展起来的一个法律门类，主要包括两个部分：一是创造平等竞争环境、维护市场秩序方面的法律，主要是反垄断、反不正当竞争、消费者权益保护方面的法律；二是国家宏观经济调控方面的法律，主要是有关财政、税收、金融、对外贸易等方面的法律。

（5）劳动法与社会法。

劳动法是调整劳动关系以及与劳动关系有密切联系的其他社会关系的法律规范的总和。例如，《中华人民共和国劳动法》《中华人民共和国劳动合同法》等就属于劳动法律。社会法是调整有关社会保障、社会福利等关系的法律规范的总和。社会法的目的是从社会整体利益出发，对需要扶助的人的合法权益进行保障，如未成年人保护、妇女权益保障、残疾人保护等方面的法律。

（6）刑法。

刑法是规范犯罪、刑事责任和刑罚的法律规范的总和，也就是规定哪些行为是犯罪和应该负何种刑事责任，并给犯罪人以何种刑罚处罚的法律。刑法调整的是因犯罪而产生的社会关系，所采用的调整方法是最严厉的一种法律处罚方法，即刑罚的方法。

（7）诉讼与非诉讼程序法。

诉讼与非诉讼程序法是调整因诉讼活动和非诉讼活动而产生的社会关系的法律规范的总和。我国已经制定了《中华人民共和国刑事诉讼法》《中华人民共和国民事诉讼法》《中华人民共和国行政诉讼法》，分别对三种诉讼活动进行规范。此外，针对海事诉讼的特殊性，还制定了《中华人民共和国海事诉讼特别程序法》。非诉讼程序法是解决非诉案件的程序制度，如《中华人民共和国仲裁法》等。

（四）法律关系

1.法律关系的概念。

法律关系是法律规范在调整人们的行为过程中所形成的一种特殊的社会关系，即法律上的权利与义务关系。或者说，法律关系是指被法律规范所调整的权利与义务关系。因为调整社会关系的法律规范不同，所形成的法律关系也不同。例如，平等主体之间的人身关系和财产关系，由民法调整而形成的法律关系，称为民事法律关系，如合同法律关系、物权法律关系；行政管理关系，由行政法调整而形成的法律关系，称为行政法律关系，如行政许可法律关系、行政处罚法律关系；国家对经济活动的管理而产生的社会经济关系，由经济法调整而形成的法律关系，称为经济法律关系，如反垄断法律关系、税收法律关系。

2.法律关系的要素。

法律关系由法律关系的主体、法律关系的内容和法律关系的客体三个要素构成。在实践中，有些法律关系比较简单，如公司购买一台电脑，与商场形成货物买卖类合同法律关系，公司作为买方，承担支付货款的义务，享有收取电脑的权利；相应地，商场承担交付电脑的义务，享有取得货款的权利。但有时，在看似简单的经济活动中，往往包含着多重法律关系。

【例2-1】手机APP点外卖这一行为中就包含着多个法律关系。第一，基础关系是饭店和手机APP经营平台事先存在的电子商务服务合同关系；第二，手机所有人通过下载注册，与手机APP经营平台形成了信息服务合同关系；第三，使用点单时，点单人与饭店形成了餐饮服务合同关系；第四，经营平台与外卖骑手之间形成了劳务合作法律关系；第五，在点单人、饭店和经营平台之间又形成了运输服务合同关系。

【例2-2】当你购买房产时，你和卖家就形成了房屋买卖合同法律关系。这种关系是基于《民法典》等相关法律法规产生的。一方面，你作为购房者，拥有要求卖家交付合格房屋的权利；另一方面，你也拥有按照合同约定支付房款的义务。卖家同样拥有对应的权利和义务。这就体现了法律关系是由法律规范来界定其中主体的权利和义务，并且是一种社会关系，反映了人与人之间在社会交往中的相互联系受到法律的调整。

（1）法律关系的主体。

法律关系的主体是指在法律关系中享有权利和承担义务的个人或组织。法律关系主体的资格由法律规定，其范围和类型因法律的调整对象和调整范围而异。法律关系主体的权利和义务因具体的法律关系而有所不同。主体必须具备相应的权利能力和行为能力，才能有效地参与法律关系，行使权利和履行义务。同时，法律对主体的资格、权利行使和义务履行等方面都有明确的规定和限制，以保障法律关系的稳定和公平。

（2）法律关系的内容。

法律关系的内容是指法律关系的主体所享有的权利和承担的义务。

法律权利是指法律关系主体依法享有的权益，表现为权利享有者依照法律规定有权自主决定作出或者不作出某种行为、要求他人作出或者不作出某种行为和一旦被侵犯有权请求国家予以法律保护。依法享有权利的主体，称为权利主体或权利人，如所有权人可以自主占有、使用其财产以获得收益，债权人有权请求债务人偿还债务。

法律义务是指法律关系主体依照法律规定所担负的必须作出某种行为或者不得作出某种行为的负担或约束。依法承担义务的主体，称为义务主体或义务人。义务主体必须作出某种行为是指以积极的作为方式履行义务，称为积极义务，如缴纳税款、支付货款等。义务主体不得作出某种行为是指以消极的不作为方式履行义务，称为消极义务，如不得毁坏公共财物、不得侵害他人生命健康权等。

（3）法律关系的客体。

① 法律关系客体的概念。

法律关系客体是指法律关系主体的权利和义务所指向的对象。客体是确立权利与义务关系性质和具体内容的依据，也是确定权利行使与否和义务是否履行的客观标准。简单来说，就是法律关系主体的权利和义务所围绕、所作用的事物。法律关系客体是法律关系构成的一个基本要素，没有客体，权利和义务就失去了目标和依托，法律关系也就无法成立。它具有客观性、有用性和可控性等特征。客观性指的是法律关系客体必须是独立于人的意识之外的客观存在，不是人们主观想象或者虚构的东西。有用性表示该客体能够满足人们的某种利益需求，具有一定的价值或使用价值。可控性则意味着客体能够被法律关系主体所控制或支配。

② 法律关系客体的内容和范围。

法律关系客体的内容和范围由法律规定。法律关系客体应当具备的特征是：能够为人类所控制并对人类有价值。在不同国家与不同历史时期，法律关系客体的具体内容及范围不同，并且随着经济、科技的发展，不断出现新的法律关系客体，如数据、网络虚拟财产等。

一般认为，法律关系客体的内容主要包括以下五类：

A.物。

物是指能够为人们所控制和支配，具有一定经济价值的物质实体。物既可以是自然物，如土地、矿藏、水流、森林，也可以是人造物，如建筑、机器、各种产品等，还可以是财产物品的一般价值表现形式——货币及有价证券，如支票、股票、债券等。物既可以是有体物，也可以是无体物。有体物既可以是有固定形态的，也可以是没有固定形态的，如天然气、电力等。无体物，如权利等，依照相关法律的规定，也都可以作为物权客体。

B.人身利益。

人身利益包括人格利益（如生命、健康、名誉、隐私等）和身份利益（如亲属身份、配偶身份等）。但需要注意的是，人身不能被随意处分或作为交易的对象，对人身利益的保护通常具有特定的法律限制和条件。人身和人格分别代表着人的物质形态和精神利益，是人之为人的两个不可或缺的要素。一方面，人身和人格是生命权、身体权、健康权、姓名权、肖像权、名誉权、荣誉权、隐私权、婚姻自主权等人身权所指向的客体。另一方面，人身和人格又是禁止非法拘禁他人、禁止对犯罪嫌疑人刑讯逼供、禁止侮辱或诽谤他人、禁止卖身为奴等法律义务所指向的客体。以人身、人格作为法律关系客体的范围，法律有严格的限制。人的整体只能是法律关系的主体，不能作为法律关系的客体；而人的部分是可以作为客体的"物"，如当人的头发、血液、骨髓、精子和其他器官从身体中分离出去，成为与身体相分的外部之物时，在某些情况下也可视为法律上的"物"。

C.智力成果。

智力成果是指人们通过脑力劳动创造的能够带来经济价值的精神财富，主要是知识产权的客体。例如，作品，发明、实用新型、外观设计，商标等。智力成果通常有物质载体，如书籍、图册、录像、录音等，但其价值并不在于物质载体本身，而在于物质载体中所包含的信息、知识、技术、标识和其他精神因素。

D.信息、数据、网络虚拟财产。

作为法律关系客体的信息，是指有价值的情报或资讯，如矿产情报、产业情报、国家机密、商业秘密、个人隐私等。随着信息时代的到来，特别是互联网的扩展和数码存储技术的发展，信息在法律关系客体中的地位愈加重要。《中华人民共和国个人信息保护法》第四条规定，个人信息是以电子或者其他方式记录的与已识别或者可识别的自然人有关的各种信息，不包括匿名化处理后的信息。《中华人民共和国网络安全法》第四十四条规定，任何个人和组织不得窃取或者以其他非法方式获取个人信息，不得非法出售或者非法向他人提供个人信息。该条规定明确说明了信息可以成为法律关系的客体，并且应该予以保护。《民法典》第一百二十七条规定，法律对数据、网络虚拟财产的保护有规定的，依照其规定。该条规定明确了数据、网络虚拟财产的财产属性，也说明其可以成为法律关系的客体。

E.行为。

行为作为法律关系的客体，不是指人们的一切行为，而是指法律关系的主体为达到一定目的所进行的作为（积极行为）或不作为（消极行为），是人的有意识的活动。作为是指主体积极实施的某种行为，如提供劳务、运输服务等；不作为则是指主体按照法律规定或约定不得实施的某种行为，如不侵犯他人的知识产权。

在不同类型的法律关系中，客体的具体表现形式和范围可能会有所不同。准确界定法律关系的客体，对于明确当事人的权利和义务、解决法律纠纷具有重要意义。

（五）法律事实

任何法律关系的发生、变更和消灭，都要有法律事实的存在。

法律事实是指能够引起法律关系产生、变更和消灭的客观情况。它是法律规范所规定的、能够引起法律后果的现象。法律规范和法律主体只是法律关系产生的、抽象的、一般的前提，并不能直接引起法律关系的变化；法律事实则是法律关系产生的具体条件，只有当法律规范规定的法律事实发生时，才会引起法律关系的发生、变更和消灭。因此，法律事实是法律关系发生、变更和消灭的直接原因。

1.法律事实的特点。

（1）客观性。

法律事实是一种客观存在的情况，不以人的意志为转移。

首先，法律事实不受个人的主观想象、猜测或愿望所左右。无论人们对某个情况的期望或看法如何，只要其符合法律规定的构成要件，就能够被认定为法律事实。例如，一起交通事故的发生，其时间、地点、原因、造成的损害等具体情况是客观存在的，不会因为涉事方或旁观者的主观想法而改变。

其次，法律事实的客观性还表现在其是可以通过客观的证据来证明和认定的。这些证据可以包括物证、书证、证人证言、鉴定结论等。例如，在刑事案件中，犯罪嫌疑人是否实施了犯罪行为，需要依据现场勘查、监控录像、物证、证人的陈述等客观证据来加以确定。

最后，法律事实的客观性也意味着其是普遍适用和可重复验证的。对于相同类型和特征的客观情况，在相同的法律框架下，应当被认定为相同的法律事实，并产生相同的法律后果。这种客观性保障了法律的公正性和稳定性，使得人们能够在法律的规范下形成稳定的预期。

然而，需要注意的是，在认定和解释法律事实的过程中，可能会受到人的主观因素的一定影响。例如，证据的收集和判断、法律条文的理解和适用等环节，都可能存在人的主观判断。但这并不否定法律事实本身的客观性，而是要求在法律实践中，应当尽可能地排除主观偏见和错误，以更准确地认定和把握客观存在的法律事实。

（2）法定性。

能够引起法律关系产生、变更和消灭的事实，必须由法律作出明确规定。这是法律事实的一个重要特征。

首先，法律作为一种规范体系，对何种客观现象能够成为法律事实进行了筛选和界定。不是所有的生活事实都能被认定为法律事实，只有那些被法律纳入调整范围，并符合法律规定的构成要件的事实，才具有法律上的意义。

其次，法定性确保了法律适用的确定性和一致性。通过明确规定哪些事实能够引起特定的法律后果，使得在面对具体案件时，司法机关和执法部门能够有清晰、统一的标准进行判断和处理，避免了随意性和不确定性。例如，在《民法典》中，有关合同的成立、生效、履行、变更和解除等法律事实，都有具体的法律条文对其构成要件和法律效果进行规定。只有当某一行为或情况符合这些法定的构成要件时，才能引发相应的合同法律关系的变化。

最后，法律事实的法定性体现了立法者的价值判断和政策选择。立法者根据社会公共利益、公平正义原则以及社会发展的需要，确定哪些事实应当被赋予法律意义，并设定相应的权利义务关系。

同时，法定性也要求法律事实的认定必须依据法律规定的程序和证据规则。这有助于保障当事人的合法权益，防止权力滥用，维护法律秩序的稳定和公正。

总之，法律事实的法定性使得法律调整具有可预测性和规范性，保障了法律体系的正常运行和社会秩序的稳定。

（3）引起法律后果。

法律事实的出现会导致法律关系的产生、变更或消灭。当一个特定的法律事实出现时，其会直接触发法律规范中预设的权利和义务的分配与变动。这种后果可能表现为多种形式，涵盖了民事、刑事、行政等各个法律领域。

2.法律事实的分类。

（1）法律事件。

法律事件是指不以当事人的主观意志为转移的，能够引起法律关系发生、变更和消灭的法定情况或者现象。

事件可以是自然现象，如地震、洪水、台风、森林大火等自然灾害或者生老病死、意外事故等；也可以是某些社会现象，如社会革命、战争、重大政策的改变等。这两种事件对特定的法律关系主体而言，都是不可避免、不以当事人的意志为转移的。自然灾害可引起保险赔偿关系的发生或合同关系的解除；人的出生可引起抚养关系、户籍管理关系的发生；人的死亡可引起赡养关系、婚姻关系、劳动合同关系的消灭，继承关系的发生。由自然现象引起的事实又称自然事件、绝对事件，由社会现象引起的事实又称社会事件、相对事件。

（2）法律行为。

法律行为是指法律关系主体通过意思表示设立、变更、终止法律关系的行为，如签订合同、行政许可等。

根据不同的标准，可以对法律行为进行不同的分类：

① 合法行为与违法行为。

这是根据行为是否符合法律规范的要求，即行为的法律性质所作的分类。合法行为是指行为人所实施的符合法律规范要求，能够导致预期法律后果的行为；违法行为是指行为人所实施的违反法律规范的要求、应该承担不利的法律后果的行为。

② 积极行为与消极行为。

这是根据行为的表现形式不同，对法律行为所作的分类。积极行为又称作为，是指以积极、主动作用于客体的形式表现的，具有法律意义的行为；消极行为又称不作为，是指以消极、抑制的形式表现的，具有法律意义的行为。

③ 有偿行为与无偿行为。

这是根据行为人取得权利是否需要支付对价，对法律行为所作的分类。有偿行为是指行为人取得权利时必须支付对价的法律行为，如买卖、租赁等；无偿行为是指行为人取得权利时不必支付对价的法律行为，如无偿保管、赠与等。

④ 单方行为与多方行为。

这是根据作出意思表示的主体数量所作的分类。单方行为是指由法律主体一方的意思表示即可成立的法律行为，如遗嘱、行政命令等；多方行为是指由两个或两个以上的法律主体意思表示一致而成立的法律行为，如签订合同行为等。

⑤ 要式行为与非要式行为。

这是根据行为是否需要特定形式或实质要件所作的分类。要式行为是指必须具备某种特定形式或程序才能成立的法律行为；非要式行为是指无须特定形式或程序即能成立的法律行为。

⑥ 自主行为与代理行为。

这是根据主体实际参与行为的状态所作的分类。自主行为是指法律主体在没有其他主体参与的情况下以自己的名义独立从事的法律行为；代理行为是指法律主体根据法律授权或其他主体的委托而以被代理人的名义所从事的法律行为。

（3）事实行为。

在民事领域中，除法律行为之外还存在事实行为。事实行为是与法律关系主体的意思表示无关，由法律直接规定法律后果的行为。民事法律关系中常见的事实行为有无因管理行为、正当防卫行为、紧急避险行为，以及侵权行为、违约行为、遗失物的拾得行为、埋藏物的发现行为等。

关键知识清单

1.法和法律的概念

2.法的本质和特征

3.法律关系主体、法律关系客体、法律关系内容

4.法律事实分类、对法律关系的影响

三、任务实施

1.张同学的说法错误。法是统治阶级意志的体现，但不是统治阶级中个别成员的意志，也不是每个成员个人意志的简单相加，而是统治阶级的整体意志和根本利益的体现。因为统治阶级内部存在不同的阶层、集团和个人，他们的利益和意志可能存在差异，但法所体现的是统治阶级的共同利益和整体意志，是经过一定的程序和机制形成的统一意志，以维护统治阶级的整体统治和根本利益。

王同学的观点错误。法体现的是整个统治阶级的意志，但不是统治阶级每个成员的个人意志都能上升为法。这是因为，统治阶级的每个成员除有其共同利益外，还有各自的特殊利益，法反映的只能是统治阶级共同的、根本的利益，统治阶级的每个成员也都必须守法，他们的违法行为也要受到法律的制裁，任何违法行为都是对统治阶级整体利益和根本利益的侵害。统治阶级内部成员作出违法犯罪行为，说明他们企图将自己的个人利益和个人意志凌驾于整个阶级的共同利益和共同意志之上，如果对这种行为听之任之，最终必将从根本上危及统治阶级的共同利益。所以，王同学的观点是不正确的。

2.法律关系主体：甲和乙是法律关系的主体。甲和乙作为自然人或法人（题目未明确主体性质，暂按自然人理解），在这一买卖合同关系中具有相应的权利能力和行为能力，能够独立地进行买卖行为并承担相应的法律后果。

法律关系客体：电脑是法律关系的客体。它是双方权利和义务指向的对象，甲的权利是获得符合要求的电脑，乙的义务是交付电脑；甲的义务是支付价款，乙的权利是获

得价款。这些权利与义务都是围绕电脑这一客体展开的。

法律关系内容：甲的权利包括要求乙按照合同约定交付电脑，并且保证电脑质量符合要求，同时可以在支付全部价款后完全拥有电脑的所有权等；甲的义务是按照合同约定的价格和时间支付价款。乙的权利是按照合同约定收取价款；乙的义务是按照合同约定的品牌、型号、质量等标准交付电脑。

3.法律事实的分类及认定：地震属于法律事实中的事件。事件是指与当事人的意志无关，但能够引起法律关系产生、变更或消灭的客观现象。在这个案例中，地震的发生不以甲和乙的意志为转移。

对法律关系的影响：房屋租赁合同关系因地震这一事件而发生变更。由于房屋严重损坏无法继续居住，原租赁合同的履行基础发生了实质性变化。根据相关法律规定和公平原则，乙可能不再负有继续支付租金的义务，甲也无法要求乙在房屋无法居住的情况下继续履行合同。双方可以协商解除合同或者对合同内容进行变更，如重新寻找合适的房屋继续租赁，或者终止租赁关系并合理分担损失等。

任务二 熟悉法律主体

一、任务情景

（一）任务场景

1.甲是一名15岁的中学生，他在未经父母同意的情况下，用自己积攒的零花钱购买了一部价值3 000元的智能手机。商家在销售过程中没有询问甲的年龄。

2.小张是一名17岁的高中生，利用暑假在一家餐厅打工。小张与餐厅签订了一份劳动合同，工作1个月后，餐厅以小张是未成年人，不符合录用条件为由，辞退小张，并且拒绝支付工资。

3.甲、乙、丙三人共同出资设立了一家名为"鼎盛科技服务中心"的企业，性质为普通合伙企业。该企业正式成立后，甲决定将其财产份额转让给丁。该企业主要为其他公司提供信息技术咨询服务。在经营过程中，鼎盛科技服务中心与A科技公司签订了一份技术咨询服务合同，约定为A科技公司提供为期1年的技术咨询服务，A科技公司需要在合同签订后先支付30%的预付款，剩余款项在服务结束后一次性付清。

（二）任务布置

1.分析"任务场景1"中甲是否为法律主体，以及这一购买行为的法律效力。

2.分析"任务场景2"中小张是否为法律主体，以及小张与餐厅之间的法律关系。

3.分析"任务场景3"中涉及的法律主体，以及他们在相关法律关系中的权利和义务，并判断甲转让财产份额的行为是否有效。

二、任务准备

（一）法律主体的概念

法律主体是指在法律关系中，能够享有权利、承担义务，并能够独立参与法律活动、具有独立法律地位的个人或组织。它是法律规范所规定的能够参与法律关系，并具有独立法律地位的实体。

（二）法律主体需要具备的条件

1.具有独立的法律人格。

法律主体能够以自己的名义享有权利和承担义务。例如，在民事法律关系中，公司作为一个独立的法律主体，可以用自己的名义签订合同，享有合同权利；要求对方交付货物或支付货款，同时承担合同义务；按照约定的质量和时间交付产品等。这和不能独立享有权利和承担义务的事物形成对比，比如公司内部的一个部门，其通常没有独立的法律人格，不能以自己的名义对外签订合同。

2.能够独立实施法律行为。

法律主体有能力作出具有法律意义的行为。在刑法领域，具有刑事责任能力的自然人可以独立实施犯罪行为或者合法的防卫行为等。例如，一个成年人实施盗窃行为，这是一种独立实施的违法行为；而正当防卫也是自然人在面对不法侵害时独立实施的合法行为。在民事领域，完全民事行为能力人能够独立实施诸如买卖、赠与等民事法律行为，这些行为会产生相应的法律后果。

3.依法享有权利并承担义务。

法律主体依法拥有各种权利，如公民的人身权利、财产权利等。以物权为例，公民作为法律主体，对自己合法拥有的房屋享有占有、使用、收益和处分的权利。同时，法律主体也必须承担相应的义务。比如，企业作为法律主体，在享受市场经营权利的同时，要承担依法纳税、保障员工合法权益等义务。权利和义务是相对应的，法律主体不能只享受权利而不承担义务，这种平衡是法律秩序的重要保障。

（三）法律主体的类型

1.自然人。

（1）自然人的概念。

自然人是指具有生命的个体的人，即生物学上的人，是基于出生而取得主体资格的人。其既包括中国公民，也包括居住在中国境内或在境内活动的外国公民和无国籍人。公民是各国法律关系的基本主体之一，是指具有一国国籍的自然人。

（2）自然人的出生时间和死亡时间。

自然人的出生时间和死亡时间，以出生证明、死亡证明记载的时间为准；没有出生证明、死亡证明的，以户籍登记或者其他有效身份登记记载的时间为准。有其他证据足以推翻以上记载时间的，以该证据证明的时间为准。

自然人在出生之前也可以成为特殊法律关系的主体。例如，《民法典》规定，涉及遗产继承、接受赠与等胎儿利益保护的，胎儿视为具有民事权利能力。但是，胎儿娩出时为死体的，其民事权利能力自始不存在。

（3）自然人的住所。

自然人以户籍登记或者其他有效身份登记记载的居所为住所；经常居所与住所不一致的，经常居所视为住所。

2.法人。

（1）法人制度。

法人制度是指法律赋予符合条件的团体以法律人格，使团体的人格与成员的人格独立开来，从而使这些团体成为独立的民事主体。法人制度是近现代民法制度中重要的法律制度。

①法人的概念与成立。

法人是具有民事权利能力和民事行为能力，依法独立享有民事权利和承担民事义务的组织。法人应当依法成立，应当有自己的名称、组织机构、住所、财产或者经费。法人的名称是法人独立于其成员的人格标志，是法人参与法律活动时得以区别于其他法人的特定化标志。法人的组织机构亦称法人的机关。法人机关依法律、条例、章程规定而产生，其对内管理法人事务，对外代表法人从事民事活动。法人作为法律关系主体要独立参与法律活动，就必须产生自己的团体意思，并能将自己的团体意思付诸实施。这一切只有通过法人的各种健全的组织机构才能完成。法人的组织机构主要有：意思机关、执行机关、代表机关、监督机关。法人以其主要办事机构所在地为住所。依法需要办理法人登记的，应当将主要办事机构所在地登记为住所。法人的财产或者经费是法人作为法律关系主体，参与法律活动、享受法律权利和承担法律义务的物质基础，也是其承担法律责任的物质保障。法人以其全部财产独立承担民事责任。

②法人的分类。

法人分为营利法人、非营利法人和特别法人。法律所指的营利，是指积极地营利并将其所得利益分配给其成员。营利所指的不是法人本身营利，而是指法人为其成员营利，仅法人本身营利，如果不将所获得的利益分配给其成员，而是作为自身积累，则不属于营利法人。例如，基金会等组织，虽然有投资保值增值的盈利，但没有股东出资人，也不可能分配利润，则属于非营利法人。

③法人的法定代表人。

依照法律或者法人章程的规定，代表法人从事民事活动的负责人，为法人的法定代表人。法定代表人以法人名义从事的民事活动，其法律后果由法人承受。法人章程或者法人权力机构对法定代表人代表权的限制，不得对抗善意相对人。法定代表人因执行职务造成他人损害的，由法人承担民事责任。法人承担民事责任依照法律或者法人章程的规定，可以向有过错的法定代表人追偿。

④法人设立中的责任承担。

设立人为设立法人从事的民事活动，其法律后果由法人承受；法人未成立的，其法律后果由设立人承受；设立人为两人以上的，享有连带债权，承担连带债务。设立人为设立法人以自己的名义从事民事活动产生的民事责任，第三人有权选择请求法人或者设立人承担。

⑤ 法人的合并和分立。

法人合并的，其权利和义务由合并后的法人享有和承担。法人分立的，其权利和义务由分立后的法人享有连带债权，承担连带债务，但是债权人和债务人另有约定的除外。

⑥ 法人的解散和终止。

法人解散是指由于法人章程或者法律规定的事由出现，致使法人不能继续存在，从而停止积极活动，开始整理财产关系的程序。《民法典》规定出现下列情形之一的，法人解散：法人章程规定的存续期间届满或者法人章程规定的其他解散事由出现；法人的权力机构决议解散；因法人合并或者分立需要解散；法人依法被吊销营业执照登记证书，被责令关闭或者被撤销；法律规定的其他情形。

法人终止是指法人资格的丧失。法人终止虽然产生与自然人死亡相同的法律效果，但其终止更具备社会属性，需要特定事由，并通过特定法律程序来推动。有下列原因之一并依法完成清算、注销登记的，法人终止：法人解散；法人被宣告破产；法律规定的其他原因。该规定明确将法人终止和法人解散区分开来，将法人解散作为法人终止的原因之一。法人终止，法律、行政法规规定须经有关机关批准的，依照其规定。例如，《保险法》第八十九条规定，保险公司因分立、合并需要解散，或者股东会、股东大会决议解散，或者公司章程规定的解散事由出现，经国务院保险监督管理机构批准后解散。经营有人寿保险业务的保险公司，除因分立、合并或者被依法撤销外，不得解散。保险公司解散，应当依法成立清算组进行清算。

⑦ 法人的清算。

法人解散的，除合并或者分立的情形外，清算义务人应当及时组成清算组进行清算。法人的董事、理事等执行机构或者决策机构的成员为清算义务人。法律、行政法规另有规定的，依照其规定。清算义务人未及时履行清算义务，造成损害的，应当承担民事责任；主管机关或者利害关系人可以申请人民法院指定有关人员组成清算组进行清算。清算期间法人存续，但是不得从事与清算无关的活动。法人清算后的剩余财产，按照法人章程的规定或者法人权力机构的决议处理。法律另有规定的，依照其规定。清算结束并完成法人注销登记时，法人终止；依法不需要办理法人登记的，清算结束时，法人终止。法人被宣告破产的，依法进行破产清算并完成法人注销登记时，法人终止。

⑧ 法人的分支机构。

法人可以依法设立分支机构。法律、行政法规规定分支机构应当登记的，依照其规定。分支机构以自己的名义从事民事活动，产生的民事责任由法人承担；也可以先以该分支机构管理的财产承担，不足以承担的，由法人承担。

（2）营利法人。

① 营利法人的概念与成立。

营利法人是指以取得利润并分配给股东等出资人为目的成立的法人。营利法人包括公司制营利法人和非公司制营利法人。公司制营利法人主要是有限责任公司、股份有限公司。非公司制营利法人主要是没有采用公司制的全民所有制企业、集体所有制企业等。营利法人经依法登记成立。依法设立的营利法人，由登记机关发给营利法人营业执照。营业执照的签发日期为营利法人的成立日期。营利法人从事经营活动，应当遵守商业道德，维护交易安全，接受政府和社会的监督，承担社会责任。

② 营利法人的组织机构。

设立营利法人，应当依法制定法人章程。营利法人应当设置权力机构。权力机构行使修改法人章程，选举或者更换执行机构、监督机构成员，以及法人章程规定的其他职权。营利法人应当设置执行机构。执行机构行使召集权力机构会议，决定法人的经营计划和投资方案，决定法人内部管理机构的设置，以及法人章程规定的其他职权。执行机构为董事会或者执行董事的，董事长、执行董事或者经理按照法人章程的规定担任法定代表人；未设董事会或者执行董事的，法人章程规定的主要负责人为其执行机构和法定代表人。

营利法人设置监事会或者监事等监督机构的，监督机构依法行使检查法人财务，监督执行机构成员、高级管理人员执行法人职务的行为，以及法人章程规定的其他职权。

③ 营利法人的出资人。

营利法人的出资人不得滥用出资人权利损害法人或者其他出资人的利益；滥用出资人权利造成法人或者其他出资人损失的，应当依法承担民事责任。

营利法人的出资人不得滥用法人独立地位和出资人有限责任损害法人债权人的利益；滥用法人独立地位和出资人有限责任，逃避债务，严重损害法人债权人的利益的，应当对法人债务承担连带责任。

营利法人的控股出资人、实际控制人、董事、监事、高级管理人员不得利用其关联关系损害法人的利益；利用关联关系造成法人损失的，应当承担赔偿责任。

营利法人的权力机构、执行机构作出决议的会议召集程序、表决方式违反法律行政法规、法人章程，或者决议内容违反法人章程的，营利法人的出资人可以请求人民法院撤销该决议。但是，营利法人依据该决议与善意相对人形成的民事法律关系不受影响。

（3）非营利法人。

① 非营利法人的概念。

非营利法人是指为公益目的或者其他非营利目的成立，不向出资人、设立人或者会员分配所取得利润的法人。非营利法人包括事业单位、社会团体、基金会、社会服务机构等。

② 事业单位。

按照《事业单位登记管理暂行条例》的规定，事业单位是指国家为了社会公益目的由国家机关举办或者其他组织利用国有资产举办的，从事教育、科技、文化、卫生等活动的社会服务组织。具备法人条件，为适应经济社会发展需要，提供公益服务设立的事业单位，经依法登记成立，取得事业单位法人资格；依法不需要办理法人登记的，从成立之日起，具有事业单位法人资格。

③ 社会团体。

《社会团体登记管理条例》规定，社会团体是指中国公民自愿组成，为实现会员共同意愿，按照其章程开展活动的非营利性社会组织。国家机关以外的组织可以作为单位会员加入社会团体。具备法人条件，基于会员共同意愿，为公益目的或者会员共同利益等非营利目的设立的社会团体，经依法登记成立，取得社会团体法人资格；依法不需要办理法人登记的，从成立之日起，具有社会团体法人资格。

④ 捐助法人和宗教活动场所法人。

捐助法人是指具备法人条件，为公益目的以捐助财产设立的基金会、社会服务机构等组织。《基金会管理条例》规定，基金会是指利用自然人、法人或者其他组织赠与的财产，以从事公益事业为目的，按照规定成立的非营利性法人。社会服务机构通常是以"助人自助"为宗旨，由受过专门训练的社会工作者作为职业的服务人员和志愿者组成，为特定的有需要的服务对象提供专业服务的人群组织。

宗教活动场所法人是指取得捐助法人资格的宗教活动场所，如寺院、宫观、清真寺、教堂等。信教公民的集体宗教活动，一般应当在经登记的宗教活动场所内进行。

（4）特别法人。

由于实践中有些法人的设立依据、目的、职能和责任最终承担等方面均与营利法人和非营利法人存在较大差别，所以，立法中单列了一类法人，即特别法人，主要包括机关法人、农村集体经济组织法人、城镇农村的合作经济组织法人、基层群众性自治组织法人。

① 机关法人。

机关法人是指依据宪法、法律法规或政府的行政命令而设立、享有公权力的、以从事履行公共管理职能为主的各级国家机关。其成立目的、成立程序和运行程序、消灭程序等，与其他法人组织存在明显差别。有独立经费的机关和承担行政职能的法定机构从成立之日起，具有机关法人资格，可以从事为履行职能所需要的民事活动。因为机关法人存续过程中，会偶尔涉及民事法律关系，因此，民法上将其作为有民事主体资格的法人对待，以便于民事诉讼。

机关法人被撤销的，法人终止，其民事权利和义务由继任的机关法人享有和承担；没有继任的机关法人的，由作出撤销决定的机关法人享有和承担。

② 农村集体经济组织法人。

农村集体经济组织具有鲜明的中国特色。农村集体经济组织是指利用农村集体的土地或其他财产，从事农业经营等活动的组织。其以维护集体成员权益、实现共同富裕为宗旨，坚持集体所有、合作经营、民主管理，实行各尽所能、按劳分配、共享收益的原则。农村集体经济组织依法取得法人资格。《宪法》第八条第一款规定，农村集体经济组织实行家庭承包经营为基础、统分结合的双层经营体制。农村中的生产、供销、信用、消费等各种形式的合作经济，是社会主义劳动群众集体所有制经济。参加农村集体经济组织的劳动者，有权在法律规定的范围内经营自留地、自留山、家庭副业和饲养自留畜。

③ 城镇农村的合作经济组织法人。

合作经济组织法人又称合作社法人，是指劳动者在互助基础上，自筹资金共同经营，共同劳动并分享收益的经济组织。其成员退社自由，对合作社的债务一般承担有限责任。合作社依法取得法人资格。《宪法》第八条第二款规定，城镇中的手工业、工业、建筑业、运输业、商业、服务业等行业的各种形式的合作经济，都是社会主义劳动群众集体所有制经济。城镇农村的合作经济组织对内具有互益性，对外也可以从事经营活动。城镇农村的合作经济组织依法取得法人资格。《中华人民共和国农民专业合作社法》规定，农民专业合作社是在农村家庭承包经营基础上，农产品的生产经营者或者农业生产经营服务的提供者、利用者，自愿联合、民主管理的互助性经济组织。

④ 基层群众性自治组织法人。

居民委员会、村民委员会具有基层群众性自治组织法人资格，可以从事为履行职能所需要的民事活动。《中华人民共和国城市居民委员会组织法》规定，居民委员会是居民自我管理、自我教育、自我服务的基层群众性自治组织。不设区的市、市辖区的人民政府或者其派出机关对居民委员会的工作给予指导、支持和帮助。居民委员会协助不设区的市、市辖区的人民政府或者其派出机关开展工作。《中华人民共和国村民委员会组织法》规定，村民委员会是村民自我管理、自我教育、自我服务的基层群众性自治组织，实行民主选举、民主决策、民主管理、民主监督。村民委员会办理本村的公共事务和公益事业，调解民间纠纷，协助维护社会治安，向人民政府反映村民的意见、要求和提出建议。村民委员会向村民会议、村民代表会议负责并报告工作。未设立村集体经济组织的，村民委员会可以依法代行村集体经济组织的职能。

3.非法人组织。

（1）非法人组织的概念。

非法人组织是指不具有法人资格，但是能够依法以自己的名义从事民事活动的组织。

非法人组织包括个人独资企业、合伙企业、不具有法人资格的专业服务机构等。非法人组织应当依照法律的规定登记。设立非法人组织，法律、行政法规规定须经有关机关批准的，依照其规定。

非法人组织的财产不足以清偿债务的，其出资人或者设立人承担无限责任。法律另有规定的，依照其规定。例如，合伙企业也具有自己的合伙财产。《中华人民共和国合伙企业法》规定，普通合伙企业中，合伙人的出资、以合伙企业名义取得的收益和依法取得的其他财产均为合伙企业的财产，在承担债务时，首先以合伙企业的财产承担责任，只有在合伙企业的财产不足以承担责任时，才由各合伙人承担无限连带责任。

（2）非法人组织的代表。

非法人组织可以确定一人或者数人代表该组织从事民事活动。

（3）非法人组织的解散。

有下列情形之一的，非法人组织解散：①章程规定的存续期间届满或者章程规定的其他解散事由出现；②出资人或者设立人决定解散；③法律规定的其他情形。非法人组织解散的，应当依法进行清算。

4.国家。

在特殊情况下，国家可以作为一个整体成为法律主体。例如，在我国，国家是国家财产所有权唯一和统一的主体；在国际上，国家作为主权者，是国际公法关系的主体，也可以成为对外贸易关系中的债权人或债务人。

（四）法律主体资格

法律主体资格是指个人或组织能够成为法律关系主体，享有权利和承担义务的法定条件和能力。对自然人而言，法律主体资格通常始于出生，终于死亡。但在某些情况下，自然人的行为能力会受到年龄、精神健康状况等因素的影响。例如，未成年人在一定程度上可能不具备完全的行为能力，需要其法定监护人代理某些法律行为。法人和其他组织的法律主体资格则需要依法成立，并具备一定的条件，如合法的目的、必要的财产和经费、组织机构等。只有在满足这些法定条件并经过法定程序登记注册或批准后，法人和其他组织才能获得法律主体资格，以自己的名义从事民事活动，享有权利并承担义务。

1.法律主体资格的重要特征。

（1）法定性。

由法律明确规定，具有强制性和规范性。

（2）特定性。

不同类型的法律主体资格的条件和范围有所不同。

（3）可变性。

可能会因法定事由的出现而发生变更、终止或丧失。

法律主体资格的确认对于明确法律关系的主体范围、保障法律秩序的稳定以及维护当事人的合法权益具有重要意义。它使得法律能够准确地对各类主体的行为进行规范和调整，确保法律的公正和有效实施。

2.法律主体资格的内容。

法律主体资格包括权利能力和行为能力两个方面。

（1）权利能力。

权利能力是指法律主体能够参加某种法律关系，依法享有一定权利和承担一定义务的法律资格。或者说，权利能力就是自然人或组织能够成为法律主体的资格。它是任何自然人或组织参加法律关系的前提条件。

① 自然人的权利能力。

自然人从出生时起到死亡时止，具有民事权利能力，依法享有民事权利，承担民事义务。自然人的民事权利能力一律平等。

② 法人的权利能力。

法人权利能力的范围由法人成立的宗旨和业务范围决定，自法人成立时产生，至法人终止时消灭。

（2）行为能力。

行为能力是指法律主体能够通过自己的行为实际取得权利和履行义务的能力。法人的行为能力和权利能力是一致的，同时产生、同时消灭。自然人的行为能力不同于其权利能力，具有行为能力必须首先具有权利能力，但具有权利能力并不必然具有行为能力。确定自然人有无行为能力，一看能否认识自己行为的性质、意义和后果；二看能否控制自己的行为并对自己的行为负责。

① 自然人的民事行为能力。

我国法律将自然人按其民事行为能力划分为三类：

第一类：完全民事行为能力人，是指达到法定年龄、智力健全能够对自己行为负完全责任的自然人。18周岁以上的自然人是成年人，不满18周岁的自然人为未成年人。成年人为完全民事行为能力人，可以独立实施民事法律行为。16周岁以上的未成年人，以自己的劳动收入为主要生活来源的，视为完全民事行为能力人。

第二类：限制民事行为能力人，是指行为能力受到一定的限制只有部分行为能力的自然人。8周岁以上的未成年人、不能完全辨认自己行为的成年人为限制民事行为能力人，实施民事法律行为由其法定代理人代理或者经其法定代理人同意、追认；但是，可以独立实施纯获利益的民事法律行为或者与其年龄、智力、精神健康状况相适应的民事法律行为。

第三类：无民事行为能力人，是指完全不能以自己的行为行使权利、履行义务的自然人。不满8周岁的未成年人、8周岁以上的不能辨认自己行为的未成年人，以及不能辨认自己行为的成年人为无民事行为能力人。无民事行为能力人，由其法定代理人代理实施民事法律行为。

无民事行为能力人、限制民事行为能力人的监护人是其法定代理人。

② 自然人的刑事责任能力。

刑事责任能力是指行为人构成犯罪和承担刑事责任所必须具备的刑法意义上辨认和控制自己行为的能力。不具备刑事责任能力者，即使实施了危害社会的行为，也不能成为犯罪主体，不能被追究刑事责任；刑事责任能力减弱者，其刑事责任相应地适当减轻。对于一般自然人来说，只要达到一定的年龄，生理和智力发育正常，就具有了相应的认知和控制自己行为的能力，从而具有刑事责任能力。但有的人因患病等原因会丧失或减弱刑事责任能力。

我国《刑法》对自然人刑事责任能力的规定主要有：

已满16周岁的人犯罪，应当负刑事责任。

已满14周岁不满16周岁的人，犯故意杀人、故意伤害致人重伤或者死亡、强奸、抢劫、贩卖毒品、放火、爆炸、投放危险物质罪的，应当负刑事责任。

已满12周岁不满14周岁的人，犯故意杀人、故意伤害罪，致人死亡或者以特别残忍手段致人重伤造成严重残疾，情节恶劣，经最高人民检察院核准追诉的，应当负刑事责任。

已满12周岁不满18周岁的人犯罪，应当从轻或者减轻处罚。因不满16周岁不予刑事处罚的，责令其父母或者其他监护人加以管教；在必要的时候，依法进行专门矫治教育。

已满75周岁的人故意犯罪的，可以从轻或者减轻处罚；过失犯罪的，应当从轻或者减轻处罚。

精神病人在不能辨认或者不能控制自己行为的时候造成危害结果，经法定程序鉴定确认的，不负刑事责任，但是应当责令他的家属或者监护人严加看管和医疗；在必要的时候，由政府强制医疗。间歇性的精神病人在精神正常的时候犯罪，应当负刑事责任。尚未完全丧失辨认或者控制自己行为能力的精神病人犯罪的，应当负刑事责任，但是可以从轻或者减轻处罚。

醉酒的人犯罪，应当负刑事责任。

又聋又哑的人或者盲人犯罪，可以从轻、减轻或者免除处罚。

关键知识清单

1. 法律主体的概念
2. 法律主体的类型
3. 法律主体资格

三、任务实施

1. 甲是法律主体。甲作为自然人，是法律关系主体的一种。他虽然是限制民事行为能力人，但依然是法律主体，能够进行与他的年龄、智力相适应的民事活动。

关于购买手机这一行为的法律效力，由于甲是15岁的限制民事行为能力人，购买价值3 000元的智能手机通常被认为超出了他这个年龄阶段能够独立实施的民事活动范围。根据法律规定，该行为属于效力待定的民事法律行为。其效力取决于甲的法定代理人（父母）是否追认。如果甲的父母追认该购买行为，那么，这个购买合同有效；如果其父母拒绝追认，则该购买合同无效，商家应当退货退款。在整个过程中，甲作为法律主体参与了这一可能产生法律后果的民事活动，只是其行为的效力需要根据法定代理人的态度来最终确定。

2. 小张是法律主体。小张作为自然人，是法律关系的参加者，属于法律主体范畴。

虽然小张是未成年人，但已满16周岁不满18周岁，以自己的劳动收入为主要生活来源的，视为完全民事行为能力人；如果小张不是以自己的劳动收入为主要生活来源，那么，他就是限制民事行为能力人。

关于小张和餐厅之间的法律关系，首先，在劳动合同方面，如果小张被视为完全民事行为能力人，他与餐厅签订的劳动合同是有效的，餐厅不能随意辞退并且应当支付工资。如果小张是限制民事行为能力人，该劳动合同属于效力待定合同，其法定代理人追认后合同有效。其次，从劳动法律关系角度看，餐厅辞退小张并且拒绝支付工资的行为可能违反了劳动法律法规。小张作为劳动者这一法律主体，享有获得劳动报酬的权利，餐厅作为用人单位，有义务按照法律规定和合同约定支付工资，并且辞退员工需要符合法定条件。小张可以通过向劳动监察部门投诉或者申请劳动仲裁等方式维护自己的合法权益。

3.法律主体分析如下：

自然人：甲、乙、丙、丁均为自然人，是法律主体。在该案例中，甲、乙、丙作为普通合伙企业的合伙人，参与企业的设立和经营活动；丁有可能因甲的财产份额转让行为而参与到合伙企业相关法律关系中。

非法人组织：鼎盛科技服务中心是普通合伙企业，属于非法人组织，也是法律主体。它以自己的名义与A科技公司签订合同，开展经营活动，在法律关系中享有权利并承担义务。

法人：A科技公司是法人，作为法律主体与鼎盛科技服务中心建立了技术咨询服务合同关系。

任务三 明确法律责任

一、任务情景

（一）任务场景

2024年5月，个体工商户李某在其经营的小超市内销售了一批假冒某知名品牌的食品。消费者张某购买食用后，出现了腹痛、腹泻等不适症状，经医院诊断为食物中毒，住院治疗一周，花费医疗费5 000元，同时因误工损失3 000元。

（二）任务布置

分析"任务场景"中的李某在这一事件中可能承担的法律责任类型、具体责任内容，并说明理由。

二、任务准备

（一）法律责任的概念

法律责任是指因违反了法定义务或契约义务，或不当行使法律权利、权力所产生的，由行为人承担的不利后果。

法律责任这一概念可以从两个方面理解，即积极意义的法律责任与消极意义的法律责任。积极意义的法律责任是指所有法律主体都有遵守法律的义务，即将法律责任与法律义务含义等同，也称广义的法律责任。现行立法所用的法律责任是一种消极意义的法律责任，是指法律主体由于违反法定或约定的义务而应承受的不利法律后果，也称狭义的法律责任。

（二）法律责任的分类

视频3

法律责任

根据我国法律的有关规定，可以将法律责任划分为民事责任、行政责任和刑事责任三种。

1.民事责任。

民事责任是指民事主体违反了约定或法定的义务所应承担的不利民事法律后果。根据《民法典》的规定，承担民事责任的方式主要有以下11种：

（1）停止侵害。

其适用于侵权行为正在进行或仍在延续中的情形，受害人可依法要求侵害人立即停止其侵害行为。

（2）排除妨碍。

行为人实施的侵害行为使受害人无法行使或不能正常行使自己的财产权利、人身权利的，受害人有权请求排除妨碍。

（3）消除危险。

行为人的行为对他人人身和财产安全造成威胁，或存在着侵害他人人身或者财产的可能，他人有权要求行为人采取有效措施消除危险。

（4）返还财产。

行为人非法占有财产，权利人有权要求其返还。

（5）恢复原状。

权利人有权要求恢复权利被侵害前的原有状态。

（6）修理、重作、更换。

权利人有权要求将被损害的财产通过修理、重新制作或者更换损坏的部分，使财产恢复到原有正常状态。

（7）继续履行。

行为人不履行或不当履行合同义务，另一方合同当事人有权要求违反合同义务的行为人承担继续履行合同义务的责任。

（8）赔偿损失。

行为人因违反合同或者侵权行为而给他人造成损害，应以其财产赔偿受害人所受的损失。

（9）支付违约金。

行为人因违反合同规定的义务，而应按照合同的约定，向权利人支付一定数额的货币作为违约的补偿或惩罚。

（10）消除影响、恢复名誉。

行为人因其侵害了自然人或者法人的人格、名誉而应在影响所及的范围内消除不良后果，将受害人的名誉恢复到未受侵害时的状态。

（11）赔礼道歉。

违法行为人向受害人公开承认错误、表达悔意的民事责任承担方式。赔礼道歉既可以由加害人向受害人口头表示，也可以由加害人以写道歉书的形式进行。

以上承担民事责任的方式，可以单独适用，也可以合并适用。

2.行政责任。

行政责任是指违反法律法规规定的行为人所应承受的由国家行政机关对其依行政程序所给予的制裁。

行政处罚是指行政机关依法对违反行政管理秩序的公民、法人或者其他组织，以减损权益或者增加义务的方式予以惩戒的行为。行政处罚分为人身自由罚、行为罚、财产罚和声誉罚等多种形式。根据《行政处罚法》的规定，行政处罚具体包括：警告、通报批评，罚款、没收违法所得、没收非法财物，暂扣许可证件、降低资质等级、吊销许可证件，限制开展生产经营活动、责令停产停业、责令关闭、限制从业，行政拘留，行政处分。

① 警告、通报批评。

这是行政主体对行政违法行为人实施的一种书面形式的谴责和告诫。行政机关实施的通报批评主要有两种：一种是行政机关内部对不依法履行职责的工作人员作出的行政处分；另一种是行政机关面向社会，在一定范围内公布违法行为人的违法事实，以导致其声誉和信誉受损害的处罚行为。《行政处罚法》规定的通报批评属于第二种。

② 罚款、没收违法所得、没收非法财物。

罚款是行政主体强制行政违法行为人承担金钱给付义务的处罚形式。没收违法所得、没收非法财物是由行政主体实施的将行政违法行为人的违法收入、物品或者其他非法占有的财物收归国家所有的处罚方式。

③ 暂扣许可证件、降低资质等级、吊销许可证件。

这是禁止行政违法行为人从事某种特许权利或降低资格的处罚，行政主体依法暂扣或收回行政违法行为人已获得的从事某种活动的权利或资格的证书，降低其资质等级。吊销许可证件是对行政违法行为人从事某种活动或者其享有的某种资格的彻底取消；而暂扣许可证件则是中止行政违法行为人从事某项活动的资格，待行为人改正以后或经过一定期限后再发还。

④ 限制开展生产经营活动、责令停产停业、责令关闭、限制从业。

责令停产停业是限制行政违法行为人从事生产、经营活动的处罚形式。一般常常附有限期整顿的要求，如果受罚人在限期内纠正了违法行为，则可恢复生产、营业。责令关闭，即命令、禁止行政违法行为人继续经营的行政处罚。限制从业，即因违反行政法律、法规规定和行业规定而限制行政违法行为人不得再从事此行业的行政处罚。

⑤ 行政拘留。

这是对违反治安管理的行为人，依法在短期内限制其人身自由的处罚。

⑥ 行政处分。

行政处分是指对违反法律规定的国家机关工作人员或被授权、委托的执法人员所实施的内部制裁措施。

根据《中华人民共和国公务员法》（以下简称《公务员法》），对因违法违纪应当承担纪律责任的公务员给予的行政处分有警告、记过、记大过、降级、撤职、开除六类。

3.刑事责任。

刑事责任是指犯罪人因实施犯罪行为所应承受的由国家审判机关（人民法院）依照刑事法律给予的制裁后果，是法律责任中最严厉的责任形式。

刑事责任主要通过刑罚而实现，刑罚分为主刑和附加刑两类。

（1）主刑。

主刑是对犯罪分子适用的主要刑罚。主刑包括管制、拘役、有期徒刑、无期徒刑、死刑。

① 管制。

这是对犯罪分子不实行关押，但是限制其一定的自由，交由公安机关管束和监督的刑罚，期限为3个月以上2年以下，是我国特有的一种轻刑。判处管制的罪犯依然留在原工作单位或居住地进行劳动，在劳动中同工同酬。

② 拘役。

这是剥夺犯罪分子短期的人身自由，就近拘禁并强制劳动的刑罚，期限为1个月以上6个月以下。

③ 有期徒刑。

这是剥夺犯罪分子一定期限的人身自由，实行劳动改造的刑罚。除特殊情况外，有期徒刑的期限为6个月以上15年以下。

④ 无期徒刑。

这是剥夺犯罪分子终身自由，实行劳动改造的刑罚。

⑤ 死刑。

这是剥夺犯罪分子生命的刑罚。死刑只适用于罪行极其严重的犯罪分子。对于应当判处死刑的犯罪分子，如果不是必须立即执行的，可以判处死刑同时宣告缓期2年执行。

（2）附加刑。

附加刑是补充、辅助主刑适用的刑罚。附加刑可以附加于主刑之后作为主刑的补充，同主刑一起适用；也可以独立适用。附加刑包括罚金、剥夺政治权利、没收财产、驱逐出境。

① 罚金。

这是强制犯罪分子或者犯罪的单位向国家缴纳一定数额金钱的刑罚。

② 剥夺政治权利。

这是剥夺犯罪分子参加国家管理和政治活动权利的刑罚。剥夺的政治权利包括：选举权和被选举权；言论、出版、集会、结社、游行、示威自由的权利；担任国家机关职务的权利；担任国有公司、企业、事业单位和人民团体领导职务的权利。

③ 没收财产。

这是将犯罪分子个人所有财产的一部分或者全部，强制无偿地收归国有的刑罚。

④ 驱逐出境。

这是强迫犯罪的外国人离开中国国（边）境的刑罚。

（3）数罪并罚。

判决宣告以前一人犯数罪的，除了判处死刑和无期徒刑的以外，应当在总和刑期以下、数刑中最高刑期以上，酌情决定执行的刑期。但是，管制最高不能超过3年；拘役最高不能超过1年；有期徒刑总和刑期不满35年的，最高不能超过20年；总和刑期在35年以上的，最高不能超过25年。数罪中有判处附加刑的，附加刑仍须执行，其中，附加刑种类相同的，合并执行，种类不同的，分别执行。

关键知识清单

1.法律责任
2.法律责任的类型
3.民事责任、行政责任、刑事责任

三、任务实施

李某在这一事件中承担的法律责任类型及具体责任如下：

民事责任：赔偿损失，根据《中华人民共和国消费者权益保护法》和《中华人民共和国食品安全法》，李某应赔偿张某的医疗费、误工费。

侵权责任：李某销售假冒食品导致张某食物中毒，侵犯了张某的生命健康权。

违约责任：李某与张某之间存在买卖合同关系，李某销售假冒食品的行为违反了合同中应提供合格商品的约定，构成违约。

行政责任：行政处罚，依据《中华人民共和国产品质量法》等相关法律，李某销售假冒品牌食品的行为，可能会面临市场监督管理部门的警告、罚款、没收违法所得、停业整顿等行政处罚。若李某的违法经营额较大，或存在其他严重情节，还可能被吊销营业执照。

罚款：依据《中华人民共和国消费者权益保护法》以及《中华人民共和国产品质量法》等相关法律法规，市场监督管理部门有权对销售假冒伪劣产品的行为进行处罚。李某销售假冒食品货值金额达20 000元，市场监督管理部门可依法对其处以罚款。罚款金额通常根据违法情节和货值金额确定，一般会在一定比例范围内，如货值金额的倍数等，以起到惩戒和警示作用。

没收违法所得：李某销售假冒食品获取的利润属于违法所得，市场监督管理部门应依法予以没收。

吊销营业执照：鉴于李某销售假冒食品的行为情节较为严重，且对消费者健康造成了损害，市场监督管理部门有权吊销其个体工商户营业执照。

刑事责任：销售伪劣产品罪，李某多次实施销售假冒伪劣产品的行为，累计销售金额达到追诉标准，或者其销售的假冒食品造成严重后果，如导致多人重伤、死亡等，可能会构成销售伪劣产品罪，需要承担相应的刑事责任。

李某承担责任的理由如下：

① 民事责任方面：李某作为食品销售者，有义务保证所售食品的质量安全，符合保障人身、财产安全的要求。其销售假冒食品的行为直接导致张某人身受到损害，根据侵权责任的构成要件，即行为的违法性、损害事实的存在、违法行为与损害事实之间的因果关系以及行为人的过错，李某的行为满足侵权责任的构成，应承担侵权赔偿责任。同时，从合同角度看，李某违反了买卖合同中交付合格商品的约定，构成违约，需要承担违约责任。

② 行政责任方面：为了维护市场秩序，保护消费者的合法权益，国家制定了一系列法律法规对销售假冒伪劣产品的行为进行规制。李某销售假冒食品的行为违反了《中华人民共和国消费者权益保护法》和《中华人民共和国产品质量法》等相关行政法律法规，市场监督管理部门作为执法机关，有权依据这些法律法规对其进行行政处罚，以制止其违法行为，并对其他市场主体起到警示作用。

③ 刑事责任方面：刑法设立销售伪劣产品罪等罪名，旨在打击严重危害市场秩序和消费者生命健康的行为。李某销售假冒食品，若其行为达到一定的严重程度，符合刑法规定的销售伪劣产品罪的构成要件，就应当承担刑事责任，这体现了刑法对严重违法行为的严厉制裁，以维护社会公共利益和经济秩序。

知之守之

2020年，重庆男子张波及其女友叶诚尘共同谋划，将张波的两个年幼子女从15楼扔下，致两个孩子死亡。2023年，重庆市高级人民法院对张波、叶诚尘故意杀人案进行二审宣判，裁定驳回上诉，维持原判，对张波、叶诚尘的死刑裁定依法报请最高人民法院核准。

案例解析：从法律层面看，张波和叶诚尘的行为构成故意杀人罪，且手段极其残忍，情节特别恶劣，后果极其严重，依法应受到最严厉的刑罚制裁。从思政教育意义来讲，这起案件凸显了生命的珍贵和不可侵犯性，以及家庭伦理和道德责任的重要性。同时，也让我们认识到法律的严肃性和公正性，任何违法犯罪行为都将受到法律的严惩，这也警示人们要树立正确的价值观和家庭观，珍惜生命，敬畏法律。

巩固与提升

【例2-1·多选题】下列选项中，体现法的规范性特征的有（　　）。

A.法规定了人们的行为模式

B.法为人们的行为提供了一个标准和方向

C.法的适用对象具有普遍性

D.法是反复适用的

项目二在线测试

【例2-2·判断题】国家认可的社会规范都具有国家意志性，因此，这些规范也是法。（　　）

【例2-3·多选题】根据法的内容可以分为实体法和程序法，下列属于实体法的有（　　）。

A.民法　　　　　　　　　　　　B.刑法

C.行政诉讼法　　　　　　　　　D.企业所得税法

【例2-4·单选题】下列对法所作的分类中，属于以法的内容、效力和制定程序为依据进行分类的是（　　）。

A.根本法和普通法　　　　　　　B.公法和私法

C.国际法和国内法　　　　　　　D.实体法和程序法

【例2-5·单选题】下列对法所作的分类中，属于以法的主体、调整对象和渊源为依据进行分类的是（　　）。

A.根本法和普通法　　　　　　　B.公法和私法

C.国际法和国内法　　　　　　　D.实体法和程序法

【例2-6·单选题】甲国公民汤姆在中国境内杀害了乙国公民杰克。对于汤姆的犯罪行为，按照我国刑法规定，应适用（　　）原则进行管辖。

A.属人主义　　　　　　　　　　B.属地主义

C.保护主义　　　　　　　　　　D.普遍管辖主义

【例2-7·多选题】下列情况中，体现了我国法律对人的效力中的属人主义原则的有（　　）。

A.中国公民在境外参加恐怖活动组织，回国后被依法追究刑事责任

B.外国公民在中国境内犯罪，适用中国法律进行处罚

C.中国公民在国外侵犯了另一名中国公民的知识产权，回国后受到法律制裁

D.外国公民在国外对中国国家利益造成损害，中国法律对其进行追诉

【例2-8·判断题】地方性法规与部门规章之间对同一事项的规定不一致，不能确定如何适用时，一律由国务院提出意见。（　　）

【例2-9·多选题】我国法律体系可以划分为（　　）基本法律部门。

A.行政法规　　　　　　　　　　B.民商法

C.宪法　　　　　　　　　　　　D.刑法

【例2-10·判断题】张某认为法律部门划分的标准首先是法律调整的方法，即法律调整的社会关系，他的认识是否正确。   （ ）

【例2-11·多选题】下列各项中，可以成为法律关系主体的有（   ）。

A.国有企业   B.集体企业

C.合伙企业   D.个人独资企业

【例2-12·单选题】下列各项中，属于法律事实中的行为的是（   ）。

A.地震   B.战争

C.签订合同   D.人的出生

【例2-13·判断题】人的死亡在某些情况下是法律事件，在某些情况下是法律行为。

                                                            （ ）

【例2-14·多选题】以下属于法律主体的有（   ）。

A.国家   B.自然人

C.基金会   D.股份有限公司

【例2-15·单选题】下列选项中，属于特别法人的是（   ）。

A.有限责任公司   B.农村集体经济组织

C.基金会   D.个人独资企业

【例2-16·单选题】下列主体中，不具有独立法律主体资格的是（   ）。

A.子公司   B.分公司

C.有限责任公司   D.股份有限公司

【例2-17·单选题】下列选项中，属于民事法律责任的是（   ）。

A.罚款   B.罚金

C.支付违约金   D.没收财产

答案与解析

项目三　会计法律制度

■ 素养目标

1.培养诚实守信、廉洁自律的职业操守，树立在未来会计工作中依法办事、严格遵守会计准则与会计法规的职业意识。

2.增强法律观念，熟悉并遵守《会计法》等相关法规，具备风险防范意识，能够识别并规避法律风险。

3.做到知法、懂法、守法、敬法，养成自觉约束与规范会计职业行为的良好习惯。

■ 知识目标

1.熟悉会计法律制度的构成、会计工作管理体制及会计档案管理的内容，为会计管理工作提供法律保障。

2.掌握会计机构的设置、会计核算的要求，掌握会计工作交接的要求。

3.熟悉内部控制制度，了解会计监督体系。

4.熟悉掌握会计违法行为的法律责任。

■ 技能目标

1.了解会计法律制度的框架及其在实务中的应用，能够运用法律知识解决会计实务中的问题，维护企业合法权益。

2.能够识别会计工作中的法律风险并提出防范措施，确保会计工作合法合规。

3.掌握内部控制制度的设计与实施，确保合规。

4.能够与审计、税务等部门有效沟通，为企业经营提供合理建议。

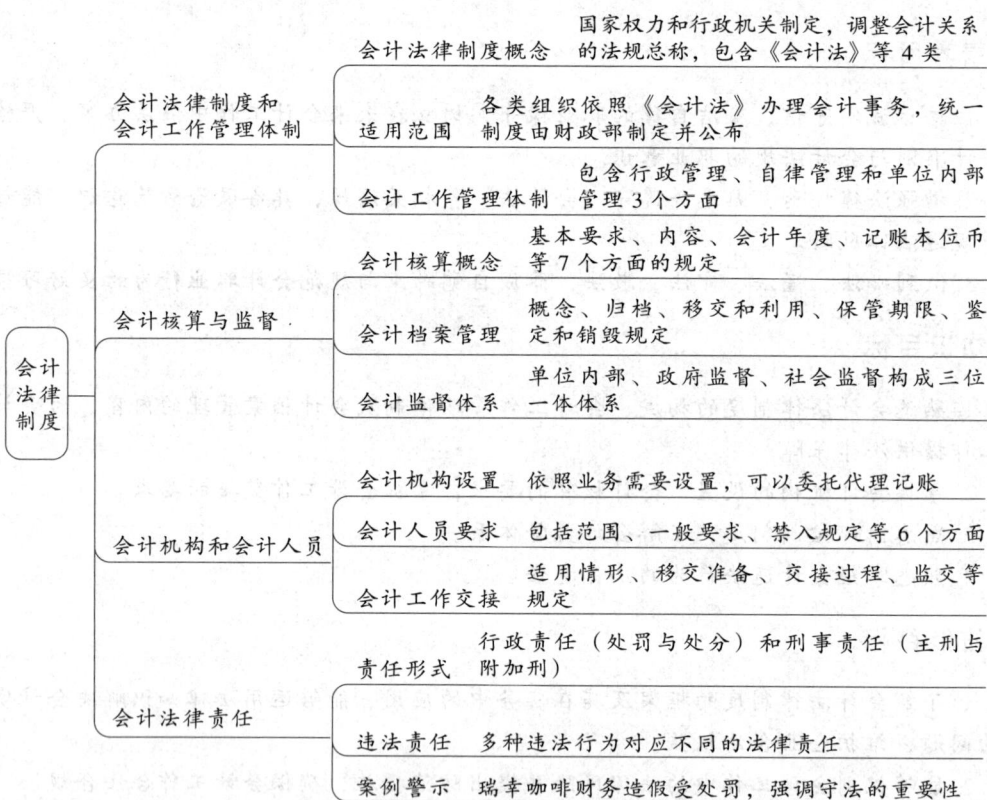

会计法律制度概念　国家权力和行政机关制定，调整会计关系的法规总称，包含《会计法》等4类

会计法律制度和会计工作管理体制

适用范围　各类组织依照《会计法》办理会计事务，统一制度由财政部制定并公布

会计工作管理体制　包含行政管理、自律管理和单位内部管理3个方面

会计核算概念　基本要求、内容、会计年度、记账本位币等7个方面的规定

会计核算与监督

会计档案管理　概念、归档、移交和利用、保管期限、鉴定和销毁规定

会计监督体系　单位内部、政府监督、社会监督构成三位一体体系

会计法律制度

会计机构设置　依照业务需要设置，可以委托代理记账

会计机构和会计人员

会计人员要求　包括范围、一般要求、禁入规定等6个方面

会计工作交接　适用情形、移交准备、交接过程、监交等规定

责任形式　行政责任（处罚与处分）和刑事责任（主刑与附加刑）

会计法律责任

违法责任　多种违法行为对应不同的法律责任

案例警示　瑞幸咖啡财务造假受处罚，强调守法的重要性

任务一 了解会计法律制度和会计工作管理体制

一、任务情景

（一）任务场景

1.新学期开学，同学们开始学习"财经法规与会计职业道德"课程，课间大家热烈讨论：

张同学："职业道德还比较熟悉，财经法规是什么就不清楚了，是不是类似交通法规？"

李同学："财经法规不就是《会计法》吗？"

王同学纠正说："不对，其是指会计制度，平时工作中用到的都是会计制度。"

2.某企业财务部门的一名会计人员利用职务之便，多次挪用公司资金，累计金额高达500万元。公司内部审计部门未能及时发现这一问题，导致资金长期流失。

（二）任务布置

1.学习会计法律制度的内容，浅谈对会计制度的认识，分析"任务场景1"中3位同学的说法是否正确。

2.学习会计工作管理体制的内容，分析"任务场景2"中该企业存在的问题。

二、任务准备

法律是约束社会主体日常行为的规范，会计主体的会计行为应在法律允许的范围内进行。在市场经济条件下，经济环境的改变、会计信息处理的复杂化，必然会导致相关利益各方在对会计信息的理解上出现偏差，而化解这一矛盾的手段之一就是会计法律制度。

（一）会计法律制度的概念

会计法律制度也称会计法律体系，是指国家权力机关和行政机关制定的，用于调整会计关系的各种法律、法规、规章和规范性文件的总称。

目前，我国的会计法律体系基本形成了以《会计法》和《注册会计师法》为主体的比较完整的会计法律体系。

我国的会计法律制度主要包括会计法律、会计行政法规、国家统一的会计制度。

会计法律是指由全国人民代表大会及其常务委员会经过一定立法程序制定的有关会计工作的法律。目前，我国主要有两部会计法律，分别为《会计法》和《注册会计师法》。

会计行政法规由国务院制定发布或者国务院有关部门拟定、经国务院批准发布，调整经济生活中某些方面会计关系的法律规范。会计行政法规的制定依据为《会计法》，如国务院发布的《总会计师条例》《企业财务会计报告条例》等。

会计部门规章是指国家主管会计工作的行政部门即财政部以及其他相关部委根据法律和国务院的行政法规、决定、命令，在本部门的权限范围内制定的、调整会计工作中某些方面内容的国家统一的会计准则制度和规范性文件。

地方性会计法规是指由省、自治区、直辖市人民代表大会或常务委员会在同宪法、会计法律、行政法规和国家统一的会计准则制度不相抵触的前提下，根据本地区情况制定发布的关于会计核算、会计监督、会计机构和会计人员以及会计工作管理的规范性文件。

（二）会计法律制度的适用范围

国家机关、社会团体、企业、事业单位和其他组织（以下统称单位）都必须依照《会计法》办理会计事务。

国家统一的会计制度由国务院财政部门根据《会计法》制定并公布。

（三）会计工作管理体制

为了规范会计工作，保证会计工作在经济管理中发挥作用，政府部门在宏观上对会计工作进行必要的指导、监督和管理，建立科学、合理的会计工作管理体制。会计工作管理体制规定了中央、地方、部门、单位在各自方面对会计工作的管理范围、权限职责及其相互关系。我国的会计工作形成了行政管理、自律管理和单位内部管理各有侧重、协调发展的管理体制。

1.会计工作的行政管理。

其总原则为：统一领导，分级管理。

国务院财政部门主管全国的会计工作，县级以上地方各级人民政府财政部门管理本行政区域内的会计工作。这体现了"统一领导，分级管理"总原则下的政府主导型管理体制，其他政府管理部门依据其职责对会计工作进行监督。

财政部门在管理会计工作时，应当发挥业务主管部门和其他管理作用。除了发挥财政部门对会计工作的监管主导作用外，还要依据审计、税务、人民银行、证券监管、保险监管等部门的相关法律法规规定的职责，对有关单位的会计资料实施监督检查。

2.会计工作的自律管理。

行业自律是相对于行政管理的一种管理模式。行政管理是国家行政机关依法对国家和社会公共事务进行管理。行业自律是指行业协会或组织根据会员一致的意愿，自行制定规则，并据此对各成员进行管理，以促进成员之间的公平竞争和行业的有序发展。会计行业自律管理制度是对行政管理制度的一种有益补充，有助于督促会计人员依法开展会计工作，树立良好的行业风气，促进行业的发展。我国目前会计工作的自律管理组织主要有中国注册会计师协会（CICPA）、中国会计学会（ASC）和中国总会计师协会（CACFO）。

（1）中国注册会计师协会。

中国注册会计师协会是由注册会计师组成的社会团体。中国注册会计师协会是注册会计师的全国组织，省、自治区、直辖市注册会计师协会是注册会计师的地方组织。中国注册会计师协会最高权力机构为全国会员代表大会，全国会员代表大会选举产生理事会。

（2）中国会计学会。

中国会计学会创建于1980年1月，是全国会计领域各类专业组织和个人自愿结成的学术性、专业性、非营利性社会组织。中国会计学会接受财政部的业务指导、监督和管理。各省、自治区、直辖市和计划单列市会计学会和全国性专业会计学会可以申请成为中国会计学会的会员。

（3）中国总会计师协会。

中国总会计师协会是财政部审核同意、民政部正式批准，依法注册登记成立的跨地区、跨部门、跨行业、跨所有制的非营利性国家一级社团组织，是总会计师行业的全国性自律组织。

3.单位内部的会计工作管理。

单位负责人对本单位的会计工作和会计资料的真实性、完整性负责。

单位负责人是指单位法定代表人或者法律、行政法规规定代表单位行使职权的主要负责人。单位负责人应当保证会计机构、会计人员依法履行职权，不得授意、指使、强令会计机构和会计人员违法办理会计事项。

关键知识清单

1.会计法律制度的概念
2.会计法律制度的适用范围
3.会计工作管理体制

三、任务实施

1.同学们的说法很片面。会计法律制度也称会计法律体系，是指国家权力机关和行政机关制定的，用于调整会计关系的各种法律、法规、规章和规范性文件的总称。我国的会计法律制度主要包括会计法律、会计行政法规、国家统一的会计制度。

2.这家国有企业在会计管理上存在问题。内部监督不完善，导致内部控制失效。公司缺乏有效的内部控制机制，资金审批流程不严格，会计与出纳岗位未分离。内部审计部门未定期核查资金流向，未能及时发现舞弊行为。会计人员违反了《会计法》中关于会计人员职责的规定，涉嫌职务侵占罪。该案例凸显了内部控制的重要性。企业应当建立健全内部控制制度，明确岗位职责，定期进行内部审计，以防止类似事件的发生。

会计法律制度和会计工作管理体制是确保会计信息质量、维护经济秩序的重要保障。通过本案例可以看出，违反会计法律制度和缺乏有效的会计管理，可能导致严重的后果。因此，企业和会计人员应当严格遵守相关法规，确保会计信息的真实性和合法性。

任务二 熟悉会计核算与监督

一、任务情景

（一）任务场景

1.某公司为了虚增利润，虚构了一笔销售业务，将未实际发生的销售交易记录在账上，并开具虚假发票。

2.A公司效益一直不好，董事长刘某指示会计部门把账做得好看些。会计部门虚拟了若干笔销售收入，使公司报表由亏损变为盈利，经B会计师事务所审计后报出。经财政部门查证后，对A公司进行处罚，A公司声称报表是由B会计师事务所审验的，应由B会计师事务所承担处罚。

（二）任务布置

1.结合任务内容，分析"任务场景1"中的某公司的行为违反了哪些规定。

2."任务场景2"中的A公司的观点是否正确？为什么？

二、任务准备

（一）会计核算

会计的基本职能是核算与监督。会计核算是会计工作的基础，其是以货币为主要计量单位，通过确认、计量、报告等环节，对特定主体的生产经营或者预算执行过程进行的反映。

1.会计核算的基本要求。

各单位必须根据实际发生的经济业务事项进行会计核算，填制会计凭证，登记会计账簿，编制财务会计报告。任何单位不得以虚假的经济业务事项或者资料进行会计核算。

会计核算应当以实际发生的经济业务事项为依据。其具体要求是，根据实际发生的经济业务，取得合法、可靠的凭证，并据此登记账簿，编制财务会计报告，形成符合质量标准的会计资料。

《会计法》作出禁止性规定："任何单位不得以虚假的经济业务事项或者资料进行会计核算。"如果以虚假的经济业务事项或者资料为依据进行会计核算，属于严重违法行为，将受到法律的严厉制裁。

会计资料是指在会计核算过程中形成的，记录和反映实际发生的经济业务事项的会计专业资料，主要包括会计凭证、会计账簿、财务会计报告和其他会计资料。会计资料是记录会计核算过程和结果的载体，是反映单位财务状况和经营成果、评价经营业绩、进行投资决策的重要依据。会计资料还是国家进行宏观调控的重要依据。会计资料也是一种重要的社会信息资源。因此，会计资料必须符合国家统一的会计制度的规定，其基本要求有以下几个方面：

（1）各单位必须依法建账。

① 国家机关、社会团体、公司、企业、事业单位和其他组织，都应当按照《会计法》和国家统一会计制度的规定设置会计账簿，进行会计核算，及时提供合法、真实、准确、完整的会计信息。不具备建账条件的，应当实行代理记账。

② 设置会计账簿的种类和具体要求，应当符合《会计法》、会计行政法规和国家统一会计制度的规定。

③ 各单位发生的各项经济业务事项应当统一进行会计核算，不得违反规定私设会计账簿进行登记、结算。

（2）根据实际发生的经济业务进行会计核算。

各单位的会计核算必须以实际发生的经济业务事项为依据，按照规定的会计处理方法进行，保证会计信息的口径一致、相互可比和会计处理方法的前后各期相一致。

① 会计资料的真实性和完整性要求。

会计资料的生成和提供必须符合国家统一的会计准则制度的规定，保证会计资料的真实性和完整性。

会计资料的真实性和完整性，是会计资料最基本的质量要求。会计资料的真实性是指会计资料所反映的内容和结果，应当同单位实际发生的经济业务的内容及其结果相一致。会计资料的完整性主要是指构成会计资料的各项要素都必须齐全，使会计资料如实、全面地记录和反映经济业务发生情况，便于会计资料使用者全面、准确地了解经济活动情况。

使用电子计算机进行会计核算的，其软件及其生成的会计凭证、会计账簿、财务会计报告和其他会计资料，必须符合国家统一的会计制度的规定。

② 提供虚假的会计资料是违法行为。

任何单位和个人不得伪造、变造会计凭证、会计账簿和其他会计资料，不得提供虚假的财务会计报告。

A. 伪造会计资料。其是指以虚假的经济业务事项为前提，编造不真实的会计凭证、会计账簿和其他会计资料的行为，包括伪造会计凭证和伪造会计账簿及其他会计资料。

B. 变造会计资料。其是指用涂改、挖补等手段来改变会计凭证、会计账簿等会计资料的行为，包括变造会计凭证和变造会计账簿及其他会计资料。

C. 提供虚假财务报告。其是指通过编造虚假的会计资料或者直接篡改财务会计报告中的数据，使财务报告不真实、不完整地反映真实财务状况和经营成果，借以误导和欺骗会计资料使用者的行为。

（3）正确采用会计处理方法。

会计处理方法是指在会计核算中采用的具体方法。企业采用的会计处理方法，前后各期应当一致，不得随意变更；确有必要变更的，应当按照国家统一的会计制度的规定变更，并将变更的原因、情况及影响在财务会计报告中予以说明，以便于会计资料使用者了解会计处理方法变更对其会计资料影响的情况。

（4）正确使用会计记录文字。

会计记录文字是指在进行会计核算时，为记载经济业务发生情况和辅助说明会计数字所体现的经济内涵而使用的文字。《会计法》规定，会计记录文字应当使用中文。在民族自治地方，会计记录可以同时使用当地通用的一种民族文字。在中华人民共和国境内的外商投资企业、外国企业和其他外国组织的会计记录可以同时使用一种外国文字。

（5）使用电子计算机进行会计核算必须符合相关法律法规规定。

使用电子计算机进行会计核算，为保证计算机生成的会计资料真实、完整和安全，会计人员应当注意：一是使用的会计核算软件必须符合财政部制定的统一标准，如《会计信息化工作规范》；二是使用电子计算机进行会计核算的，其会计账簿的登记、更正，应当符合国家统一的会计制度的规定。

2.会计核算的内容。

根据《会计法》的规定，下列经济业务事项应当办理会计手续，进行会计核算。

（1）资产的增减和使用。

资产的增减和使用包括货币资金、应收票据、应收账款、存货、固定资产、投资、无形资产等的取得、购入、自行建造、无偿取得、债务重组取得、租入、接受捐赠、出售、转让、抵债、无偿调出、捐赠、减值等。

（2）负债的增减。

负债的增减主要包括短期借款、应付票据、应付账款、应付利息、应付股利、应付职工薪酬、应交税费、应付利润、预收款项以及其他应付款项等债务的发生和结算。

（3）净资产（所有者权益）的增减。

净资产（所有者权益）的增减主要包括实收资本（或股本）、资本公积、盈余公积、未分配利润等的取得、形成和增资、减资、使用、分配等。

（4）收入、支出、费用、成本的增减。

收入、支出、费用、成本的增减主要包括主营业务收入、其他业务收入、主营业务成本、其他业务成本、管理费用、财务费用、销售费用等的确认与结转。

（5）财务成果的计算和处理。

财务成果的计算和处理主要包括：将收入和相匹配的成本、费用、支出转入本年利润，计算利润总额；将所得税费用转入本年利润，计算净利润；年终结转本年利润等。

（6）需要办理会计手续、进行会计核算的其他事项。

3.会计年度。

会计年度是指以年度为单位进行会计核算的时间区间。

根据《会计法》的规定，我国会计年度采用公历制，即会计年度自公历1月1日起至12月31日止。

每一会计年度按照公历日期具体划分为半年度、季度和月度。

4.记账本位币。

记账本位币是指日常登记会计账簿和编制财务会计报告时用以计量的货币。

根据《会计法》的规定，会计核算以人民币为记账本位币，业务收支以人民币以外的货币为主的单位，可以选定其中一种货币作为记账本位币，但是编报的财务会计报告应当折算为人民币。

记账本位币一经确定，不得随意变动。

5.会计凭证和会计账簿。

（1）会计凭证。

会计凭证是会计核算的重要会计资料，填制和审核会计凭证是会计核算的首要环节。会计凭证按其用途和填制程序的不同，可分为原始凭证和记账凭证两类。

① 原始凭证的填制要求。原始凭证又称单据，是指在经济业务发生或完成时取得或填制的，用以记录或证明经济业务的发生或完成情况的文字凭据。单位办理经济业务事项，必须填制或者取得原始凭证并及时送交会计机构。原始凭证可分为自制原始凭证和外来原始凭证。

原始凭证必须具备的内容（亦称原始凭证要素）有：凭证的名称；填制凭证的日期；填制凭证单位名称或者填制人姓名；经办人员的签名或者盖章；接受凭证单位名称；经济业务事项内容；数量、单价和金额。

单位自制原始凭证，应当有经办单位负责人或者其授权人员的签名或者盖章；通过业务系统传递数据至会计软件实现集成报账生成自制原始凭证的，在确保业务系统数据规则清晰、自动出具、满足内部审批要求、体现审批环节人员信息且信息传递完整准确的情况下，无须有经办单位负责人或者其授权人员的签名或者盖章。

从外单位取得的原始凭证，必须盖有填制单位的公章或者发票（收费、财务）专用章，或者法律法规规定的其他签章；从个人取得的原始凭证，必须有填制人员的签名或者盖章。单位自制原始凭证，应当有经办单位负责人或者其授权人员的签名或者盖章。单位对外开出的原始凭证，必须加盖本单位的公章或者发票（收费、财务）专用章，或者法律、法规规定的其他签章。从外单位取得的或对外开出的电子原始凭证，应当附有符合《中华人民共和国电子签名法》规定的电子签名；不具备电子签名的，必须通过可信的数据源查验电子原始凭证的真实、完整。来源可靠、程序规范、要素合规的电子原始凭证与纸质原始凭证具有同等法律效力，可以直接作为入账依据。

以电子原始凭证的纸质打印件作为入账依据的，必须同时保存该纸质件的电子原始凭证。单位处理和应用电子原始凭证，应当保证电子原始凭证的接收、生成、传输、存储等各环节的安全可靠。对电子原始凭证的任何篡改能够及时发现，并能够有效防止电子原始凭证重复入账。

② 记账凭证的填制要求。记账凭证又称记账凭单，是指会计人员根据审核无误的原始凭证按照经济业务事项的内容加以归类，并据以确定会计分录后所填制的会计凭证，其是登记账簿的直接依据。记账凭证可分为收款凭证、付款凭证和转账凭证，也可以使用通用记账凭证。

记账凭证必须具备的内容（亦称记账凭证要素）有：填制凭证的日期；凭证编号；

经济业务摘要；会计科目；金额；所附纸质原始凭证张数或电子原始凭证份数；填制凭证人员、稽核人员、记账人员、会计机构负责人（会计主管人员）的姓名。收款和付款记账凭证还应当有出纳人员的姓名。手工记账下，需要上述人员的签名或者盖章。经济业务摘要应当清楚地反映经济业务事项。以自制原始凭证或者原始凭证汇总表代替记账凭证的，必须具备记账凭证应有的项目。

记账凭证应当根据经过审核无误的原始凭证及有关资料编制。除结账和更正错误的记账凭证可以不附原始凭证外，其他记账凭证必须附有原始凭证。一张原始凭证所列支出需要几个单位共同负担的，应当就其他单位负担的部分，开给对方原始凭证分割单，进行结算。

单位使用会计软件进行会计核算的，对于机制记账凭证，需要认真审核，做到会计科目使用正确、数字准确无误。对于具有明晰审核规则的机制记账凭证，可以将审核规则嵌入会计软件，由会计软件自动审核。会计软件应当提供不可逆的记账功能，具体要求执行《会计软件基本功能和服务规范》的相关规定。

③ 会计凭证的传递与保管。会计凭证应当及时传递，不得积压。会计凭证的传递程序应当科学、合理，具体办法由各单位根据会计业务需要自行规定。会计机构、会计人员应当妥善保管会计凭证，具体做好以下几项保管工作：第一，会计凭证登记完毕后，应当按照分类和编号顺序保管，不得散乱丢失。第二，记账凭证应当连同所附的原始凭证或者原始凭证汇总表，按照编号顺序进行整理保管。第三，原始凭证一般不得外借，根据国家有关规定必须借出的，应当严格按照规定办理相关手续。其他单位如因特殊原因需要使用原始凭证时，经本单位会计机构负责人（会计主管人员）批准，可以复制。向外单位提供的原始凭证复制件，应当在专设的登记簿上登记，并由提供人员和收取人员共同签名或者盖章。第四，从外单位取得的原始凭证如有遗失，应当取得原开出单位盖有公章的证明，并注明原来凭证的号码、金额和内容等，由经办单位会计机构负责人（会计主管人员）和单位负责人或其授权人员批准后，代作原始凭证。如果确实无法取得证明的，由当事人写出详细情况并签名，由经办单位会计机构负责人（会计主管人员）和单位负责人或其授权人员批准后，代作原始凭证。

（2）会计账簿。

会计账簿是指由一定格式的账页组成，以经过审核的会计凭证为依据，全面、系统、连续地记录经济业务的簿籍。会计账簿包括总账、明细账、日记账和其他辅助性账簿。

单位应当按照国家统一的会计制度的规定和会计业务的需要设置会计账簿，根据审核无误的会计凭证登记会计账簿。手工记账的库存现金日记账和银行存款日记账，必须采用订本式账簿。不得用银行对账单或者其他方法代替日记账。

会计账簿必须具备封面、扉页、账页等基本要素。会计账簿封面上应当注明单位名称和账簿名称。会计账簿扉页上应当附启用表，其内容应当包括：启用日期，账簿页数，记账人员和会计机构负责人（会计主管人员）签名或者盖章，单位公章或者法律、法规规定的其他签章。会计账簿必须连续编号。启用订本式账簿，应当从第一页到最后一页顺序编定页数，不得跳页、缺号。使用活页式账页，应当按账户顺序编号，并须定期装订成册，装订后再按实际使用的账页顺序编定页码，另加目录，记明每个账户的名称和页次。

对于会计账簿的登记，各单位应当按照《会计法》和国家统一的会计制度的规定，遵循以下要求：①必须根据审核无误的会计凭证进行登记，符合有关法律、行政法规和国家统一的会计制度的规定。②登记会计账簿必须按照记账规则进行，包括会计账簿应当按照连续编号的顺序进行，不得跳行、隔页；会计账簿记录发生错误或者隔页、缺号、跳行的，应当按照规定方法更正，并由会计人员和会计机构负责人（会计主管人员）在更正处盖章。③任何单位不得违反《会计法》和国家统一的会计制度的规定私设会计账簿登记、核算。④使用电子计算机进行会计核算的，其会计账簿的登记、更正，应当符合国家统一的会计制度的规定。

6.财务会计报告。

财务会计报告是指单位对外提供的、反映单位某一特定日期财务状况和某一会计期间经营成果、现金流量等会计信息的文件。

（1）财务会计报告的构成。

财务会计报告包括会计报表及其附注和其他应当在财务会计报告中披露的相关信息和资料。财务会计报告应当真实、完整反映单位某一特定日期的财务状况和某一会计期间的经营成果或运行情况、现金流量等会计信息。财务会计报告按编制时间分为年度、半年度、季度和月度财务会计报告。

需要注意的是，凭证、账簿、计划、审计报告，不属于财务会计报告的组成部分。

（2）财务会计报告的编制。

财务会计报告应当根据登记完整、核对无误的会计账簿记录和其他有关资料编制，做到数字真实、计算准确、项目齐全、内容完整、说明清楚。任何人不得篡改或者授意、指使、强令他人篡改财务会计报告。会计报表之间、会计报表各项目之间，凡有对应关系的数字，应当相互一致。本期会计报表与上期会计报表之间有关数字，应当相互衔接。如果会计报表中的项目内容和核算方法发生变更的，应当在年度会计报表附注中加以说明。

（3）财务会计报告的对外提供。

单位对外提供的财务会计报告应当根据国家统一的会计制度规定的格式和要求编制。向不同的会计资料使用者提供的同一会计期间的财务会计报告，其编制依据应当一致。财务会计报告由单位负责人和会计机构负责人（会计主管人员）签名并盖章；设置总会计师的企业，还应由总会计师签名并盖章。单位负责人对财务会计报告的真实性、完整性负法律责任。

国有企业、国有控股或占有主导地位的企业，应当至少每年一次向本企业的职工代表大会公布财务会计报告，并重点说明与职工利益密切相关的和必须接受职工监督的事项。

企业依照有关法律、法规规定向有关方提供的财务会计报告，其编制基础、编制依据、编制原则和方法应当一致，不得提供编制基础、编制依据、编制原则和方法不同的财务会计报告。有关法律、法规规定财务会计报告须经注册会计师审计的，注册会计师及其所在的会计师事务所出具的审计报告应当随同财务会计报告一并提供。

接受企业财务会计报告的组织或者个人，在企业财务会计报告未正式对外披露前，应当对其内容保密。

7.账务核对及财产清查。

（1）账务核对。

单位应当定期对会计账簿记录的有关数字与库存实物、货币资金、有价证券、往来单位或者个人及有关资料等进行相互核对，保证账实相符、账证相符、账账相符、账表相符。对账工作每年至少进行一次。

①账实核对。定期将会计账簿记录与实物、款项的实有数额相互核对。核对会计账簿记录与实物及款项的实有数额是否相符，包括：库存现金日记账账面余额与现金实际库存数额相核对；银行存款日记账账面余额与银行对账单相核对；各种财物明细账账面余额与财物实存数额相核对；各种应收、应付款项明细账账面余额与有关债务、债权单位或者个人相核对等。

②账证核对。会计账簿记录与会计凭证的有关内容核对。核对会计账簿记录与原始凭证、记账凭证的时间、凭证字号、内容、金额是否一致，记账方向是否相符。

③账账核对。会计账簿之间对应记录核对，以保证账账相符。核对不同会计账簿之间相对应的记录是否相符，包括：总账有关账户的余额核对，总账与明细账核对，总账与日记账核对，会计机构的财产物资明细账与财产物资保管和使用部门的有关明细账核对等。

④账表核对。会计账簿记录与会计报表的有关内容核对。核对会计账簿记录与会计报表的有关内容、金额是否相符。

（2）财产清查。

财产清查制度是通过定期或不定期、全面或部分地对各项财产物资进行实地盘点和对库存现金、银行存款、债权债务进行清查核实的一种制度。通过财产清查，可以核对各项财产的实际数量、金额与账簿记录是否一致，及时发现和纠正账实不符的情况，保证会计信息的真实性和准确性，为企业的决策提供可靠的依据。财产清查能够发现财产的丢失、损坏、被盗等情况，采取相应措施进行补救，防止财产的流失，保护企业的资产安全。财产清查过程中可以发现企业在资产管理、内部控制等方面存在的问题，促使企业加强管理，完善制度，提高运营效率。

财产清查是会计核算工作的一项重要程序。在编制年度财务会计报告之前，必须进行财产清查，并对账实不符等问题，根据国家统一的会计制度的规定进行会计处理，以保证会计报告反映的会计信息真实、完整。

（二）会计档案管理

《会计法》和《会计基础工作规范》都对会计档案管理作出了原则性规定。

1.会计档案的概念。

会计档案是指单位在进行会计核算等过程中接收或形成的，记录和反映单位经济业务事项的，具有保存价值的文字、图表等各种形式的会计资料，包括通过计算机等电子设备形成、传输和存储的电子会计档案。

需要注意的是，财会部门经办的有关财会工作的方针、政策、制度、预算、预算指标、计划、工作总结、报告以及来往文书，不属于会计档案，应当按照文书档案管理办法进行管理。

2.会计档案的归档。

（1）单位的会计机构或会计人员所属机构（以下统称"单位会计管理机构"）应当按照归档范围和归档要求，定期将应当归档的会计资料整理立卷，编制会计档案保管清册。

（2）当年形成的会计档案，在会计年度终了后，可由单位会计管理机构临时保管1年，再移交单位档案管理机构保管。因工作需要确需推迟移交的，应当经单位档案管理机构同意。单位会计管理机构临时保管会计档案最长不超过3年。临时保管期间，会计档案的保管应当符合国家档案管理的有关规定，且出纳人员不得兼管会计档案。

3.会计档案的移交和利用。

（1）会计档案的移交。

单位会计管理机构在办理会计档案移交时，应当编制会计档案移交清册，并按照国家档案管理的有关规定办理移交手续。

纸质会计档案移交时，应当保持原卷的封装。电子会计档案移交时，应当将电子会计档案及其元数据一并移交，且文件格式应当符合国家档案管理的有关规定。特殊格式的电子会计档案，应当与其读取平台一并移交。

单位档案管理机构接收电子会计档案时，应当对电子会计档案的准确性、完整性、可用性、安全性进行检测，符合要求的，才能接收。

（2）会计档案的利用。

单位应当严格按照相关制度利用会计档案，在进行会计档案查阅、复制、借出时，应当履行登记手续，严禁篡改和损坏。

单位保存的会计档案一般不得对外借出。确因工作需要且根据国家有关规定必须借出的，应当严格按照规定办理相关手续。

4.会计档案的保管期限。

会计档案的保管期限分为永久、定期两类。定期保管期限一般分为10年和30年两种。会计档案的保管期限，从会计年度终了后的第一天算起。各类会计档案的保管期限原则上应当按照规定执行，规定的会计档案保管期限为最低保管期限。

5.会计档案的鉴定和销毁。

（1）会计档案的鉴定。

单位应当定期对已到保管期限的会计档案进行鉴定，并形成会计档案鉴定意见书。经鉴定，仍需继续保存的会计档案，应当重新规划保管期限；对保管期满，确无保存价值的会计档案，可以销毁。会计档案鉴定工作应当由单位档案管理机构牵头，并组织单位会计、审计、纪检监察等机构或人员共同进行。

（2）会计档案的销毁。

经鉴定可以销毁的会计档案，应当按照以下程序销毁：

① 单位档案管理机构编制会计档案销毁清册，列明拟销毁会计档案的名称、卷号、册数、起止年度、档案编号、应保管期限、已保管期限和销毁时间等内容。

② 单位负责人、档案管理机构负责人、会计管理机构负责人、档案管理机构经办人、会计管理机构经办人在会计档案销毁清册上签署意见。

③ 单位档案管理机构负责组织会计档案销毁工作，并与会计管理机构共同派员监销。监销人在会计档案销毁前，应当按照会计档案销毁清册所列内容进行清点核对；在会计档案销毁后，应当在会计档案销毁清册上签名或盖章。

电子会计档案的销毁还应当符合国家有关电子档案的规定，并由单位档案管理机构、会计管理机构和信息系统管理机构共同派员监销。

（3）不得销毁的会计档案。

保管期满但未结清的债权债务会计凭证和涉及其他未了事项的会计凭证不得销毁，纸质会计档案应当单独抽出立卷，电子会计档案应当单独转存，保管到未了事项完结时为止。单独抽出立卷或转存的会计档案，应当在会计档案鉴定意见书、会计档案销毁清册和会计档案保管清册中列明。

（三）会计监督

会计监督是会计的基本职能之一，属于我国经济监督体系中的重要组成部分，也是会计资料质量控制的重要环节。

会计监督是指监督主体对单位的生产经营活动或预算执行情况进行监察和督促的一项管理活动。

目前，我国已经形成由单位内部会计监督、政府会计监督、社会会计监督等组成的三位一体的会计监督体系。

1.单位内部的会计监督。

（1）单位内部会计监督的概念。

单位内部会计监督是指会计机构、会计人员依照法律的规定，通过会计手段对经济活动的合法性、合理性和有效性进行的一种监督。单位内部会计监督的对象是单位的经济活动。单位内部会计监督的主体是各单位的会计机构和会计人员。

（2）单位内部会计监督的要求。

按照《会计法》第二十五条的规定，各单位应当建立、健全本单位内部会计监督制度，并将其纳入本单位内部控制制度。单位内部会计监督制度应当符合下列要求：①记账人员与经济业务事项和会计事项的审批人员、经办人员、财物保管人员的职责权限应当明确，并相互分离、相互制约；②重大对外投资、资产处置、资金调度和其他重要经济业务事项的决策和执行的相互监督、相互制约程序应当明确；③财产清查的范围、期限和组织程序应当明确；④对会计资料定期进行内部审计的办法和程序应当明确；⑤国务院财政部门规定的其他要求。

（3）单位内部会计监督的依据。

会计机构、会计人员对本单位的经济业务事项进行会计监督，会计监督的依据包括：①财经法律、法规、规章；②会计法律、法规和国家统一的会计制度；③国务院有关部门、中央军事委员会有关部门根据《会计法》和国家统一的会计制度制定的具体实施办法或者补充规定；④各单位根据《会计法》和国家统一的会计制度制定的单位内部会计管理制度；⑤各单位内部的预算、财务计划、经济计划、业务计划等。

（4）建立健全单位内部会计管理制度。

各单位应当根据《会计法》和国家统一的会计制度的规定，结合单位类型和内部管理的需要，建立健全相应的单位内部会计管理制度。

① 原则。

各单位制定内部会计管理制度，应当遵循下列六项原则：第一，应当执行法律、法规和国家统一的财务、会计制度。第二，应当体现本单位生产经营、业务管理的特点和要求。第三，应当全面规范本单位的各项会计工作，建立健全会计基础，提高会计信息化水平，保证会计工作有序、高效进行。第四，应当科学、合理，便于操作和执行。第五，应当定期检查执行情况。第六，应当根据管理需要和执行中的问题不断完善。

② 建立健全内部会计管理组织体系。

各单位应当建立健全内部会计管理组织体系，主要内容包括：单位负责人、单位主管会计工作的负责人（总会计师）对会计工作的领导职责；会计机构、会计机构负责人（会计主管人员）的职责、权限；会计机构与其他职能部门的关系；会计核算的组织形式等。

③ 建立健全会计人员岗位责任制度。

各单位应当建立健全会计人员岗位责任制度，主要内容包括：会计人员的工作岗位设置；各会计工作岗位的职责和标准；各会计工作岗位的人员和具体分工；会计工作岗位轮换办法；对各会计工作岗位的考核办法等。

④ 建立健全会计核算与监督的管理制度。

第一，各单位应当建立健全账务处理程序制度。其主要内容包括：会计科目及其明细科目的设置和使用；会计凭证的格式、审核要求和传递程序；会计核算方法；会计账簿的设置；编制财务会计报告的种类和要求；单位会计指标体系等。第二，各单位按照有关规定建立健全内部控制制度。其主要内容包括：内部控制的基本要求；内部控制关键岗位要求、风险评估和控制活动等。第三，各单位应当建立健全稽核制度。其主要内容包括：稽核工作的组织形式和具体分工；稽核工作的职责、权限；稽核工作的内容和方法等。第四，实行定额管理的单位应当建立健全定额管理制度。其主要内容包括：定额管理的范围；制定和修订定额的依据、程序和方法；定额的执行；定额考核和奖惩办法等。第五，各单位应当建立健全计量验收制度。其主要内容包括：计量检测手段和方法；计量验收管理的要求；计量验收人员的责任和奖惩办法等。第六，各单位应当建立健全财产日常管理和清查制度。其主要内容包括：财产日常管理的要求；财产清查的范围、期限、组织和方法；财产清查中发现问题的处理办法；对财产管理人员的奖惩办法等。第七，各单位应当建立健全财务收支审批制度。其主要内容包括：财务收支审批人员和审批权限；财务收支审批程序；财务收支审批人员的责任等。第八，实行成本核算的单位应当建立健全成本核算制度。其主要内容包括：成本核算的对象；成本核算的方法和程序；成本分析等。第九，应用管理会计的单位应当建立健全管理会计相关制度。其主要内容包括：管理会计组织体系；管理会计的职能岗位及责任权限；管理会计活动和工具方法；管理会计报告等。第十，实行会计信息化的单位应当建立健全会计信息化管理制度。其主要内容包括：会计信息化的岗位设置及职责权限；信息系统管理与维护；业务处理及流程规范；责任机制和考核标准等。第十一，各单位应当建立健全会计信息安全管理制度。其主要内容包括：会计信息分级分类方法；会计信息授权使用权限；会计信息安全评估程序；风险防控措施和应急预案等。

（5）单位内部会计监督的权限、责任和事项内容。

① 单位负责人的责任。

单位负责人应当保证会计机构、会计人员依法履行职责，不得授意、指使、强令会计机构、会计人员违法办理会计事项。会计机构、会计人员对违反《会计法》和国家统一的会计制度规定的会计事项，有权拒绝办理或者按照职权予以纠正。

② 对原始凭证的监督。

会计机构、会计人员应当对原始凭证进行审核和监督。对不真实、不合法的原始凭证，不予受理。对弄虚作假、严重违法的原始凭证，在不予受理的同时，应当予以扣留，并及时向单位主管会计工作的负责人（总会计师）或者单位负责人报告，请求查明原因，追究当事人的责任。对记载不准确、不完整的原始凭证，予以退回，要求经办人员更正、补充。

③ 对会计账簿的监督。

会计机构、会计人员发现会计账簿记录与实物、款项及有关资料不相符的，按照国家统一的会计制度的规定有权自行处理的，应当及时处理；无权处理的，应当立即向单位负责人报告，请求查明原因，作出处理。

④ 对会计违规行为的监督。

会计机构、会计人员对伪造、变造、故意销毁会计凭证、会计账簿、财务会计报告或者账外设账行为，应当制止和纠正；制止和纠正无效的，应当向单位主管会计工作的负责人（总会计师）、单位负责人、上级主管单位或者行政主管部门报告，请求处理。

⑤ 对财产物资的监督。

会计机构、会计人员应当对实物、款项进行监督，督促建立并严格执行财产清查制度。发现会计账簿记录与实物、款项及有关资料不相符的，按照国家统一的会计制度和单位内部管理制度的规定有权自行处理的，应当及时处理；无权处理的，应当逐级向单位主管会计工作的负责人（总会计师）、单位负责人报告，请求查明原因，作出处理。

⑥ 对财务收支的监督。

会计机构、会计人员应当对财务收支进行监督，主要内容有：第一，对审批手续不全的财务收支，应当退回，要求补充、更正。第二，对违反规定不纳入单位统一会计核算的财务收支，应当制止和纠正。第三，对违反国家统一的财政、财务、会计制度规定的财务收支，不予办理。第四，对认为是违反国家统一的财政、财务、会计制度规定的财务收支，应当制止和纠正；制止和纠正无效的，应当向单位主管会计工作的负责人（总会计师）或者单位负责人提出书面意见，请求处理。单位主管会计工作的负责人（总会计师）或者单位负责人应当自接到书面意见起10日内作出书面决定，并对决定承担责任。第五，对违反国家统一的财政、财务、会计制度规定的财务收支，不予制止和纠正，又不向单位主管会计工作的负责人（总会计师）或者单位负责人提出书面意见的，也应当承担责任。第六，对严重违反国家利益和社会公众利益的财务收支，应当向上级主管单位或者财政、审计、税务、金融管理等部门报告。

⑦ 对内部经济活动的监督。

会计机构、会计人员对违反单位内部会计管理制度的经济活动，应当制止和纠正；制止和纠正无效的，应当向单位主管会计工作的负责人（总会计师）或者单位负责人报告，请求处理。

⑧ 对内部管理的监督。

会计机构、会计人员应当对单位制定的预算、财务计划、经济计划的执行情况进行监督。

（6）单位内部会计监督的方式。

① 检举。

任何单位和个人对违反《会计法》和国家统一的会计制度规定的行为，有权检举。收到检举的部门有权处理的，应当依法按照职责分工及时处理；无权处理的，应当及时移送有权处理的部门处理。收到检举的部门、负责处理的部门应当为检举人保密，不得将检举人姓名和检举材料转给被检举单位和被检举人个人。

② 审计。

有关法律、法规规定，须经注册会计师进行审计的单位，应当向受委托的会计师事务所如实提供会计凭证、会计账簿、财务会计报告和其他会计资料以及有关情况，被审计单位及其相关单位应当予以配合，不得拒绝、隐匿、谎报，不得要求或者示意相关单位向注册会计师提供不实信息。任何单位或者个人不得以任何方式要求或者示意注册会计师及其所在的会计师事务所出具不实或者不当的审计报告。

③接受监督检查部门的监督。

各单位必须依照有关法律、法规规定，接受有关监督检查部门依法实施的监督检查，如实提供会计凭证、会计账簿、财务会计报告和其他会计资料以及有关情况，不得拒绝、隐匿、谎报。

2.会计工作的政府监督。

（1）会计工作政府监督的概念。

会计工作政府监督主要是指财政、审计、税务、金融管理等部门代表国家对单位和单位中相关人员的会计行为实施的监督检查，以及对发现的违法会计行为实施的行政处罚。这里的财政、审计、税务、金融管理等部门，是指国务院财政、审计、税务、金融管理等部门，省级以上人民政府财政、审计、税务、金融管理等部门派出机构和县级以上人民政府财政、审计、税务、金融管理等部门。财政、审计、税务、金融管理等部门按照行政区域对会计事项实施监督。

（2）会计工作政府监督的要求。

①财政、审计、税务、金融管理等部门应当依照有关法律、行政法规规定的职责，对有关单位的会计资料实施监督检查，并出具检查结论。

②财政、审计、税务、金融管理等部门应当加强监督检查协作，有关监督检查部门已经作出的检查结论能够满足其他监督检查部门履行本部门职责需要的，其他监督检查部门应当加以利用，避免重复查账。

③依法对有关单位的会计资料实施监督检查的部门及其工作人员对在监督检查中知悉的国家秘密、工作秘密、商业秘密、个人隐私、个人信息负有保密义务。

（3）财政部门的会计监督。

①财政部门对各单位的下列情况实施监督。

对各单位是否依法设置会计账簿；会计凭证、会计账簿、财务会计报告和其他会计资料是否真实、完整；会计核算是否符合《会计法》和国家统一的会计制度的规定；从事会计工作的人员是否具备专业能力、是否遵守职业道德等情况实施监督。

②地方财政部门的会计监督。

地方财政部门应当加强对本行政区域内会计基础工作的监督检查，进一步规范会计基础工作，持续提升会计工作水平。

会计基础工作监督检查的主要内容包括：第一，是否按照规范设置会计机构、会计岗位；第二，总会计师、会计机构负责人（会计主管人员）是否符合任职条件，会计人员是否具备专业能力、遵守职业道德；第三，是否按照国家统一的会计制度进行会计核算；第四，原始凭证的内容、填制方法、审核程序等是否符合规范；第五，记账凭证的内容、填制方法以及更正错误的方法等是否符合规范；第六，总账、明细账、日记账及其他辅助性账簿的设置、登记、结账、更正错误方法等是否符合规范，且做到账实、账证、账账、账表相符；第七，财务会计报告是否及时完整编报，是否经单位负责人、单位主管会计工作的负责人（总会计师）、会计机构负责人（会计主管人员）签名并盖章；第八，会计工作交接是否符合规范；第九，会计档案建档、保管、销毁和安全保护等是否符合国家相关规定；第十，会计信息化工作是否符合国家相关规定。

监督检查要求地方财政部门实施监督检查中，发现监督对象会计基础工作不符合规范要求的，应当予以纠正；发现监督对象会计基础工作存在违法行为的，应当依据《会计法》予以处理或者追究其法律责任；滥用职权、玩忽职守、徇私舞弊或者泄露国家秘密、工作秘密、商业秘密、个人隐私、个人信息的，依法给予行政处分，涉嫌犯罪的，依法移送司法机关。

3.会计工作的社会监督。

（1）会计工作社会监督的概念。

会计工作社会监督主要是指由注册会计师及其所在的会计师事务所等中介机构接受委托，依法对单位的经济活动进行审计，出具审计报告，发表审计意见的一种监督制度。

有关法律、行政法规规定，须经注册会计师进行审计的单位，应当向受委托的会计师事务所如实提供会计凭证、会计账簿、财务会计报告和其他会计资料以及有关情况。任何单位或者个人不得以任何方式要求或者示意注册会计师及其所在的会计师事务所出具不实或者不当的审计报告。

任何单位和个人对违反《会计法》和国家统一的会计制度规定的行为，有权检举。这也属于会计工作社会监督的范畴。

（2）注册会计师审计报告。

① 概念。

审计报告是指注册会计师根据审计准则的规定，在执行审计工作的基础上，对被审计单位财务报表发表审计意见的书面文件。注册会计师应当就财务报表是否在所有重大方面按照适用的财务报告编制基础编制并实现公允反映形成审计意见。

② 要素。

审计报告应当包括下列要素：标题；收件人；引言段；管理层对财务报表的责任段；注册会计师的责任段；审计意见段；注册会计师的签名和审计报告的盖章；会计师事务所的名称、地址及盖章；报告日期。

关键知识清单

1.会计核算的基本要求
2.会计核算的内容
3.会计档案的管理
4.三位一体的会计监督体系

三、任务实施

1. 这种行为违反了"任何单位不得以虚假的经济业务事项或者资料进行会计核算"的规定。

2. A公司的观点是错误的。注册会计师因审计过程中的失误应对结果承担审计责任，而被审计单位应对在账务上的作假承担法律责任。

任务三　明确会计机构和会计人员

一、任务情景

（一）任务场景

1. 大学生张某与赵某在学习《会计法》期间，对财务会计报告的相关知识展开讨论。张某有以下观点：

① 与职工利益密切相关的信息，属于国有企业向本企业职工代表大会公布的财务会计报告中的重点说明事项；

② 向不同的会计资料使用者提供的财务会计报告，其编制依据可以不一致；

③ 国有企业应当至少每3年一次向本企业职工代表大会公布财务会计报告。

2. 王某毕业于河海大学中文系，毕业后一直在A国有企业办公室从事管理工作。2024年1月，A国有企业决定任命王某担任本单位财务科科长。2024年9月，王某因个人原因辞去财务科科长的职务，经领导班子集体决定，改由厂长张某的妻子李某担任本单位财务科科长。经查，李某具有多年从事会计工作的经历，并且具备会计师职称。

（二）任务布置

1. 结合任务内容，分析"任务场景1"中大学生张某的观点是否正确。

2. 结合任务内容，分析"任务场景2"中A国有企业任命王某、李某担任财务科科长的行为是否符合《会计法》的规定。

二、任务准备

（一）会计机构的设置

1. 会计机构的概念。

会计机构是指单位内部设置的办理会计事务的职能部门。

2. 会计机构的组织方式。

各单位应当根据会计业务的需要，依法采取下列一种方式组织本单位的会计工作：

① 设置会计机构。各单位应当根据会计业务的需要设置会计机构；不具备单独设置会计机构条件的，应当在有关机构中设置会计岗位并配备专职会计人员。

② 在有关机构中设置会计岗位并指定会计主管人员；设置会计机构的，应当配备

会计机构负责人；在有关机构中配备专职会计人员的，应当在专职会计人员中指定会计主管人员。

③ 委托经批准设立从事会计代理记账业务的中介机构代理记账。

④ 国务院财政部门规定的其他方式。

⑤ 特殊要求。国有的和国有资本占控股地位或者主导地位的大、中型企业必须设置总会计师。事业单位和业务主管部门可以根据实际需要设置总会计师。总会计师的任职资格、任免程序、职责权限由国务院规定。设置总会计师的单位，不设与总会计师职权重叠的副职。总会计师的设置、职权、任命（聘任）、免职（解聘）应当符合《总会计师条例》和有关法律法规的要求。

⑥ 没有设置会计机构，且未在有关机构中配备专职会计人员的，可以采取以下方式组织会计工作：一是委托会计师事务所或经批准从事会计代理记账业务的中介机构代理记账；二是由主管单位或集团公司统一组织所属单位的会计工作；三是由财政部门对同级行政事业单位进行会计集中核算；四是由乡镇人民政府或街道办事处对所辖村级组织进行会计集中核算。

3.代理记账。

代理记账是指代理记账机构接受委托办理会计业务。代理记账机构是指依法取得代理记账资格，从事代理记账业务的机构。

（1）代理记账机构的审批。

除会计师事务所以外的机构从事代理记账业务，应当经县级以上地方人民政府财政部门（以下简称"审批机关"）批准，并领取由财政部统一规定样式的代理记账许可证书。具体审批机关，由省、自治区、直辖市、计划单列市人民政府财政部门确定。会计师事务所及其分所可以依法从事代理记账业务。

申请代理记账机构，应当具备下列条件：

① 为依法设立的企业。

② 专职从业人员不少于3名。

③ 主管代理记账业务的负责人具有会计师以上专业技术职务资格或者从事会计工作不少于3年，且为专职从业人员。

④ 有健全的代理记账业务内部规范。

（2）代理记账的业务范围。

代理记账机构可以接受委托办理下列业务：

① 根据委托人提供的原始凭证和其他相关资料，按照国家统一的会计制度的规定进行会计核算，包括审核原始凭证、填制记账凭证、登记会计账簿、编制财务会计报告等。

② 对外提供财务会计报告，代理记账机构为委托人编制的财务会计报告，经代理记账机构负责人和委托人签名并盖章后，按照有关法律、法规和国家统一的会计制度的规定对外提供。

③ 向税务机关提供税务资料。

④ 从事委托人委托的其他会计业务。

（3）委托代理记账合同。

委托人委托代理记账机构代理记账，应当在相互协商的基础上，订立书面委托合同。委托合同除应具备法律规定的基本条款外，应当明确下列内容：双方对会计资料的真实性、完整性各自应当承担的责任；会计资料传递程序和签收手续；编制和提供财务会计报告的要求；会计档案的保管要求及相应的责任；终止委托合同应当办理的会计业务交接事宜。

（4）对代理记账机构的管理。

① 代理记账机构应当于每年4月30日之前，向审批机关报送下列材料：代理记账机构基本情况表；专职从业人员变动情况。

② 县级以上人民政府财政部门对代理记账机构及其从事代理记账业务情况实施监督，随机抽取检查对象、随机选派执法检查人员，并将抽查情况及查处结果依法及时向社会公开。对委托代理记账的企业因违反财税法律、法规受到处理处罚的，县级以上人民政府财政部门应当将其委托的代理记账机构列入重点检查对象。

③ 代理记账机构有下列情形之一的，审批机关应当办理注销手续收回代理记账许可证书并予公告：代理记账机构依法终止的；代理记账资格被依法撤销或撤回的；法律、法规规定的应当注销的其他情形。

4. 会计岗位的设置。

（1）各单位应当根据会计业务需要设置会计工作岗位。

会计工作岗位一般可以分为：会计机构负责人（会计主管人员），出纳，财产物资核算，收入核算，工资核算，成本费用（支出）核算，财务成果核算，资金核算，往来结算，总账报表，稽核，会计档案管理等。实行会计信息化、应用管理会计的单位，可以根据需要设置相应的会计工作岗位，也可以与其他工作岗位相结合。会计机构内部应当建立稽核制度。出纳人员不得兼任稽核、会计档案保管和收入、支出、费用、债权债务账目的登记工作。

（2）会计工作岗位可以一人一岗、一人多岗或者一岗多人，但应当遵循不相容岗位相分离的原则。

出纳人员不得兼任稽核，会计档案保管，收入、支出、费用、债权债务账目的登记和会计软件管理工作。会计软件管理人员不得兼任其他会计工作岗位。

（3）会计人员的工作岗位应当有计划地进行轮换。

视频4

会计人员
回避制度

（4）开展会计电算化和管理会计的单位，可以根据需要设置相应的工作岗位，也可以与其他工作岗位相结合。

（5）档案管理部门的人员管理会计档案的，其岗位不属于会计工作岗位。

5. 会计人员回避制度。

国家机关、国有企业、事业单位任用会计人员应当实行回避制度。单位领导人员的直系亲属不得担任本单位的会计机构负责人、会计主管人员。会计机构负责人、会计主管人员的直系亲属不得在本单位会计机构中担任出纳工作。需要回避的直系亲属主要有：夫妻关系、直系血亲关系、三代以内旁系血亲以及近姻亲关系。

（二）会计人员

1.会计人员的概念和范围。

视频5

会计人员

会计人员是指根据《会计法》的规定，在国家机关、社会团体、公司、企业、事业单位和其他组织（以下统称"单位"）中从事会计核算，实行会计监督等会计工作的人员。

会计人员包括从事下列具体会计工作的人员：出纳；稽核；资产、负债和所有者权益（净资产）的核算；收入、费用（支出）的核算；财务成果（政府预算执行结果）的核算；财务会计报告的编制；会计监督；会计机构内部的会计档案管理；其他会计工作。担任单位会计机构负责人（会计主管人员）、总会计师的人员，属于会计人员。

2.对会计人员及其管理的一般要求。

（1）各单位应当根据会计业务需要配备会计人员，督促其遵守职业道德和国家统一的会计制度。

（2）会计人员应当具备从事会计工作所需要的专业能力，熟悉国家有关法律、法规和国家统一的会计制度，熟悉本单位的生产经营和业务管理情况。会计人员应当按照国家有关规定参加会计继续教育，各单位应当保障本单位会计人员参加会计继续教育的权利，合理安排会计人员的培训，保证会计人员每年有一定时间用于学习和参加培训。

会计机构负责人（会计主管人员）是指在一个单位内部具体负责会计工作的中层领导人员。担任单位会计机构负责人（会计主管人员）的，应当具备会计师以上专业技术职务资格或者从事会计工作三年以上经历。

（3）会计人员在会计工作中应当遵守职业道德，按照《会计人员职业道德规范》要求，坚持诚信、守法奉公，坚持准则、守责敬业，坚持学习、守正创新。

（4）会计人员应当保守国家秘密、工作秘密、商业秘密，不得违反有关规定对外提供或者泄露单位的会计信息。

（5）单位负责人应当支持会计机构、会计人员依法行使职权。对忠于职守、坚持原则、作出显著成绩的会计机构、会计人员，应当给予精神的或者物质的奖励。

（6）财政部门、上级主管单位、会计人员所在单位应当定期检查会计人员遵守职业道德的情况，并作为会计人员晋升、晋级、聘任专业技术职务、表彰奖励的重要考核依据。会计人员违反职业道德的，所在单位应当进行相应处理；会计行业自律组织可以依据章程对会员进行惩戒。

（7）国家机关、国有的和国有资本占控股地位或主导地位的企业、事业单位任用会计人员，应当实行回避制度。单位负责人、单位主管会计工作的负责人（总会计师）的亲属不得担任本单位的会计机构负责人（会计主管人员）。会计机构负责人（会计主管人员）的亲属不得在本单位担任出纳工作。需要回避的亲属为：夫妻关系、直系血亲关系、三代以内旁系血亲以及近姻亲关系。

（8）会计人员调动工作或者离职，必须与接管人员办清交接手续。一般会计人员办理交接手续，由会计机构负责人（会计主管人员）监交；会计机构负责人（会计主管人员）办理交接手续，由单位负责人监交，必要时主管单位可以派人会同监交。

（三）会计工作的禁入规定

因有提供虚假财务会计报告，做假账，隐匿或者故意销毁会计凭证、会计账簿、财务会计报告，贪污，挪用公款，职务侵占等与会计职务有关的违法行为被依法追究刑事责任的人员，不得再从事会计工作。

会计人员伪造、变造会计凭证、会计账簿，编制虚假财务会计报告，隐匿或者故意销毁依法应当保存的会计凭证、会计账簿、财务会计报告，尚不构成犯罪的，5年内不得从事会计工作。

会计人员作出违反国家统一的会计制度的一般违法行为，情节严重的，5年内不得从事会计工作。

（四）会计专业职务与会计专业技术资格

设置会计专业职务、举办会计专业技术资格考试，是考核和确认会计人员的专业知识和业务技能水平，鼓励会计人员不断提高职业道德和专业素质的重要途径。

1.会计专业职务（会计职称）。

根据《人力资源社会保障部 财政部关于深化会计人员职称制度改革的指导意见》（人社部发〔2019〕8号），会计人员职称层级分为初级、中级、副高级和正高级。初级职称只设助理级；高级职称分设副高级和正高级。各级会计专业初级、中级、副高级和正高级职称，分别对应助理会计师、会计师、高级会计师和正高级会计师。

2.会计专业技术资格。

会计专业技术资格是指担任会计专业职务的任职资格。会计专业技术资格分为初级会计资格、中级会计资格和高级会计资格三个级别。初级、中级会计资格的取得实行全国统一考试制度，高级会计资格的取得实行考试与评审相结合的制度。

会计人员通过全国统一考试取得初级或中级会计专业技术资格，表明其已具备担任相应级别会计专业技术职务的任职资格。用人单位可以根据工作需要和德才兼备的原则，从获得会计专业技术资格的会计人员中择优录用。

（五）会计专业技术人员继续教育

1.参加继续教育的人员范围。

（1）国家机关、企业、事业单位以及社会团体等组织具有会计专业技术资格的人员。

（2）不具有会计专业技术资格但从事会计工作的人员。

2.开始参加继续教育的时间。

（1）具有会计专业技术资格的人员应当自取得会计专业技术资格的次年开始参加继续教育，并在规定时间内取得规定学分。

（2）不具有会计专业技术资格但从事会计工作的人员应当自从事会计工作的次年开始参加继续教育，并在规定时间内取得规定学分。

3.参加继续教育的内容。

继续教育内容包括公需科目和专业科目。公需科目包括专业技术人员应当普遍掌握的法律法规、政策理论、职业道德、技术信息等基本知识；专业科目包括会计专业技术人员从事会计工作应当掌握的财务会计、管理会计、财务管理、内部控制与风险管理、会计信息化、会计职业道德、财税金融、会计法律法规等专业知识。

4.继续教育实行学分制管理。

会计专业技术人员每年参加继续教育取得的学分不少于90学分。其中，专业科目学分与总学分占比一般不小于2/3。会计专业技术人员参加继续教育取得的学分，在全国范围内当年有效，不得结转以后年度。

5.继续教育成绩的应用。

（1）用人单位应当建立本单位会计专业技术人员继续教育与使用、晋升相衔接的激励机制，将参加继续教育情况作为会计专业技术人员考核评价、岗位聘用的重要依据。

（2）会计专业技术人员参加继续教育情况，应当作为聘任会计专业技术职务或者申报评定上一级资格的重要条件。

（六）总会计师

根据《总会计师条例》（1990年12月31日国务院令第72号发布施行，2011年1月8日修订）的规定，总会计师是单位行政领导成员，协助单位主要行政领导人工作，直接对单位主要行政领导人负责。总会计师组织领导本单位的财务管理、成本管理、预算管理、会计核算和会计监督等方面的工作，参与本单位重要经济问题的分析和决策。总会计师的职权受国家法律保护。单位主要行政领导人应当支持并保障总会计师依法行使职权。

需要注意的是：

（1）全民所有制大、中型企业设置总会计师；事业单位和业务主管部门根据需要，经批准可以设置总会计师。

（2）其他单位可以根据业务需要，自行决定是否设置总会计师。

（3）总会计师不是一种专业技术职务，也不是会计机构的负责人或会计主管人员，而是一种行政职务。

（4）凡设置总会计师的单位，在单位行政领导成员中，不设与总会计师职权重叠的副职。

（七）会计工作交接

1.会计工作交接的概念和责任。

其总原则为：交接清楚，分清责任，谁的责任谁承担。其适用情形为：换人来做。

（1）会计人员工作调动或者因故离职。

（2）会计人员临时离职或者因病不能工作且需要接替或者代理。

（3）临时离职或者因病不能工作的会计人员恢复工作。

需要注意的是，移交人员因病或者其他特殊原因不能亲自办理移交的，经单位负责人批准，可由移交人员委托他人代办移交，但委托人应当对所移交的会计资料的合法性、真实性负责。

单位撤销时，必须留有必要的会计人员，会同有关人员办理清理工作，编制决算；未移交前，其不得离职。单位合并、分立的，其会计工作交接手续比照上述有关规定办理。

2.会计工作移交前的准备工作。

（1）已经受理的经济业务尚未填制会计凭证的，应当填制完毕。

（2）尚未登记的账目，应当登记完毕，并在最后一笔余额后加盖经办人员印章。

（3）整理应该移交的各项资料，对未了事项写出书面材料。

（4）编制移交清册，列明应当移交的会计资料和物品等内容；实行会计电算化的单位，还应当列明会计软件及密码、会计软件数据磁盘（磁带等）及有关资料、实物等内容。

3.会计工作交接逐项移交、逐项核对点收。

（1）库存现金、有价证券必须与会计账簿记录保持一致。不一致时，移交人员应当限期查清。

（2）会计资料必须完整无缺。如有短缺，移交人员应当查清原因，并在移交清册中注明。

（3）银行存款账户余额要与银行对账单核对，如不一致，应当编制银行存款余额调节表调节相符，各种财产物资和债权债务的明细账户余额要与总账有关账户余额核对相符。

（4）移交人员经管的票据、印章和其他实物等，必须交接清楚。

（5）移交人员从事会计电算化工作的，要对有关电子数据在实际操作状态下进行交接。

（6）会计机构负责人（会计主管人员）移交时，还应当将全部财务会计工作、重大财务收支和会计人员的情况等，向接替人员详细介绍。对需要移交的遗留问题，应当写出书面材料。

4.监交——直接上级。

（1）一般会计人员办理交接手续，由会计机构负责人（会计主管人员）监交。

（2）会计机构负责人（会计主管人员）办理交接手续，由单位负责人负责监交，必要时主管单位可以派人会同监交。

5.交接后的有关事宜。

（1）交接完毕后，交接双方和监交人要在移交清册上签名或者盖章。

（2）移交清册一般应当填制一式三份，交接双方各执一份，存档一份。

（3）接替人员应当继续使用移交的会计账簿，"不得自行另立新账"，以保持会计记录的连续性。

6.交接责任。

移交人员对所移交的会计凭证、会计账簿、会计报表和其他有关资料的合法性、真实性承担法律责任。

关键知识清单

1.会计机构的设置

2.会计岗位的要求

3.会计人员的回避制度

4.会计工作交接

三、任务实施

1.大学生张某的第一个观点是正确的。与职工利益密切相关的信息，属于国有企业向本企业职工代表大会公布的财务会计报告中的重点说明事项。

其第二个观点是错误的。向不同的会计资料使用者提供的财务会计报告，其编制依据应当保持一致。其第三个观点也是错误的。国有企业应当至少每年一次向本企业职工代表大会公布财务会计报告。

2.A企业不能任命王某担任本单位会计机构负责人。按照《会计法》规定，担任会计机构负责人的，应当具备会计师以上专业技术职务资格或者从事会计工作3年以上的经历。但是，王某毕业后一直从事的不是会计工作，没有3年以上的会计工作经历，因此，其不符合担任会计机构负责人的条件。

A企业不能任命厂长张某的妻子李某调任本单位的财务科科长。根据《会计基础工作规范》的规定，国有企业单位负责人的直系亲属不得担任本单位的会计机构负责人。直系亲属包括夫妻关系、直系血亲关系、三代以内的旁系血亲及近姻亲关系。因此，单位负责人（厂长）张某的妻子李某不符合担任会计机构负责人的条件。

任务四　掌握会计法律责任

一、任务情景

（一）任务场景

1.2021年，A公司由于经营管理和市场方面的原因，经营业绩滑坡。为了获得配股资格，保证公司的净资产收益率符合配股条件，财务总监李某组织公司会计人员王某以虚增营业额、隐瞒费用和成本开支等方法调整了公司的财务资料。A公司根据调整后的财务资料，于2022年5月申请配股并获批准发行。

2.A上市公司的董事长（单位负责人）为粉饰公司的业绩，授意公司的财务负责人采取虚提返利、推迟财务费用列账等不正当的手段，虚增利润6 500多万元，造成相当负面的社会影响。

（二）任务布置

1.分析"任务场景1"中的哪些当事人存在违法行为，应当承担哪些法律责任。

2.分析"任务场景2"中A上市公司的董事长能否以"会计工作应当由会计机构负责人承担责任，自己不懂会计"为由推脱责任。

二、任务准备

法律责任是指违反法律法规的行为应当承担的法律后果。为了保证《会计法》的有效实施，其主要规定了两种责任形式：一是行政责任；二是刑事责任。

（一）行政责任

行政责任是指行政法律关系主体在国家行政管理活动中因违反了行政法律规范，不履行行政法上的义务而产生的责任。《会计法》规定，行政责任具体分为行政处罚与行政处分。

行政处罚是由特定行政主体基于一般行政管理职权，对其认为违反行政法上的强制性义务，违反行政管理秩序的行政管理相对人所实施的一种行政制裁措施。

行政处罚主要有：警告，罚款，没收违法所得、没收非法财物，责令停产停业，暂扣或吊销许可证、暂扣或吊销执照，行政拘留六种。

行政处分是国家工作人员违反行政法律规范所承担的一种行政法律责任，是行政机关对国家工作人员故意或者过失侵犯行政相对人的合法权益所实施的法律制裁。

行政处分的表现形式主要有：警告、记过、降职、降级、撤职、留用察看、开除等。

（二）刑事责任

刑事责任是指犯罪行为应当承担的法律责任，包括主刑和附加刑两种。

主刑分为：管制、拘役、有期徒刑、无期徒刑和死刑。

附加刑分为：罚金、剥夺政治权利、没收财产。对犯罪的外国人，也可以独立或附加适用驱逐出境。

（三）违反国家统一会计制度的法律责任

违反《会计法》规定，有下列行为之一的，由县级以上人民政府财政部门责令限期改正，给予警告、通报批评，对单位可以并处20万元以下的罚款，对其直接负责的主管人员和其他直接责任人员可以处5万元以下的罚款；情节严重的，对单位可以并处20万元以上100万元以下的罚款，对其直接负责的主管人员和其他直接责任人员可以处5万元以上50万元以下的罚款；属于公职人员的，还应当依法给予处分。构成犯罪的，依法追究刑事责任。会计人员有下列行为之一的，情节严重的，5年内不得从事会计工作。有关法律另有规定的，依照有关法律的规定办理。

1.不依法设置会计账簿的。

2.私设会计账簿的。

3.未按照规定填制、取得原始凭证或者填制、取得的原始凭证不符合规定的。

4.以未经审核的会计凭证为依据登记会计账簿或者登记会计账簿不符合规定的。

5.随意变更会计处理方法的。

6.向不同的会计资料使用者提供的财务会计报告编制依据不一致的。

7.未按照规定使用会计记录文字或者记账本位币的。

8.未按照规定保管会计资料,致使会计资料毁损、灭失的。

9.未按照规定建立并实施单位内部会计监督制度或者拒绝依法实施的监督或者不如实提供有关会计资料及有关情况的。

10.任用会计人员不符合本法规定的。

（四）伪造、变造会计凭证、会计账簿以及编制虚假财务会计报告的法律责任

伪造、变造会计凭证、会计账簿,编制虚假财务会计报告,隐匿或者故意销毁依法应当保存的会计凭证、会计账簿、财务会计报告的,由县级以上人民政府财政部门责令限期改正,给予警告、通报批评,没收违法所得,违法所得20万元以上的,对单位可以并处违法所得1倍以上10倍以下的罚款,没有违法所得或者违法所得不足20万元的,可以并处20万元以上200万元以下的罚款;对其直接负责的主管人员和其他直接责任人员可以处10万元以上50万元以下的罚款,情节严重的,可以处50万元以上200万元以下的罚款;属于公职人员的,还应当依法给予处分;其中的会计人员,5年内不得从事会计工作;构成犯罪的,依法追究刑事责任。

（五）隐匿或者故意销毁会计资料的法律责任

授意、指使、强令会计机构、会计人员及其他人员伪造、变造会计凭证、会计账簿,编制虚假财务会计报告或者隐匿、故意销毁依法应当保存的会计凭证、会计账簿、财务会计报告的,由县级以上人民政府财政部门给予警告、通报批评,可以并处20万元以上100万元以下的罚款;情节严重的,可以并处100万元以上500万元以下的罚款;属于公职人员的,还应当依法给予处分;构成犯罪的,依法追究刑事责任。

（六）授意、指使、强令会计机构及人员从事会计违法行为的法律责任

授意、指使、强令会计机构、会计人员及其他人员伪造、变造会计凭证、会计账簿,编制虚假财务会计报告或者隐匿、故意销毁依法应当保存的会计凭证、会计账簿、财务会计报告的,由县级以上人民政府财政部门给予警告、通报批评,可以并处20万元以上100万元以下的罚款;情节严重的,可以并处100万元以上500万元以下的罚款;属于公职人员的,还应当依法给予处分;构成犯罪的,依法追究刑事责任。

（七）单位负责人打击报复会计人员的法律责任

单位负责人对依法履行职责、抵制违反《会计法》规定行为的会计人员以降级、撤职、调离工作岗位、解聘或者开除等方式实行打击报复的,依法给予处分;构成犯罪的,依法追究刑事责任。对受打击报复的会计人员,应当恢复其名誉和原有职务、级别。

（八）财政部门及有关行政部门工作人员职务违法的法律责任

财政部门及有关行政部门的工作人员在实施监督管理中滥用职权、玩忽职守、徇私舞弊或者泄露国家秘密、工作秘密、商业秘密、个人隐私、个人信息的,依法给予处

分；构成犯罪的，依法追究刑事责任。

收到对违反《会计法》和国家统一的会计制度的规定的行为检举的部门及负责处理检举的部门，将检举人姓名和检举材料转给被检举单位和被检举人个人的，依法给予处分。

关键知识清单

1.法律责任的种类

2.违反会计法律制度的行为的法律责任

3.单位负责人对会计人员打击报复的法律责任

三、任务实施

1.A公司的张某、李某、王某均存在编制虚假财务会计报告的行为。

张某为A公司的单位负责人，存在授意、指使他人编制虚假财务会计报告的行为。根据《会计法》的规定，其构成犯罪的，司法部门应当依法追究其刑事责任；尚不构成犯罪的，可以处以10万元以上50万元以下的罚款。

李某、王某作为会计人员，应当拒绝张某的要求，其上述行为违背了会计职业道德中会计人员应当诚实守信、客观公正、坚持准则的要求。根据《会计法》的规定，如果构成犯罪的，依法追究刑事责任；尚不构成犯罪的，由县级以上人民政府财政部门予以通报，可以对李某、王某处以10万元以上50万元以下的罚款；李某、王某作为会计人员，5年内不得从事会计工作。

2.该公司的董事长不能以"会计工作应当由会计机构负责人承担责任，自己不懂会计"为由推脱责任。根据《会计法》的规定，单位负责人对本单位的会计工作和会计资料的真实性、完整性负责；应当保证会计机构和会计人员依法履行职责，不得授意、指使、强令会计机构和会计人员违法办理会计事项。因此，该公司的董事长不能推脱责任。

知之守之

瑞幸咖啡（Luckin Coffee）是我国一家快速崛起的咖啡连锁企业，于2019年在美国纳斯达克上市。2020年，瑞幸咖啡被曝财务造假，涉及虚增收入和利润。瑞幸咖啡通过伪造交易记录，虚增了超过22亿元人民币的销售收入，通过虚增广告费用和其他运营成本，掩盖虚增收入的行为。公司高管和财务团队合谋，编制虚假的财务报表，欺骗投资者和监管机构。

案例解析：瑞幸咖啡违反了《会计法》第13条的要求会计凭证、会计账簿、财务会计报告等必须真实、完整；第24条的禁止公司虚列或隐瞒收入、费用和利润。瑞幸咖啡还违反了《刑法》第161条的提供虚假财务会计报告罪；第162条的隐匿、故意销毁会计凭证罪。中华人民共和国财政部对瑞幸咖啡处以罚款，并要求其改正违法行为。美国证券交易委员会（SEC）对瑞幸咖啡展开调查，并要求其退市。瑞幸咖啡多名高管被我国警方调查，部分人员被追究刑事责任。瑞幸咖啡面临投资者集体诉讼，需要支付巨额赔偿。瑞幸咖啡从美国纳斯达克退市，公司声誉严重受损，业务受到重大影响。

瑞幸咖啡财务造假案是近年来典型的会计人员违反会计法律制度的案例。该案例涉及虚增收入、操纵财务报表等行为，违反了中美两国的会计和证券法律法规，最终导致公司退市、高管被追责以及巨额赔偿。这一案例警示企业和会计人员必须严格遵守会计法律制度，确保财务信息的真实性和完整性。

巩固与提升

【例 3-1 · 单选题】根据会计法律制度的规定，下列关于会计人员工作交接的表述中，不正确的是（　　）。

A.会计人员因故离职，离职前应办清交接手续

B.会计人员因病不能工作需要接替的，应由该会计人员直接指定有关人员接替

C.会计人员工作调动，应对所移交会计资料的真实性和合法性承担法律责任

D.单位撤销时，应留有必要的会计人员，会同有关人员办理清理工作

项目三在线测试

【例 3-2 · 单选题】根据会计法律制度的规定，下列关于会计凭证保管的表述中，正确的是（　　）。

A.会计凭证登记完毕后，应当按照分类和编号顺序保管，不得散乱丢失

B.其他单位因特殊原因需要使用原始凭证的，经本单位会计机构负责人、会计主管人员批准，可以外借

C.原始凭证的最低保管期限为 10 年

D.当年形成的会计凭证，在会计年度终了后可由单位会计管理机构临时保管，最长不超过 5 年

【例 3-3 · 单选题】根据会计法律制度的规定，下列文件资料中，属于会计档案归档范围的是（　　）。

A.年度预算方案　　　　　　　　B.年度财务工作总结

C.会计档案销毁清册　　　　　　D.单位财务规章制度

【例 3-4 · 单选题】大学生张某与赵某在学习《会计法》期间，对财务会计报告的相关知识展开讨论。张某所述的下列观点中，正确的是（　　）。

A.与职工利益密切相关的信息，属于国有企业向本企业职工代表大会公布的财务会计报告中的重点说明事项

B.向不同的会计资料使用者提供的财务会计报告，其编制依据可以不一致

C.提供虚假财务会计报告被追究刑事责任的会计人员，刑罚执行完毕 5 年后可重新从事会计工作

D.国有企业应当至少每 3 年一次向本企业职工代表大会公布财务会计报告

【例 3-5 · 单选题】根据会计法律制度的规定，下列各项中，不属于代理记账机构

及其从业人员应当履行的义务是（　　）。

A.配备专人负责委托方的日常货币收支和保管

B.对在执行业务中知悉的商业秘密，予以保密

C.对委托人提出的有关会计处理相关问题，予以解释

D.对委托人要求其提供不实会计资料的，予以拒绝

【例3-6·单选题】甲公司的下列会计工作中，出纳人员宋某可以兼任的是（　　）。

A.会计档案保管　　　　　　　　B.应付账款明细账登记

C.固定资产明细账登记　　　　　D.管理费用明细账登记

【例3-7·单选题】甲公司出纳人员曾某因病住院不能亲自办理移交。经法定代表人批准，曾某委托李某将经管的会计资料等移交给接替人员王某，会计机构负责人宋某进行监交。王某事后发现，曾某所移交的部分会计资料的合法性、真实性存在问题。下列人员中，应对该会计资料的合法性、真实性承担法律责任的是（　　）。

A.接替人员王某　　　　　　　　B.受托人李某

C.监交人宋某　　　　　　　　　D.出纳人员曾某

【例3-8·单选题】单位之间会计档案交接完毕后，交接双方的（　　）应当在会计档案移交清册上签名或者盖章。

A.经办人　　　　　　　　　　　B.监交人

C.会计机构负责人　　　　　　　D.经办人和监督人

【例3-9·单选题】根据会计法律制度的规定，下列机构中，属于单位会计档案鉴定工作牵头机构的是（　　）。

A.审计机构　　　　　　　　　　B.纪检监察机构

C.单位档案管理机构　　　　　　D.会计机构

【例3-10·单选题】根据会计法律制度的规定，下列企业中，必须设置总会计师的是（　　）。

A.国有大、中型企业　　　　　　B.个人独资企业

C.外商独资企业　　　　　　　　D.普通合伙企业

【例3-11·单选题】根据会计法律制度的规定，下列各项中，不属于企业财务会计报告组成部分的是（　　）。

A.年度财务预算　　　　　　　　B.财务情况说明书

C.会计报表附注　　　　　　　　D.会计报表

【例3-12·单选题】根据会计法律制度的规定，对甲公司实施的下列会计监督中，属于社会监督的是（　　）。

A.财政部门对甲公司开展年度会计信息质量检查

B.会计师事务所对甲公司进行年度财务会计报告审计

C.甲公司的审计部门对本公司会计账簿进行监督检查

D.税务部门对甲公司开展企业所得税专项税务稽查

【例3-13·单选题】根据会计法律制度的规定，下列人员中，对本单位的会计工作和会计资料的真实性、完整性负责的是（　　）。

A.总会计师
B.单位负责人
C.会计核算人员
D.单位审计人员

【例3-14·多选题】甲公司的下列行为中，属于变造会计资料的有（　　）。

A.为少缴税款，会计人员赵某将主营业务成本账簿的一笔金额由10万元涂改为70万元
B.仓库保管人员周某将金额错误的出库单更正并盖章
C.会计人员孙某根据虚假的经济业务编制会计凭证
D.会计人员李某登记账簿时，将错误的数字全部划红线更正，并在更正处盖章

【例3-15·多选题】下列各政府部门中，依照法定的职责和权限，可以对有关单位的会计资料实施监督检查的有（　　）。

A.审计机关
B.税务机关
C.中国人民银行
D.财政部门

【例3-16·多选题】根据会计法律制度的规定，下列各项中，属于会计岗位的有（　　）。

A.财务成果核算
B.档案管理部门的会计档案管理
C.会计机构负责人
D.单位内部审计

【例3-17·多选题】根据会计法律制度的规定，下列关于会计岗位设置的表述中，正确的有（　　）。

A.会计工作岗位可以一岗多人
B.出纳人员不得兼任债权债务账目的登记工作
C.会计人员的工作岗位应当有计划地进行轮换
D.档案管理部门的人员管理会计档案属于会计岗位

【例3-18·多选题】M市财政部门对甲公司会计资料检查时，发现甲公司以虚假的经济业务编制了会计凭证和会计账簿，并据此编制了财务会计报告。下列会计违法行为中，甲公司涉及的有（　　）。

A.变造会计凭证
B.编制虚假财务会计报告
C.伪造会计凭证
D.伪造会计账簿

【例3-19·多选题】根据会计法律制度的规定，下列人员中，应当在财务会计报告上签名并盖章的有（　　）。

A.企业会计机构负责人
B.企业负责人
C.企业总会计师
D.企业主管会计工作负责人

【例3-20·多选题】根据会计法律制度的规定，下列单位机构中，应派有关人员监销电子会计档案的有（　　）。

A.人事管理部门
B.信息系统管理部门
C.会计管理部门
D.单位档案管理部门

答案与解析

项目四 支付结算法律制度

■ 素养目标

1. 培养支付结算的守法意识，保障支付结算合法合规。
2. 树立支付结算风险意识，保障支付结算安全。
3. 提升支付结算法律制度水平，培养支付结算中严谨细致、拒绝违规操作的工作作风。

■ 知识目标

1. 理解支付结算的基本概念、体系及其构成，熟悉支付结算的相关法律法规要求。
2. 掌握账户管理、支付结算流程的规范要求。
3. 熟悉支付结算的各种金融监管政策。

■ 技能目标

1. 培养阅读、理解、分析各项支付结算相关法规制度条文的能力，能够准确把握法律法规制度条文的含义和适用范围。
2. 具备识别、防范各类支付结算业务中法律风险的能力，以及运用法律手段解决支付结算纠纷的能力。
3. 培养跨学科知识应用能力，初步具备人工智能技术下新型支付结算方式法律法规风险识别与防范能力。

项目导图

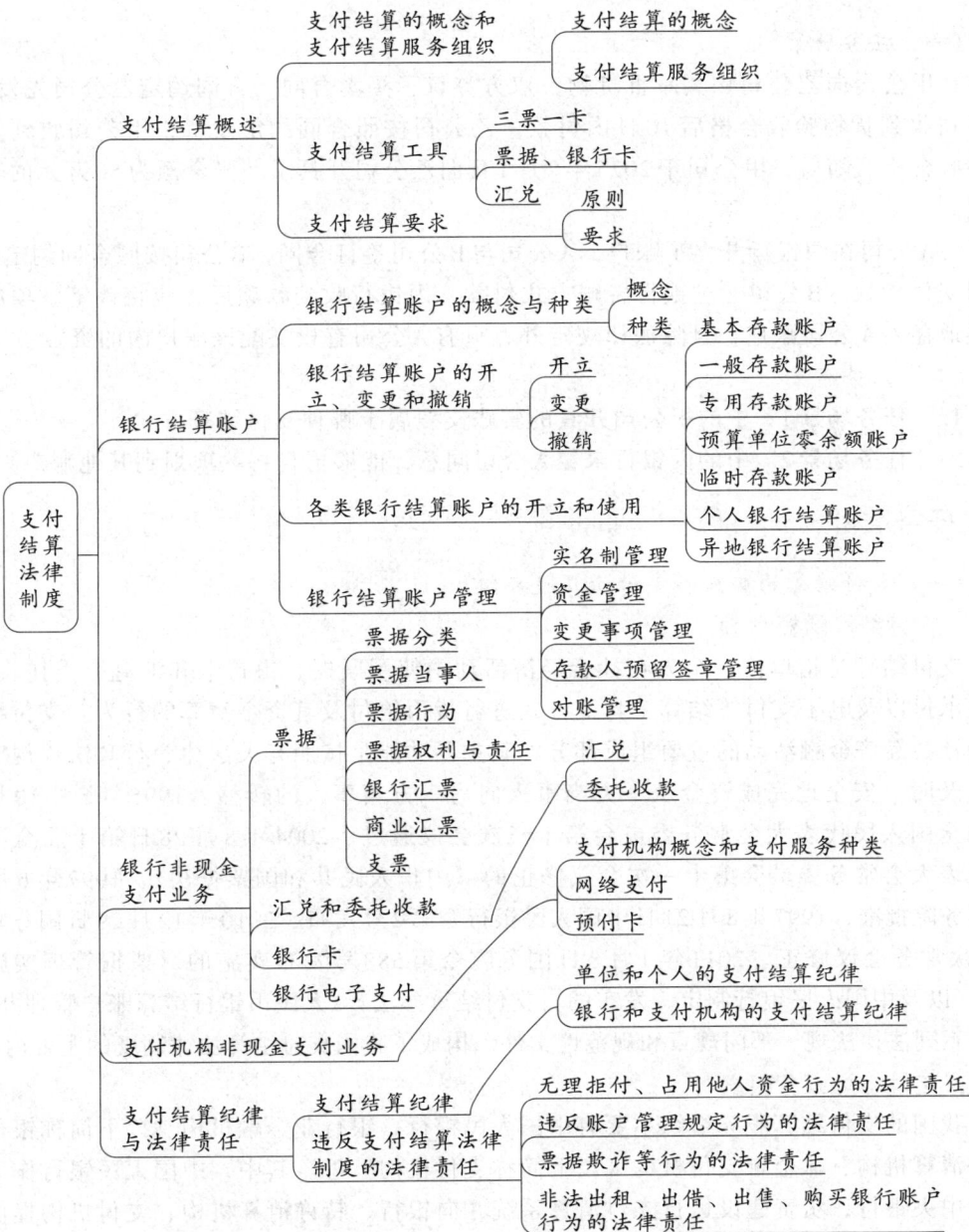

任务一　认识支付结算

一、任务情景

(一) 任务场景

1. 甲公司向乙公司购买一批货物，双方签订了买卖合同，合同约定乙公司先发货，甲公司收到货物验收合格后10日内付款。乙公司按照合同约定发货，甲公司收到货物并验收合格。随后，甲公司于2025年2月1日向乙公司开具了一张金额为50万元的转账支票。

2. A公司在丙银行开立了账户，A公司与B公司签订合同，B公司按照合同约定向A公司支付货款。B公司通过银行转账方式付款，丙银行收到款项后，应将该笔款项准确无误地存入A公司账户，且除法律规定外，只有A公司有权支配该账户内的资金。

(二) 任务布置

1. "任务场景1"中的甲公司开具的转账支票属于哪种支付结算方式？
2. "任务场景2"中的丙银行未经A公司同意，能够擅自将款项划到其他账户吗？

二、任务准备

(一) 支付结算的概念和支付结算服务组织

1.支付结算的概念。

支付结算是指单位、个人在社会经济活动中使用票据、银行卡和汇兑、委托收款、托收承付以及电子支付等结算工具或方式进行货币给付及其资金清算的行为。支付结算作为社会经济金融活动的重要组成部分，其主要功能是按照有关法律、行政法规规定准确、及时、安全地完成资金从一方当事人向另一方当事人的转移。1995年5月10日第八届全国人民代表大会常务委员会第十三次会议通过、2004年8月28日第十届全国人民代表大会常务委员会第十一次会议修正的《中华人民共和国票据法》，1997年6月23日国务院批准、1997年8月21日中国人民银行令第2号发布、2010年12月29日国务院第138次常务会议修正、2011年1月8日国务院令第588号发布实施的《票据管理实施办法》，以及中国人民银行制定、发布的《支付结算办法》《人民币银行结算账户管理办法》等一系列法律法规、部门规章和规范性文件，构成了我国支付结算法律制度的主要内容。

2.支付结算服务组织。

我国的支付结算服务组织主要有中国人民银行、银行业金融机构（以下简称银行）、特许清算机构、非金融支付机构（以下简称支付机构）等。其中，中国人民银行作为我国的中央银行，负责建设运行支付清算系统，向银行、特许清算机构、支付机构提供账户清算等服务。银行面向广大单位和个人提供账户、支付工具、结算等服务。特许清算机构主要向其成员机构提供银行卡、电子商业汇票等特定领域的清算服务。支付机构主要为个人和中小微企业提供网络支付、银行卡收单和多用途预付卡发行与受理等支付服务。

（二）支付结算的工具

传统的人民币非现金支付工具主要包括"三票一卡"和结算方式。"三票一卡"是指汇票、本票、支票和银行卡；结算方式是指汇兑、托收承付和委托收款。随着互联网技术的发展，网上银行、条码支付、网络支付等电子支付方式得到快速发展。目前，我国已经形成了以票据和银行卡为主体、以电子支付为发展方向的非现金支付工具体系。票据和汇兑是我国经济活动中不可或缺的重要支付工具及方式，被广大单位和个人广泛使用，并在大额支付中占据主导地位。银行卡收单、网络支付、预付卡、条码支付等在小额支付中占据主导地位。托收承付、国内信用证使用量较少，本书不再讲述。

（三）支付结算的基本要求

1.支付结算的原则。

参与支付结算活动的各方当事人，如银行、单位和个人，经过多年的实践与总结形成了与经济活动相适应的支付结算原则，即恪守信用、履约付款，谁的钱进谁的账、由谁支配和银行不垫款原则。

视频6

支付结算的
基本要求

2.支付结算的要求。

在具体支付结算实务中，有以下要求：

（1）单位、个人和银行办理支付结算，必须使用按中国人民银行统一规定印制的票据凭证和结算凭证。

（2）票据和结算凭证上的签章和其他记载事项应当真实，不得伪造、变造。所谓"伪造"，是指无权限人假冒他人或者虚构他人名义签章的行为，如伪造出票签章、背书签章、承兑签章和保证签章等。所谓"变造"，是指无权更改票据内容的人，对票据上签章以外的记载事项加以改变的行为。变造票据的方法大多是在合法票据的基础上，对票据加以剪接、挖补、覆盖、涂改，从而非法改变票据的记载事项。伪造、变造票据属于欺诈行为，构成犯罪的，应当追究其刑事责任。出票金额、出票日期、收款人名称不得更改，更改的票据无效；更改的结算凭证，银行不予受理。对票据和结算凭证上的其他记载事项，原记载人可以更改，更改时应当由原记载人在更改处签章证明。票据和结算凭证上的签章，为签名、盖章或者签名加盖章。单位、银行在票据上的签章和单位在结算凭证上的签章，为该单位、银行的盖章加其法定代表人或其授权的代理人的签名或盖章。个人在票据和结算凭证上的签章，应为该个人本人的签名或盖章。

（3）填写各种票据和结算凭证应当规范，具体要求如下：

① 基本规范要求。

填写票据和结算凭证，必须做到要素齐全、数字正确、字迹清晰、不错漏、不潦草，防止涂改。

② 收款人名称。

单位和银行的名称应当记载全称或者规范化简称。规范化简称应当具有排他性，与全称在实质上具有同一性，如"中国证券监督管理委员会"的规范化简称为"证监会"。

③ 出票日期。

票据的出票日期必须使用中文大写。为防止变造票据的出票日期，在填写月、日时，月为"壹""贰""壹拾"的，日为"壹"至"玖"和"壹拾""贰拾""叁拾"的，应在其前加"零"；日为"拾壹"至"拾玖"的，应在其前加"壹"。例如，1月15日，应写成"零壹月壹拾伍日"；再如，10月20日，应写成"零壹拾月零贰拾日"。

④ 金额。

票据和结算凭证金额以中文大写和阿拉伯数码同时记载，二者必须一致，二者不一致的票据无效；二者不一致的结算凭证，银行不予受理。

关键知识清单

1. 支付结算的概念
2. 支付结算的原则
3. 支付结算的基本要求

三、任务实施

1. 甲公司开具的转账支票属于票据结算方式中的支票结算。

2. 丙银行未经A公司同意，不能擅自将款项划到其他账户；如果擅自将款项划到其他账户，就违反了"谁的钱进谁的账，由谁支配"原则。

任务二 开立和使用银行结算账户

一、任务情景

（一）任务场景

1. 某企业在银行开立了一般存款账户，因资金周转困难，为图方便，企业财务人员多次从该账户支取现金用于发放员工工资和支付货款等，累计支取现金高达50万元。银行在日常监管中发现了这一情况，要求企业立即整改，并对企业进行了警告。

2. 某公司因经营效益差，将本公司基本存款账户出租给另一企业使用，每月收取租金2 000元。出租期间，通过该账户发生了多笔资金往来，其中部分资金来源和去向不明。之后，被银行发现异常，经调查核实后，对出租账户的公司进行了相应处罚。

3. 某公司成立，主营农用化肥生产。受公司法定代表人张某的授权，公司财务人员王某携带相关开户证明文件到P银行办理基本存款账户开户手续。

（二）任务布置

1. "任务场景1"中的企业为什么会被警告，应该整改哪些问题？
2. "任务场景2"中的公司出租账户符合要求吗？为什么会被处罚？
3. "任务场景3"中的王某的开户证明文件应该包括哪些？应该办理哪些开户手续？

二、任务准备

（一）银行结算账户

1.银行结算账户的概念。

银行结算账户是指银行为存款人开立的办理资金收付结算的活期存款账户。其中，"银行"是指在中国境内经批准经营支付结算业务的银行业金融机构；"存款人"是指在中国境内开立银行结算账户的机关、团体、部队、企业、事业单位、其他组织（以下统称单位）、个体工商户和自然人。

2.银行结算账户的种类。

银行结算账户按存款人不同分为单位银行结算账户和个人银行结算账户。存款人以单位名称开立的银行结算账户为单位银行结算账户。单位银行结算账户按用途分为基本存款账户、一般存款账户、专用存款账户、临时存款账户。个体工商户凭营业执照以字号或经营者姓名开立的银行结算账户纳入单位银行结算账户管理。存款人凭个人身份证件以自然人名称开立的银行结算账户为个人银行结算账户。

财政部门为实行财政国库集中支付的预算单位在银行开设的零余额账户按照基本存款账户或专用存款账户管理。预算单位未开立基本存款账户，或者原基本存款账户在国库集中支付改革后已经按照财政部门的要求撤销的，经同级财政部门批准，预算单位零余额账户作为基本存款账户管理。除上述情况外，预算单位零余额账户作为专用存款账户管理。

（二）银行结算账户的开立、变更和撤销

1.银行结算账户的开立。

（1）开户银行的选择。

存款人应在注册地或住所地开立银行结算账户。符合异地（跨省、市、县）开户条件的，也可以在异地开立银行结算账户。

开立银行结算账户应遵循存款人自主原则，除国家法律、行政法规和国务院规定外，任何单位和个人不得强令存款人到指定银行开立银行结算账户。

（2）填制开户申请书。

存款人申请开立银行结算账户时，应填制开立银行结算账户申请书。开立单位银行结算账户时，应填写"开立单位银行结算账户申请书"，并加盖单位公章和法定代表人（单位负责人）或其授权代理人的签名或者盖章。存款人有统一社会信用代码、上级法人或主管单位的，应在"开立单位银行结算账户申请书"上如实填写相关信息。存款人有关联企业的，应填写"关联企业登记表"。

申请开立个人银行结算账户时，存款人应填写"开立个人银行结算账户申请书"并加盖其个人签章。

银行应对存款人的开户申请书填写的事项和相关证明文件的真实性、完整性、合规性进行认真审查。

（3）开户核准与备案。

开户申请书填写的事项齐全，符合开立核准类账户条件的，银行应将存款人的开户申请书、相关的证明文件和银行审核意见等开户资料报送中国人民银行当地分支机构，经其核准并核发开户许可证后办理开户手续。中国人民银行核准的账户包括基本存款账户（企业除外）、临时存款账户（因注册验资和增资验资开立的除外）、预算单位专用存款账户和合格境外机构投资者在境内从事证券投资开立的人民币特殊账户和人民币结算资金账户。

企业（在境内设立的企业法人、非法人企业和个体工商户，下同）开立基本存款账户、临时存款账户已经取消核准制，由银行向中国人民银行当地分支机构备案，无须颁发开户许可证。银行完成企业基本存款账户信息备案后，账户管理系统生成基本存款账户编号。银行应打印"基本存款账户信息"和存款人查询密码并交付企业。持有基本存款账户编号的企业申请开立一般存款账户、专用存款账户、临时存款账户时，应向银行提供基本存款账户编号。符合开立一般存款账户、非预算单位专用存款账户和个人银行结算账户条件的，银行应办理开户手续，并向中国人民银行当地分支机构备案。上述结算账户统称备案类结算账户。备案类结算账户的变更和撤销，应通过账户管理系统向中国人民银行当地分支机构报备。

中国人民银行当地分支机构应于2个工作日内对开户银行报送的核准类账户的开户资料的合规性予以审核。符合开户条件的，予以核准，颁发基本（或临时或专用）存款账户开户许可证；不符合开户条件的，应在开户申请书上签署意见，连同有关证明文件一并退回报送银行，由报送银行转送存款人。

开户许可证是中国人民银行依法准予申请人在银行开立核准类银行结算账户的行政许可证件，是核准类银行结算账户合法性的有效证明。开户许可证有正本和副本之分，正本由申请人保管，副本由申请人开户银行留存。

（4）签订账户管理协议。

开立银行结算账户时，银行应与存款人签订银行结算账户管理协议，明确双方的权利与义务。企业申请开立基本存款账户的，银行应向企业法定代表人或单位负责人核实企业开户意愿，并留存相关工作记录。核实开户意愿，可以采取面对面、视频等方式。具体方式由银行根据客户风险程度选择。

银行与企业签订的银行结算账户管理协议的内容包括但不限于：银行与开户申请人办理银行结算账户业务应当遵守法律、行政法规以及中国人民银行的有关规定，不得利用银行结算账户从事各类违法犯罪活动；企业银行结算账户信息变更及撤销的情形、方式、时限；银行控制账户交易措施的情形和处理方式；其他需要约定的内容。

对存在法定代表人或者单位负责人对单位经营规模及业务背景等情况不清楚、注册地和经营地均在异地等情况的单位，银行应当与其法定代表人或者单位负责人面签银行结算账户管理协议，并留存视频、音频资料等，开户初期原则上不开通非柜面业务，待后续了解后再审慎开通。

银行为存款人开通非柜面转账业务时，双方应签订协议，约定非柜面渠道向非同名银行账户和支付账户转账的日累计限额、笔数和年累计限额等，超出限额和笔数的，应到银行柜面办理。银行应建立存款人预留签章卡片，并将签章式样和有关证明文件的原件或复印件留存归档。存款人为单位的，其预留签章为该单位的公章或财务专用章加其法定代表人（单位负责人）或其授权的代理人的签名或者盖章。存款人为个人的，其预留签章为该个人的签名或者盖章。

（5）账户名称的要求。

存款人在申请开立单位银行结算账户时，其申请开立的银行结算账户的账户名称出具的开户证明文件上记载的存款人名称以及预留银行签章中公章或财务专用章的名称应保持一致，但下列情况除外：

① 因注册验资开立的临时存款账户，其账户名称为市场监管部门核发的"企业名称预先核准通知书"或政府有关部门批文中注明的名称，其预留银行签章中公章或财务专用章的名称应是存款人与银行在银行结算账户管理协议中约定的出资人名称。

② 预留银行签章中公章或财务专用章的名称依法可使用简称的，账户名称应与其保持一致。

③ 没有字号的个体工商户开立的银行结算账户，其预留签章中公章或财务专用章应是"个体户"字样加营业执照上载明的经营者的签字或者盖章。

（6）银行账户的开立之日与业务办理。

存款人开立单位银行结算账户，自正式开立之日起3个工作日后，方可使用该账户办理付款业务，但注册验资的临时存款账户转为基本存款账户和因借款转存开立的一般存款账户除外。企业银行结算账户自开立之日即可办理收付款业务。对于核准类银行结算账户，"正式开立之日"为中国人民银行当地分支机构的核准日期；对于非核准类银行结算账户，"正式开立之日"是开户银行为存款人办理开户手续的日期。

2.银行结算账户的变更。

（1）银行账户变更的基本要求。

变更是指存款人的账户信息资料发生变化或改变。根据账户管理的要求，存款人变更账户名称、单位的法定代表人或主要负责人、地址等其他开户证明文件后，应及时向开户银行办理变更手续，填写变更银行结算账户申请书。

银行发现企业名称、法定代表人或者单位负责人发生变更的，应当及时通知企业办理变更手续；企业自通知送达之日起在合理期限内仍未办理变更手续，且未提出合理理由的，银行有权采取措施适当控制账户交易。

企业营业执照、法定代表人或者单位负责人有效身份证件列明有效期限的，银行应当于到期日前提示企业及时更新，有效期到期后，在合理期限内企业仍未更新，且未提出合理理由的，银行应当按规定中止其办理业务。

属于申请变更单位银行结算账户的，应加盖单位公章和法定代表人（单位负责人）或其授权代理人的签名或者盖章；属于申请变更个人银行结算账户的，应加盖其个人签章。

（2）银行账户变更的时限。

存款人更改名称，但不改变开户银行及账号的，应于5个工作日内向开户银行提出银行结算账户的变更申请，并出具有关部门的证明文件。

单位的法定代表人或主要负责人、住址以及其他开户资料发生变更时，应于5个工作日内书面通知开户银行，并提供有关证明。

（3）开户许可证及相关信息的变更。

属于变更开户许可证记载事项的，存款人办理变更手续时，应交回开户许可证，由中国人民银行当地分支机构换发新的开户许可证。对企业名称、法定代表人或者单位负责人变更的，账户管理系统重新生成新的基本存款账户编号，银行应当打印"基本存款账户信息"并交付企业。企业可向基本存款账户开户银行申请打印"基本存款账户信息"。

3.银行结算账户的撤销。

（1）自愿申请撤销银行账户。

撤销是指存款人因开户资格或其他原因终止银行结算账户使用的行为。存款人申请撤销银行结算账户时，应填写撤销银行结算账户申请书。属于申请撤销单位银行结算账户的，应加盖单位公章和法定代表人（单位负责人）或其授权代理人的签名或者盖章；属于申请撤销个人银行结算账户的，应加盖其个人签章。银行在收到存款人撤销银行结算账户的申请后，对于符合销户条件的，应在2个工作日内办理撤销手续。

（2）银行办理撤销银行账户的手续。

存款人撤销银行结算账户，必须与开户银行核对银行结算账户存款余额，交回各种重要空白票据及结算凭证和开户许可证（不含取消企业银行账户许可之后无开户许可证的企业），银行核对无误后方可办理销户手续。企业因转户原因撤销基本存款账户的，银行还应打印"已开立银行结算账户清单"并交付企业。

（3）应当申请撤销银行账户的情形。

有下列情形之一的，存款人应向开户银行提出撤销银行结算账户的申请：

① 被撤并、解散、宣告破产或关闭的。

② 注销、被吊销营业执照的。

③ 因迁址需要变更开户银行的。

④ 其他原因需要撤销银行结算账户的。

存款人有以上第①项、第②项情形的，应于5个工作日内向开户银行提出撤销银行结算账户的申请。撤销银行结算账户时，应先撤销一般存款账户、专用存款账户、临时存款账户，将账户资金转入基本存款账户后，方可办理基本存款账户的撤销。银行得知存款人有以上第①项、第②项情形的，存款人超过规定期限未主动办理撤销银行结算账户手续的，银行有权停止其银行结算账户的对外支付。存款人因以上第③项、第④项情形撤销基本存款账户后，需要重新开立基本存款账户的，应在撤销其原基本存款账户后10日内申请重新开立基本存款账户。

（4）撤销银行账户的其他规定。

存款人尚未清偿其开户银行债务的，不得申请撤销该银行结算账户。对于按照账户管理规定应撤销而未办理销户手续的单位银行结算账户，银行通知该单位银行结算账户的存款人自发出通知之日起30日内办理销户手续，逾期视同自愿销户，未划转款项列入久悬未取专户管理。存款人撤销核准类银行结算账户时，应交回开户许可证。

（三）各类银行结算账户的开立和使用

1.基本存款账户。

（1）基本存款账户的概念。

基本存款账户是存款人因办理日常转账结算和现金收付需要开立的银行结算账户。下列存款人，可以申请开立基本存款账户：企业法人；非法人企业；机关、事业单位；团级（含）以上军队、武警部队及分散执勤的支（分）队；社会团体；民办非企业组织；异地常设机构；外国驻华机构；个体工商户；居民委员会、村民委员会、社区委员会；单位设立的独立核算的附属机构，包括食堂、招待所、幼儿园；其他组织，即按照现行的法律、行政法规规定可以成立的组织，如业主委员会、村民小组等组织；境外机构。

（2）基本存款账户的开户证明文件。

① 企业法人，应出具企业法人营业执照。

② 非法人企业，应出具企业营业执照。

③ 机关和实行预算管理的事业单位，应出具政府人事部门或编制委员会的批文或登记证书和财政部门同意其开户的证明。因年代久远、批文丢失等原因无法提供政府人事部门或编制委员会的批文或登记证书的，凭上级单位或主管部门出具的证明及财政部门同意其开户的证明开立基本存款账户。机关和实行预算管理的事业单位出具的政府人事部门或编制委员会的批文或登记证书上，有两个或两个以上的名称的，可以分别开立基本存款账户。非预算管理的事业单位，应出具政府人事部门或编制委员会的批文或登记证书。

④ 军队、武警团级（含）以上单位以及有关边防、分散执勤的支（分）队，应出具军队军级以上单位财务部门、武警总队财务部门的开户证明。

⑤ 社会团体，应出具社会团体登记证书，宗教组织还应出具宗教事务管理部门的批文或证明。

⑥ 民办非企业组织，应出具民办非企业登记证书。

⑦ 外地常设机构，应出具其驻在地政府主管部门的批文。对于已经取消对外地常设机构审批的省（市），应出具派出地政府部门的证明文件。

⑧ 外国驻华机构，应出具国家有关主管部门的批文或证明；外资企业驻华代表处、办事处，应出具国家登记机关颁发的登记证。

⑨ 个体工商户，应出具个体工商户营业执照。

⑩ 居民委员会、村民委员会、社区委员会，应出具其主管部门的批文或证明。

⑪ 单位附属独立核算的食堂、招待所、幼儿园，应出具其主管部门的基本存款账户开户许可证和批文。

⑫ 按照现行法律法规规定可以成立的业主委员会、村民小组等组织，应出具政府主管部门的批文或证明。

⑬ 境外机构，应出具其在境外合法注册成立的证明文件，及其在境内开展相关活动所依据的法规制度或政府主管部门的批准文件等开户资料。证明文件等开户资料为非中文的，还应同时提供对应的中文翻译。

开户时，应出具法定代表人或单位负责人有效身份证件。法定代表人或单位负责人授权他人办理的，还应出具法定代表人或单位负责人的授权书以及被授权人的有效身份证件。

（3）基本存款账户的使用。

基本存款账户是存款人的主办账户，一个单位只能开立一个基本存款账户。存款人日常经营活动的资金收付及其工资、奖金和现金的支取，应通过基本存款账户办理。

2.一般存款账户。

（1）一般存款账户的概念。

一般存款账户是存款人因借款或其他结算需要，在基本存款账户开户银行以外的银行营业机构开立的银行结算账户。

（2）一般存款账户的开户证明文件。

存款人申请开立一般存款账户，应向银行出具其开立基本存款账户规定的证明文件、基本存款账户开户许可证或企业基本存款账户编号，以及下列证明文件：

① 存款人因向银行借款需要，应出具借款合同。

② 存款人因其他结算需要，应出具有关证明。

（3）一般存款账户的使用。

一般存款账户用于办理存款人借款转存、借款归还和其他结算的资金收付。一般存款账户可以办理现金缴存，但不得办理现金支取。

3.专用存款账户。

（1）专用存款账户的概念。

专用存款账户是存款人按照法律、行政法规和规章，对其特定用途资金进行专项管理和使用而开立的银行结算账户。

（2）专用存款账户的适用范围。

专用存款账户适用于对下列资金的管理和使用：基本建设资金；更新改造资金；粮、棉、油收购资金；证券交易结算资金；期货交易保证金；信托基金；政策性房地产开发资金；住房基金；社会保障基金；收入汇缴资金和业务支出资金；党、团、工会设在单位的组织机构经费；其他需要专项管理和使用的资金。

（3）专用存款账户的开户证明文件。

存款人申请开立专用存款账户，应向银行出具其开立基本存款账户规定的证明文件、基本存款账户开户许可证或企业基本存款账户编号，以及下列证明文件：

① 基本建设资金、更新改造资金、政策性房地产开发资金、住房基金、社会保障基金，应出具主管部门批文。

② 粮、棉、油收购资金，应出具主管部门批文。

③ 证券交易结算资金，应出具证券公司或证券监督管理部门的证明。

④ 期货交易保证金，应出具期货公司或期货监督管理部门的证明。

⑤ 收入汇缴资金和业务支出资金，应出具基本存款账户存款人有关的证明。

⑥ 党、团、工会设在单位的组织机构经费，应出具该单位或有关部门的批文或证明。

⑦ 其他按规定需要专项管理和使用的资金，应出具有关法规、规章或政府部门的有关文件。

对于合格境外机构投资者在境内从事证券投资开立的人民币特殊账户和人民币结算资金账户，均纳入专用存款账户管理。其开立人民币特殊账户时，应出具国家外汇管理部门的批复文件；开立人民币结算资金账户时，应出具证券监督管理部门的证券投资业务许可证。

（4）专用存款账户的使用。

① 证券交易结算资金、期货交易保证金和信托基金专用存款账户不得支取现金。

② 基本建设资金、更新改造资金、政策性房地产开发资金账户需要支取现金的，应在开户时报中国人民银行当地分支机构批准。

③ 粮、棉、油收购资金，社会保障基金，住房基金和党、团、工会经费等专用存款账户支取现金，应按照国家现金管理的规定办理。银行应按照国家对粮、油收购资金使用管理的规定加强监督，不得办理不符合规定的资金收付和现金支取。

④ 收入汇缴资金和业务支出资金，是指基本存款账户存款人附属的非独立核算单位或派出机构发生的收入和支出的资金。收入汇缴账户除向其基本存款账户或预算外资金财政专用存款户划缴款项外，只收不付，不得支取现金。业务支出账户除从其基本存款账户拨入款项外，只付不收，其现金支取必须按照国家现金管理的规定办理。

4.预算单位零余额账户。

（1）预算单位零余额账户是指预算单位经财政部门批准，在国库集中支付代理银行和非税收入收缴代理银行开立的，用于办理国库集中收付业务的银行结算账户。预算单位零余额账户的性质为基本存款账户或专用存款账户。预算单位未开立基本存款账户，或原基本存款账户在国库集中支付改革后已经按照财政部门要求撤销的，经同级财政部门批准，预算单位零余额账户作为基本存款账户；除上述情况外，预算单位零余额账户作为专用存款账户。

（2）预算单位使用财政性资金，应当按照规定的程序和要求，向财政部门提出设立零余额账户的申请，财政部门同意预算单位开设零余额账户后通知代理银行。

（3）代理银行根据《人民币银行结算账户管理办法》的规定，具体办理开设预算单位零余额账户业务，并将所开账户的开户银行名称、账号等详细情况书面报告财政部门和中国人民银行，并由财政部门通知一级预算单位。

（4）预算单位根据财政部门的开户通知，具体办理预留印鉴手续。印鉴卡内容如有变更，预算单位应当及时通过一级预算单位向财政部门提出变更申请，办理印鉴卡更换手续。

（5）一个基层预算单位开设一个零余额账户。

（6）预算单位零余额账户用于财政授权支付，可以办理转账、提取现金等结算业务，可以向本单位按照账户管理规定保留的相应账户划拨工会经费、住房公积金及提租补贴以及财政部门批准的特殊款项，不得违反规定向本单位其他账户和上级主管单位及所属下级单位账户划拨资金。

5.临时存款账户。

（1）临时存款账户的概念。

临时存款账户是指存款人因临时需要并在规定期限内使用而开立的银行结算账户。

（2）临时存款账户的适用范围。

临时存款账户适用于下列情况：①设立临时机构，如工程指挥部、筹备领导小组、摄制组等；②异地临时经营活动，如建筑施工及安装单位等在异地的临时经营活动；③注册验资、增资；④军队、武警单位承担基本建设或者异地执行作战、演习、抢险救灾、应对突发事件等临时任务。

（3）临时存款账户的开户证明文件。

①临时机构，应出具其驻在地主管部门同意设立临时机构的批文。

②异地建筑施工及安装单位，应出具其营业执照正本或其隶属单位的营业执照正本，以及施工及安装地建设主管部门核发的许可证或建筑施工及安装合同。外国及我国港、澳、台地区建筑施工及安装单位，应出具行业主管部门核发的资质准入证明。

③异地从事临时经营活动的单位，应出具其营业执照以及临时经营地市场监督管理部门的批文。

④境内单位在异地从事临时活动的，应出具政府有关部门批准其从事该项活动的证明文件。

⑤境外（含我国港、澳、台地区）机构在境内从事经营活动的，应出具政府有关部门批准其从事该项活动的证明文件。

⑥军队、武警单位因执行作战、演习、抢险救灾、应对突发事件等任务需要开立银行账户时，开户银行应当凭军队、武警团级以上单位后勤（联勤）部门出具的批件或证明，先予开户并同时启用，后补办相关手续。

⑦注册验资资金，应出具市场监督管理部门核发的企业名称预先核准通知书或有关部门的批文。

⑧增资验资资金，应出具股东会或董事会决议等证明文件。

上述第②③④⑧项，还应出具基本存款账户开户许可证或基本存款账户编号，外国及我国港、澳、台地区建筑施工及安装单位除外。

（4）临时存款账户的使用。

临时存款账户用于办理临时机构以及存款人临时经营活动发生的资金收付。临时存款账户应根据有关开户证明文件确定的期限或存款人的需要确定其有效期限，最长不得超过2年。临时存款账户支取现金，应按照国家现金管理的规定办理。注册验资的临时存款账户，在验资期间只收不付。

6.个人银行结算账户。

（1）个人银行结算账户的概念。

个人银行结算账户是指存款人因投资、消费、结算等需要而凭个人身份证件以自然人名称开立的银行结算账户。个人银行结算账户分为Ⅰ类银行账户、Ⅱ类银行账户和Ⅲ类银行账户（以下分别简称Ⅰ类户、Ⅱ类户和Ⅲ类户）。银行可以通过Ⅰ类户为存款人提供存款、购买投资理财产品等金融产品、转账、消费和缴费支付、支取现金等服务。Ⅱ类户可以办理存款、购买投资理财产品等金融产品、限额消费和缴费、限额向非绑定账户转出资金业务。经银行柜面、自助设备加以银行工作人员现场面对面确认身份的，Ⅱ类户还可以办理存取现金、非绑定账户资金转入业务，可以配发银行卡实体卡片。非绑定账户转入资金、存入现金日累计限额合计为1万元、年累计限额合计为20万元；消费和缴费、向非绑定账户转出资金、取出现金日累计限额合计为1万元、年累计限额合计为20万元。银行可以向Ⅱ类户发放本银行贷款资金并通过Ⅱ类户还款，发放贷款和贷款资金归还，不受转账限额规定。Ⅲ类户可以办理限额消费和缴费、限额向非绑定账户转出资金业务。经银行柜面、自助设备加以银行工作人员现场面对面确认身份的，Ⅲ类户还可以办理非绑定账户资金转入业务。Ⅲ类户任一时点账户余额不得超过2 000元。

（2）个人银行结算账户的开户方式。

① 柜面开户。

通过柜面受理银行账户开户申请的，银行可为开户申请人开立Ⅰ类户、Ⅱ类户或Ⅲ类户。个人开立Ⅱ类户、Ⅲ类户，可以绑定Ⅰ类户或者信用卡账户进行身份验证，不得绑定非银行支付机构开立的支付账户进行身份验证。在银行柜面开立的，则无须绑定Ⅰ类户或者信用卡账户进行身份验证。

② 自助机具开户。

通过远程视频柜员机和智能柜员机等自助机具受理银行账户开户申请，银行工作人员现场核验开户申请人身份信息的，银行可为其开立Ⅰ类户；银行工作人员未现场核验开户申请人身份信息的，银行可为其开立Ⅱ类户或Ⅲ类户。

③ 电子渠道开户。

通过网上银行和手机银行等电子渠道受理银行账户开户申请的，银行可为开户申请人开立Ⅱ类户或Ⅲ类户。银行通过电子渠道非面对面为个人开立Ⅱ类户或Ⅲ类户时，应当向绑定账户开户行验证Ⅱ类户或Ⅲ类户与绑定账户为同一人开立，且开户申请人登记验证的手机号码应与绑定账户使用的手机号码保持一致，开立Ⅱ类户还应向绑定账户开户行验证绑定账户为Ⅰ类户或者信用卡账户。

（3）个人银行结算账户的亲自办理与代理办理。

开户申请人开立个人银行账户或者办理其他个人银行账户业务，原则上应当由开户申请人本人亲自办理；符合条件的，可以由他人代理办理。他人代理开立个人银行账户的，代理人应出具代理人、被代理人的有效身份证件以及合法的委托书等。银行认为有必要的，应要求代理人出具证明代理关系的公证书。

存款人开立代发工资、教育、社会保障（如社保、医保、军保）、公共管理（如公共事业、拆迁、捐助、助农扶农）等特殊用途个人银行账户时，可由所在单位代理办理。单位代理个人开立银行账户的，应提供单位证明材料、被代理人有效身份证件的复印件或影印件。单位代理开立的个人银行账户，在被代理人持本人有效身份证件到开户银行办理身份确认、密码设（重）置等激活手续前，该银行账户只收不付。

无民事行为能力或限制民事行为能力的开户申请人，由法定代理人或者人民法院有关部门依法指定的人员代理办理。因行动不便、无自理能力等无法自行前往银行的存款人办理挂失、密码重置、销户等业务时，银行可以通过与客户约定采取上门服务方式办理，也可以在风险可控并有效核实客户身份和意愿的前提下，由当事人委托代理人代为办理。

（4）个人银行结算账户的开户证明文件。

根据个人银行账户实名制的要求，存款人申请开立个人银行账户时，应向银行出具本人有效身份证件，银行通过有效身份证件仍无法准确判断开户申请人身份的，应要求其出具辅助身份证明材料。

有效身份证件包括：

① 在中华人民共和国境内已登记常住户口的中国公民为居民身份证；不满16周岁的，可以使用居民身份证或户口簿。

② 我国香港、澳门特别行政区居民为港澳居民来往内地通行证、港澳居民居住证。我国台湾地区居民为台湾居民来往大陆通行证、台湾居民居住证。

③ 国外的中国公民为中国护照。

④ 外国公民为护照或者外国人永久居留证（外国边民，按照边贸结算的有关规定办理）。

⑤ 法律、行政法规规定的其他身份证明文件。

辅助身份证明材料包括但不限于：

① 中国公民为户口簿、护照、机动车驾驶证、居住证、社会保障卡、军人和武装警察身份证件、公安机关出具的户籍证明、工作证。

② 我国香港、澳门特别行政区居民为香港、澳门特别行政区居民身份证、临时通行证。

③ 我国台湾地区居民为在台湾居住的有效身份证明。

④ 定居国外的中国公民为定居国外的证明文件。

⑤ 外国公民为外国居民身份证、使领馆人员身份证件或者机动车驾驶证等其他带有照片的身份证件。

⑥ 完税证明、水电煤缴费单等税费凭证。

军人、武装警察尚未领取居民身份证的，除出具军人和武装警察身份证件外，还应出具军人保障卡或所在单位开具的尚未领取居民身份证的证明材料。

（5）个人银行结算账户的使用。

个人银行结算账户用于办理个人转账收付和现金存取。下列款项可以转入个人银行结算账户：工资、奖金收入；稿费、演出费等劳务收入；债券、期货、信托等投资的本金和收益；个人债权或产权转让收益；个人贷款转存；证券交易结算资金和期货交易保证金；继承、赠与款项；保险理赔、保费退还等款项；纳税退还；农、副、矿产品销售收入；其他合法款项。

单位从其银行结算账户支付给个人银行结算账户的款项，每笔超过5万元的，应向其开户银行提供下列付款依据：

① 代发工资协议和收款人清单。

② 奖励证明。

③ 新闻出版、演出主办等单位与收款人签订的劳务合同或支付给个人款项的证明。

④ 证券公司、期货公司、信托投资公司、奖券发行或承销部门支付或退还给自然人款项的证明。

⑤ 债权或产权转让协议。

⑥ 借款合同。

⑦ 保险公司的证明。

⑧ 税收征管部门的证明。

⑨ 农、副、矿产品购销合同。

⑩ 其他合法款项的证明。

从单位银行结算账户支付给个人银行结算账户的款项应纳税的，税收代扣单位付款时，应向其开户银行提供完税证明。

当个人持出票人为单位的支票向开户银行委托收款，将款项转入其个人银行结算账户的，或个人持申请人为单位的银行汇票和银行本票向开户银行提示付款，将款项转入其个人银行结算账户的，个人应出具上述第①~⑩项中规定的有关收款依据。存款人应对其提供的收款依据或付款依据的真实性、合法性负责。

从单位银行结算账户向个人银行结算账户支付款项单笔超过5万元时，付款单位若在付款用途栏或备注栏注明事由，可不再另行出具付款依据，付款单位应对支付款项事由的真实性、合法性负责。但是，对于存在账户资金集中转入，分散转出，跨区域交易；账户资金快进快出，不留余额或者留下一定比例余额后转出，过渡性质明显；拆分交易，故意规避交易限额；账户资金金额较大，对外收付金额与单位经营规模、经营活动明显不符；其他可疑情形的交易，银行应关闭单位银行结算账户的网上银行转账功能，要求存款人到银行网点柜台办理转账业务，并出具书面付款依据或相关证明文件。如果存款人未提供相关依据或相关依据不符合规定的，银行应拒绝办理转账业务。

7.异地银行结算账户。

(1)异地银行结算账户的概念。

异地银行结算账户是存款人在其注册地或住所地行政区域之外(省、市、县)开立的银行结算账户。

(2)异地银行结算账户的适用范围。

异地银行结算账户适用于下列情形:

① 营业执照注册地与经营地不在同一行政区域(跨省、市、县)需要开立基本存款账户的;

② 办理异地借款和其他结算需要开立一般存款账户的;

③ 存款人因附属的非独立核算单位或派出机构发生的收入汇缴或业务支出需要开立专用存款账户的;

④ 异地临时经营活动需要开立临时存款账户的;

⑤ 自然人根据需要在异地开立个人银行结算账户的。

(3)异地银行结算账户的开户证明文件。

存款人需要在异地开立单位银行结算账户,除出具开立基本存款账户、一般存款账户、专用存款账户和临时存款账户规定的有关证明文件和基本存款账户开户许可证或企业基本存款账户编号外,还应出具下列相应的证明文件:

① 异地借款的存款人在异地开立一般存款账户的,应出具在异地取得贷款的借款合同。

② 因经营需要在异地办理收入汇缴和业务支出的存款人在异地开立专用存款账户的,应出具隶属单位的证明。

存款人需要在异地开立个人银行结算账户,应出具在住所地开立账户所需的证明文件。

(四)银行结算账户的管理

1.银行结算账户的实名制管理。

(1)存款人应以实名开立银行结算账户,并对其出具的开户(变更、撤销)申请资料实质内容的真实性负责,法律、行政法规另有规定的除外。

(2)存款人应按照账户管理规定使用银行结算账户办理结算业务,不得出租、出借银行结算账户,不得利用银行结算账户套取银行信用或进行洗钱活动。

2.银行结算账户资金的管理。

单位、个人和银行应当按照《人民币银行结算账户管理办法》和《企业银行结算账户管理办法》的规定开立、使用账户。在银行开立存款账户的单位和个人办理支付结算,账户内须有足够的资金保证支付。银行依法为单位、个人在银行开立的存款账户内的存款保密,维护其资金的自主支配权。对单位银行结算账户的存款和有关资料,除国家法律、行政法规另有规定外,银行有权拒绝任何单位或个人查询;对个人银行结算账户的存款和有关资料,除国家法律另有规定外,银行有权拒绝任何单位或个人查询;除国家法律另有规定外，银行不得为任何单位或者个人冻结、扣划款项，不得停止单位、个人存款的正常支付。

3.银行结算账户变更事项的管理。

存款人申请临时存款账户展期，变更、撤销单位银行结算账户以及补（换）发开户许可证时，可由法定代表人或单位负责人直接办理，也可授权他人办理。由法定代表人或单位负责人直接办理的，除出具相应的证明文件外，还应出具法定代表人或单位负责人的身份证件；授权他人办理的，除出具相应的证明文件外，还应出具法定代表人或单位负责人的身份证件及其出具的授权书，以及被授权人的身份证件。

4.存款人预留银行签章的管理。

（1）更换单位预留银行签章。

单位遗失预留公章或财务专用章的，应向开户银行出具书面申请、开户许可证、营业执照等相关证明文件；更换预留公章或财务专用章时，应向开户银行出具书面申请、原预留公章或财务专用章等相关证明文件。单位存款人申请更换预留公章或财务专用章但无法提供原预留公章或财务专用章的，应向开户银行出具原印鉴卡片、开户许可证、营业执照正本等相关证明文件。

单位存款人申请变更预留公章或财务专用章，可由法定代表人或单位负责人直接办理，也可授权他人办理。由法定代表人或单位负责人直接办理的，除出具相应的证明文件外，还应出具法定代表人或单位负责人的身份证件；授权他人办理的，除出具相应的证明文件外，还应出具法定代表人或单位负责人的身份证件及其出具的授权书，以及被授权人的身份证件。

（2）更换个人预留银行签章。

个人遗失或更换预留个人印章或更换签字人时，应向开户银行出具经签名确认的书面申请，以及原预留印章或签字人的个人身份证件。银行应留存相应的复印件，并凭此办理预留银行签章的变更。

单位存款人申请更换预留个人签章，可由法定代表人或单位负责人直接办理，也可授权他人办理。由法定代表人或单位负责人直接办理的，应出具加盖该单位公章的书面申请以及法定代表人或单位负责人的身份证件。授权他人办理的，应出具加盖该单位公章的书面申请、法定代表人或单位负责人的身份证件及其出具的授权书、被授权人的身份证件。无法出具法定代表人或单位负责人的身份证件的，应出具加盖该单位公章的书面申请、该单位出具的授权书以及被授权人的身份证件。

5.银行结算账户的对账管理。

银行结算账户的存款人应与银行按规定核对账务。存款人收到对账单或对账信息后，应及时核对账务并在规定期限内向银行发出对账回单或确认信息。

关键知识清单

1.银行结算账户的种类

2.银行结算账户的开立、变更和撤销

3.各类银行账户的开立和使用

4.银行结算账户的管理

三、任务实施

1.违规行为分析：一般存款账户用于办理存款人借款转存、借款归还和其他结算的资金收付，不得办理现金支取业务。该企业财务人员从一般存款账户支取现金用于发放工资和支付货款，明显违反了银行账户管理规定。

银行处理依据及合理性：银行要求企业立即整改并给予警告是合理的。根据《人民币银行结算账户管理办法》等相关规定，银行有权对违反账户管理规定的行为进行监督和纠正，以维护金融秩序和账户管理的规范性。

2.违规行为分析：基本存款账户是存款人因办理日常转账结算和现金收付需要开立的银行结算账户，不得出租、出借。该公司将基本存款账户出租给其他企业使用，不仅违反了账户管理规定，还可能导致资金安全风险和金融秩序混乱，尤其是资金来源和去向不明，可能涉及洗钱等违法活动。

银行处理依据及合理性：银行发现异常后进行调查核实并对出租账户的公司进行处罚，是依据相关法律法规和银行的账户管理规定。这种处理方式有助于防范金融风险，保护存款人和银行的合法权益，维护金融市场的正常秩序。

3.开户证明文件包括：①主体资格证明文件，加载统一社会信用代码的营业执照正本及复印件（体现公司名称、注册资本、经营范围、法定代表人等信息，并加盖公司公章）；②法定代表人身份证明，法定代表人张某的身份证原件及复印件（需要在有效期内，复印件需要注明"与原件一致"并加盖公司公章）；③授权委托书，法定代表人签署的授权委托书（明确授权王某办理开户事宜，注明授权范围，并加盖公司公章）；④公司印章公章、财务章、法定代表人名章（用于开户文件签署及印鉴预留）。其他辅助文件视银行要求提供公司章程、实际经营地址证明、特殊行业许可证等。

开户手续包括：填写开户申请表、提交开立单位银行结算账户申请书、提交材料核验、预留印鉴、签署账户管理协议、银行尽职调查、中国人民银行备案。

任务三　熟悉银行非现金支付业务

一、任务情景

（一）任务场景

1. A公司持有一张到期日为2022年2月27日的票据，未得到兑付后，A公司于2022年8月27日向其前B公司行使了票据追索权，产生票据时效中断的法律后果。但此后，直到2025年1月5日A公司才提起诉讼，其间无其他行使票据追索权的证据。法院认定

A公司对B公司的票据追索权时效于2022年8月27日中断并重新起算6个月。

2. 一张尾号为9324的电子商业承兑汇票，出票人和承兑人为乙公司，票据金额为50万元，到期日为2024年11月30日，丙公司背书转让给甲公司。甲公司于2024年12月1日提示丙公司付款，12月13日被拒付，甲公司称口头向丙公司追索但无证明。

（二）任务布置

1. 票据追索权时效是什么？"任务场景1"中的A公司是否还有对B公司的票据追索权？

2. 商业承兑汇票的追索时效是多久？"任务场景2"中的持票人甲公司是否还有追索权？为什么？

二、任务准备

我国银行非现金支付业务主要有票据类业务、汇兑和委托收款类业务、银行卡业务等传统结算业务，以及随着互联网技术发展而日益使用广泛的网上银行、手机银行、条码支付等新型银行电子支付业务。

（一）票据

1. 票据的分类。

票据有广义和狭义之分。广义的票据包括各种有价证券和凭证，如股票、企业债券、发票、提单等；狭义的票据，即《中华人民共和国票据法》（以下简称《票据法》）中规定的票据，包括汇票、支票和本票，是指由出票人签发的、约定自己或者委托付款人在见票时或指定的日期向收款人或持票人无条件支付一定金额的有价证券。票据的分类，如图4-1所示。

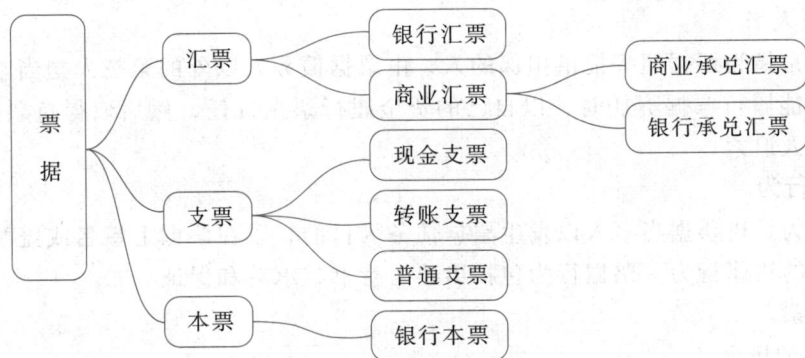

图4-1 票据的分类

2. 票据当事人。

票据当事人是指在票据法律关系中，享有票据权利、承担票据义务的主体。票据当事人分为基本当事人和非基本当事人。票据基本当事人是指在票据作成和交付时就已经存在的当事人，包括出票人、付款人和收款人。汇票和支票的基本当事人有出票人、收款人与付款人；本票的基本当事人有出票人与收款人。

（1）基本当事人。

① 出票人。

出票人是指依照法定方式签发票据并将票据交付给收款人的人。银行汇票的出票人为银行；商业汇票的出票人为银行以外的企业和其他组织；银行本票的出票人为出票银行；支票的出票人为在银行开立支票存款账户的企业、其他组织和个人。

② 付款人。

付款人是指由出票人委托付款或自行承担付款责任的人。商业承兑汇票的付款人是合同中应给付款项的一方当事人，也是该汇票的承兑人；银行承兑汇票的付款人是承兑银行；支票的付款人是出票人的开户银行。

③ 收款人。

收款人是指票据正面记载的到期后有权收取票据所载金额的人。

（2）非基本当事人。

非基本当事人是指在票据作成并交付后，通过一定的票据行为加入票据关系而享有一定权利、承担一定义务的当事人，包括承兑人、背书人、被背书人、保证人等。

① 承兑人。

承兑人是指接受汇票出票人的付款委托、同意承担支付票款义务的人，是汇票主债务人。

② 背书人与被背书人。

背书人是指在转让票据时，在票据背面或粘单上签字或盖章，并将该票据交付给受让人的票据收款人或持有人。被背书人是指被记名受让票据或接受票据转让的人。背书后，被背书人成为票据新的持有人，享有票据的所有权利。

③ 保证人。

保证人是指为票据债务提供担保的人，由票据债务人以外的第三人担当。保证人在被保证人不能履行票据责任时，以自己的资金履行票据责任，然后取得持票人的权利，向票据债务人追索。

3.票据行为。

票据行为是指票据当事人以发生票据债务为目的、以在票据上签名或盖章为权利义务成立要件的法律行为。票据行为包括出票、背书、承兑和保证。

（1）出票。

① 出票的概念。

出票是指出票人签发票据并将其交付给收款人的票据行为。出票包括两个行为：一是出票人依照《票据法》的规定作成票据，即在原始票据上记载法定事项并签章；二是交付票据，即将作成的票据交付给他人占有。这两者缺一不可。

② 出票的基本要求。

出票人必须与付款人具有真实的委托付款关系，并且具有支付票据金额的可靠资金来源，不得签发无对价的票据用以骗取银行或者其他票据当事人的资金。

③ 票据的记载事项。

出票人和其他票据行为当事人在票据上的记载事项，必须符合《票据法》等的规定。所谓票据记载事项，是指依法在票据上记载的票据相关内容。票据记载事项一般分为必须记载事项、相对记载事项、任意记载事项和记载不产生《票据法》上效力的事项等。必须记载事项也称必要记载事项，是指《票据法》明文规定必须记载的，如不记载，票据行为即为无效的事项。

相对记载事项是指除了必须记载事项外，《票据法》规定的其他应记载的事项，这些事项如果未记载，由法律另作相应规定予以明确，并不影响票据的效力。例如，《票据法》规定背书由背书人签章并记载背书日期。背书未记载日期的，视为在票据到期日前背书。这里的"背书日期"，就属于相对记载事项；未记载背书日期的，《票据法》视同背书日期为"到期日前"。

任意记载事项是指《票据法》不强制当事人必须记载而允许当事人自行选择，不记载时不影响票据效力，记载时则产生票据效力的事项。例如，出票人汇票上记载"不得转让"字样的，汇票不得转让，其中的"不得转让"事项即为任意记载事项。记载不产生《票据法》上的效力的事项，是指除了必须记载事项、相对记载事项、任意记载事项外，票据上还可以记载其他一些事项，但这些事项不具有票据效力，银行不负审查责任。例如，《票据法》第二十四条规定，汇票上可以记载本法规定事项以外的其他出票事项，但是该记载事项不具有汇票上的效力。

④ 出票的效力。

票据出票人制作票据，应当按照法定条件在票据上签章，并按照所记载的事项承担票据责任。出票人签发票据后，即承担该票据承兑或付款的责任。出票人在票据得不到承兑或付款时，应当向持票人清偿《票据法》第七十条、第七十一条规定的金额和费用（具体详见后文票据追索的内容）。

（2）背书。

① 背书的概念和种类。

背书是指在票据背面或者粘单上记载有关事项并签章的行为。以背书的目的为标准，将背书分为转让背书和非转让背书。转让背书是指以转让票据权利为目的的背书；非转让背书是指以授予他人行使一定的票据权利为目的的背书。非转让背书包括委托收款背书和质押背书。委托收款背书是指背书人委托被背书人行使票据权利的背书。委托收款背书的被背书人有权代背书人行使被委托的票据权利。但是，被背书人不得再以背书转让票据权利。质押背书是指以担保债务在票据上设定质权为目的的背书。被背书人依法实现其质权时，可以行使票据权利。

② 背书的记载事项。

背书由背书人签章并记载背书日期。背书未记载日期的，视为在票据到期日前背书。以背书转让或者以背书将一定的票据权利授予他人行使时，必须记载被背书人名称。背书人未记载被背书人名称即将票据交付他人的，持票人在票据被背书人栏内记载自己的名称，与背书人记载具有同等法律效力。

委托收款背书应记载"委托收款"字样、被背书人和背书人签章。质押背书应记载"质押"字样、质权人和出质人签章。

票据凭证不能满足背书人记载事项的需要，可以加附粘单，粘附于票据凭证上。粘单上的第一记载人，应当在票据和粘单的粘接处签章。

③ 背书的效力。

背书人以背书转让票据后，即承担保证其后手所持票据承兑和付款的责任。

以背书转让的票据，背书应当连续。持票人以背书的连续，证明其票据权利；非经背书转让，而以其他合法方式取得票据的，依法举证，证明其票据权利。

背书连续是指在票据转让中，转让票据的背书人与受让票据的被背书人在票据上的签章依次前后衔接。具体来说，第一背书人为票据收款人，最后持票人为最后背书的被背书人，中间的背书人为前手背书的被背书人。

④ 背书的特别规定。

其包括附条件背书、部分背书、禁转背书和期后背书。附条件背书是指背书附有条件。背书不得附有条件，背书时附有条件的，所附条件不具有票据上的效力。部分背书是指将票据金额的一部分转让的背书或者将票据金额分别转让给两人以上的背书。部分背书属于无效背书。禁转背书是指背书时记载了"不得转让"或类似字样；背书人在票据上记载"不得转让"或类似字样，其后手再背书转让的，原背书人对后手的被背书人不承担保证责任。期后背书是指票据被拒绝承兑、被拒绝付款或者超过付款提示期限后进行的背书。票据被拒绝承兑、被拒绝付款或者超过付款提示期限的，不得背书转让；背书转让的，背书人应当承担票据责任。

（3）承兑。

① 承兑的概念。

承兑是指汇票付款人承诺在汇票到期日支付汇票金额并签章的行为，仅适用于商业汇票。

② 承兑的程序。

承兑的程序包括提示承兑、受理承兑等。

A.提示承兑。

持票人向付款人出示汇票，并要求付款人承诺付款的行为。定日付款或者出票后定期付款的汇票，持票人应当在汇票到期日前向付款人提示承兑。见票后定期付款的汇票，持票人应当自出票日起1个月内向付款人提示承兑。汇票未按照规定期限提示承兑的，持票人丧失对其前手的追索权。

B.受理承兑。

付款人收到持票人提示承兑的汇票时，应当向持票人签发收到汇票的回单。回单上应当记明汇票提示承兑日期并签章。付款人对向其提示承兑的汇票，应当自收到提示承兑的汇票之日起3日内承兑或者拒绝承兑。

③ 承兑的记载事项。

付款人承兑汇票的，应当在汇票正面记载"承兑"字样和承兑日期并签章；见票后定期付款的汇票，应当在承兑时记载付款日期。汇票上未记载承兑日期的，应当以收到提示承兑的汇票之日起3日内的最后一日为承兑日期。

④ 承兑的效力。

付款人承兑汇票，不得附有条件；承兑附有条件的，视为拒绝承兑。付款人承兑汇票后，应当承担到期付款的责任。

（4）保证。

① 保证的概念。

保证是指票据债务人以外的人，为担保特定债务人履行票据债务而在票据上记载有关事项并签章的行为。

国家机关、以公益为目的的事业单位、社会团体作为票据保证人的，票据保证无效，但经国务院批准为使用外国政府或者国际经济组织贷款进行转贷，国家机关提供票据保证的除外。

② 保证的记载事项。

保证人必须在票据或者粘单上记载下列事项：表明"保证"的字样；保证人名称和住所；被保证人名称；保证日期；保证人签章。

保证人在票据或者粘单上未记载"被保证人名称"的，已承兑的票据，承兑人为被保证人；未承兑的票据，出票人为被保证人。保证人在票据或者粘单上未记载"保证日期"的，出票日期为保证日期。票据行为未记载日期的法律后果对照表见表4-1。

表4-1　　　　　　　　　　票据行为未记载日期的法律后果对照表

票据行为	法律后果
出票	票据无效
背书	视为票据到期日前背书
保证	出票日期为保证日期
承兑	以收到提示承兑的汇票之日起3日内的最后一日为承兑日

③ 保证责任的承担。

被保证的票据，保证人应当与被保证人对持票人承担连带责任。票据到期后得不到付款的，持票人有权向保证人请求付款，保证人应当足额付款。保证人为两人以上的，保证人之间承担连带责任。

④ 保证的效力。

保证人对合法取得票据的持票人所享有的票据权利，承担保证责任。但是，被保证人的债务因票据记载事项欠缺而无效的除外。保证不得附有条件，附有条件的，不影响对票据的保证责任。保证人清偿票据债务后，可以行使持票人对被保证人及其前手的追索权。

4.票据权利与责任。

（1）票据权利的概念和分类。

票据权利是指票据持票人向票据债务人请求支付票据金额的权利，包括付款请求权和票据追索权。

付款请求权是指持票人向汇票的承兑人、本票的出票人、支票的付款人出示票据要求付款的权利，是第一顺序权利。行使付款请求权的持票人可以是票据记载的收款人或最后的被背书人；担负付款义务的主要是主债务人。

票据追索权是指票据当事人行使付款请求权遭到拒绝或有其他法定原因存在时，向其前手请求偿还票据金额及其他法定费用的权利，是第二顺序权利。行使追索权的当事人除了票据记载的收款人和最后的被背书人外，还可能是代为清偿票据债务的保证人、背书人。

持票人可以不按照票据债务人的先后顺序，对其中任何一人、数人或者全体行使追索权。持票人对票据债务人中的一人或者数人已经进行追索的，对其他票据债务人仍可以行使追索权。被追索人清偿债务后，与持票人享有同一权利。

（2）票据权利的取得。

① 取得票据权利的基本要求。

签发、取得和转让票据，应当遵守诚实信用的原则，具有真实的交易关系和债权债务关系。票据的取得，必须给付对价，即应当给付票据双方当事人认可的相对应的代价。

但也有例外的情形，即如果是因为税收、继承、赠与可以依法无偿取得票据的，则不受给付对价的限制，但是所享有的票据权利不得优于其前手的权利。

② 取得票据享有票据权利与不享有票据权利的情形。

取得票据享有票据权利的情形如下：

A.依法接受出票人签发的票据；

B.依法接受背书转让的票据；

C.因税收、继承、赠与可以依法无偿取得的票据。

取得票据不享有票据权利的情形如下：

A.以欺诈、偷盗或者胁迫等手段取得票据的，或者明知有上述情形，出于恶意取得票据的；

B.持票人因重大过失取得不符合《票据法》规定的票据的。

（3）票据权利的行使与保全。

票据权利的行使是指持票人请求票据责任人支付票据金额的行为。例如，行使付款请求权以获得票款，行使追索权以请求清偿法定的金额和费用等。票据权利的保全是指持票人为了防止票据权利的丧失而采取的措施。例如，依据《票据法》规定，按照规定期限提示承兑、要求承兑人或付款人提供拒绝承兑或拒绝付款的证明以保全追索权等。

票据权利的保全行为大多也是票据权利的行使行为，所以，《票据法》通常对二者一并进行规定。票据权利的行使和保全的方法通常包括"按期提示"和"依法证明"两种。"按期提示"是指按照规定的期限向票据债务人提示票据，包括提示承兑或提示付款，以及时保全或行使追索权。例如，《票据法》第四十条规定，汇票未按照规定期限提示承兑的，持票人丧失对其前手的追索权；第七十九条规定，本票的持票人未按照规定期限提示见票的，丧失对出票人以外的前手的追索权。"依法证明"是指持票人为了证明自己曾经依法行使票据权利而遭受拒绝或者根本无法行使票据权利而以法律规定的时间和方式取得相关的证据。例如，《票据法》第六十五条规定，持票人不能出示拒绝证明、退票理由书或者未按照规定期限提供其他合法证明的，丧失对其前手的追索权。

对于票据权利的行使和保全的地点和时间，《票据法》统一规定：持票人对票据债务人行使票据权利，或者保全票据权利，应当在票据当事人的营业场所和营业时间内进行，票据当事人无营业场所的，应当在其住所进行。

（4）票据丧失的补救。

票据丧失是指票据因灭失（如不慎被烧毁）、遗失（如不慎丢失）、被盗等原因而使票据权利人脱离其对票据的占有。票据一旦丧失，票据的债权人不采取措施补救就不能阻止债务人向拾获者履行义务，从而造成正当票据权利人经济上的损失。因此，需要进行票据丧失的补救。票据丧失后，可以采取挂失止付、公示催告和普通诉讼三种方式进行补救。

① 挂失止付。

挂失止付是指失票人将丧失票据的情况通知付款人或代理付款人，由接受通知的付款人或代理付款人审查后暂停支付的一种方式。只有确定付款人或代理付款人的票据丧失时，才可进行挂失止付，具体包括已承兑的商业汇票、支票、填明"现金"字样和代理付款人的银行汇票以及填明"现金"字样的银行本票四种。挂失止付并不是票据丧失后采取的必经措施，而只是一种暂时的预防措施，最终要通过申请公示催告或提起普通诉讼来补救票据权利。其具体程序为：

A. 申请。失票人需要挂失止付的，应填写挂失止付通知书并签章。挂失止付通知书应当记载下列事项：票据丧失的时间、地点、原因；票据的种类、号码、金额、出票日期、付款日期、付款人名称、收款人名称；挂失止付人的姓名、营业场所或者住所以及联系方式。欠缺上述记载事项之一的，银行不予受理。

B. 受理。付款人或者代理付款人收到挂失止付通知书后，查明挂失票据确未付款时，应立即暂停支付。付款人或者代理付款人自收到挂失止付通知书之日起12日内没有收到人民法院的止付通知书的，自第13日起，不再承担止付责任，持票人提示付款即依法向持票人付款。付款人或者代理付款人在收到挂失止付通知书之前，已经向持票人付款的，不再承担责任。但是，付款人或者代理付款人以恶意或者重大过失付款的除外。承兑人或者承兑人开户行收到挂失止付通知书或者公示催告等司法文书并确认相关票据未付款的，应当于当日依法暂停支付并在上海票据交易所登记或者委托开户行登记相关信息。

② 公示催告。

公示催告是指在票据丧失后由失票人向人民法院提出申请，请求人民法院以公告方式通知不确定的利害关系人限期申报权利，逾期未申报者，则权利失效，而由人民法院通过除权判决宣告所丧失的票据无效的制度或程序。根据《票据法》的规定，失票人应当在通知挂失止付后的3日内，也可以在票据丧失后，依法向票据支付地人民法院申请公示催告。申请公示催告的主体必须是可以背书转让的票据的最后持票人。其具体程序为：

A. 申请。失票人申请公示催告的，应填写公示催告申请书，申请书应当载明下列内容：票面金额；出票人、持票人、背书人；申请的理由、事实；通知票据付款人或者代理付款人挂失止付的时间；付款人或者代理付款人的名称、通信地址、电话号码等。

B. 受理。人民法院决定受理公示催告申请，应当同时通知付款人及代理付款人停止支付，并自立案之日起3日内发出公告，催促利害关系人申报权利。付款人或者代理付款人收到人民法院发出的止付通知，应当立即停止支付，直至公示催告程序终结。非经发出止付通知的人民法院许可，擅自解付的，不得免除票据责任。例如，某基层人民法院在《人民法院报》上刊登了一则公示催告，公告甲银行网点承兑的一张300万元的银行承兑汇票丢失，公告期间为2021年3月1日至5月1日。2021年4月3日，该网点突然收到异地乙银行网点发来的该银行承兑汇票的委托收款，此时由于恰好在公示催告期间，甲银行网点不能对委托收款发来的银行承兑汇票付款，只能根据人民法院的止付通知拒绝付款。

C. 公告。人民法院决定受理公示催告申请后发布的公告，应当在全国性报纸或者其他媒体上刊登，并于同日公布于人民法院公告栏内。人民法院所在地有证券交易所的，还应当同日在该证券交易所公布。公告期间不得少于60日，且公示催告期间届满日不得早于票据付款日后15日。在公示催告期间，转让票据权利的行为无效，以公示催告的票据质押、贴现，因质押、贴现而接受该票据的持票人主张票据权利的，人民法院不予支持，但公示催告期间届满以后人民法院作出除权判决以前取得该票据的除外。

D. 判决。利害关系人应当在公示催告期间向人民法院申报。人民法院收到利害关系人的申报后，应当裁定终结公示催告程序，并通知申请人和支付人。申请人或者申报人可以向人民法院起诉，以主张自己的权利。没有人申报的，人民法院应当根据申请人的申请，作出除权判决，宣告票据无效。判决应当公告，并通知支付人。自判决公告之日起，申请人有权向支付人请求支付。利害关系人因正当理由不能在判决前向人民法院申报的，自知道或者应当知道判决公告之日起1年内，可以向作出判决的人民法院起诉。

③ 普通诉讼。

普通诉讼是指以丧失票据的人为原告，以承兑人或出票人为被告，请求人民法院判决其向失票人付款的诉讼活动。如果与票据上的权利有利害关系的人是明确的，无须公示催告，可按一般的票据纠纷向人民法院提起诉讼。

（5）票据权利时效。

票据权利时效是指票据权利在时效期限内不行使，即引起票据权利的丧失。根据不同的情况，将票据权利时效划分为2年、6个月、3个月。依照《票据法》规定，票据权利在表4-2所列的期限内不行使而消灭。

表4-2 　　　　　　　　　　　　　持票人票据权利时效对照表

票据种类	对出票人的权利	对承兑人的权利	对前手的追索权	对前手的再追索权
支票	自出票日起6个月	—	被拒绝付款之日起6个月	自清偿日或被提起诉讼之日起3个月
银行汇票	自出票日起2年	—	被拒绝付款之日起6个月	
银行本票	自出票日起2年	—	被拒绝付款之日起6个月	
商业汇票	自票据到期日起2年	自票据到期日起2年	被拒绝承兑或被拒绝付款之日起6个月	

① 持票人对票据的出票人和承兑人的权利，自票据到期日起2年。见票即付的汇票、本票，自出票日起2年。

② 持票人对支票出票人的权利，自出票日起6个月。规定支票的权利时效短于其他票据，是因为支票主要是一种短期支付工具，其权利的行使以迅速为宜，规定较短的时效，可以督促权利人及时行使票据权利。

③ 持票人对前手的追索权，自被拒绝承兑或者被拒绝付款之日起6个月。

④ 持票人对前手的再追索权，自清偿日或者被提起诉讼之日起3个月。

追索权的行使以获得拒绝付款证明或退票理由书等有关证明为前提。为了督促持票人及时获得这些证明，尽可能地在短期内结清因拒绝承兑或拒绝付款而产生的债务关系，快速实现持票人的票据权利，加快债权债务关系的清偿速度，促进社会经济关系的稳定。追索权的行使应当迅速及时，因此，《票据法》对于追索权规定了较短的时效。

如果持票人因超过票据权利时效或者因票据记载事项欠缺而丧失票据权利的，《票据法》为了保护持票人的合法权益，规定其仍享有民事权利，可以请求出票人或者承兑人返还其与未支付的票据金额相当的利益。

（6）票据责任。

票据责任是指票据债务人向持票人支付票据金额的义务，包括付款责任与清偿责任。在实务中，票据债务人承担票据义务，一般有以下四种情况：一是汇票承兑人因承兑而承担付款义务；二是本票出票人因出票而承担自己付款的义务；三是支票付款人在与出票人有资金关系时承担付款义务；四是汇票、本票、支票的背书人，汇票、支票的出票人，汇票、本票的保证人，在票据不获承兑或不获付款时的付款清偿义务。

① 提示付款。

持票人应按照规定期限提示付款，持票人未按照规定期限提示付款的，在作出说明后，承兑人或者付款人仍应当继续对持票人承担付款责任。通过委托收款银行或者通过票据交换系统向付款人提示付款的，视同持票人提示付款。本票持票人未按照规定提示付款的，丧失对出票人以外的前手的追索权；支票持票人超过提示付款期限提示付款的，付款人可以不予付款，付款人不予付款的，出票人仍应当对持票人承担票据责任。票据的提示付款期限见表4-3。

表4-3   **票据的提示付款期限**

票据种类	提示付款期限
支票	自出票日起10日
银行汇票	自出票日起1个月
银行本票	自出票日起最长不超过2个月
商业汇票	自票据到期日起10日

② 付款人付款。

持票人依照规定提示付款的，付款人必须在当日足额付款。付款人及其代理付款人付款时，应当审查票据背书的连续，并审查提示付款人合法身份证明或者有效证件。票据金额为外币的，按照付款日的市场汇价，以人民币支付。票据当事人对票据支付的货币种类另有约定的，从其约定。

③ 拒绝付款。

如果存在背书不连续等合理事由，票据债务人可以对票据债权人拒绝履行义务，这就是所谓的票据"抗辩"。票据债务人可以对不履行约定义务的与自己有直接债权债务关系的持票人进行抗辩，但不得以自己与出票人或者与持票人的前手之间的抗辩事由对抗持票人。但是，持票人明知存在抗辩事由而取得票据的除外。

④ 获得付款。

持票人获得付款的，应当在票据上签收，并将票据交给付款人。持票人委托银行收款的，受委托的银行将代收的票据金额转入持票人账户，视同签收。电子商业汇票的持票人可以委托接入机构即银行代为发出提示付款、逾期提示付款行为申请。

⑤ 相关银行的责任。

持票人委托的收款银行的责任，限于按照票据上记载事项将票据金额转入持票人账户。付款人委托的付款银行的责任，限于按照票据上记载事项从付款人账户支付票据金额。付款人及其代理付款人以恶意或者有重大过失付款的，应当自行承担责任。对定日付款、出票后定期付款或者见票后定期付款的票据，付款人在到期日前付款的，由付款人自行承担所产生的责任。

⑥ 票据责任解除。

付款人依法足额付款后，全体票据债务人的责任解除。

（7）票据追索。

① 票据追索适用的情形。

票据追索适用于两种情形，分别为到期后追索和到期前追索。

到期后追索是指票据到期被拒绝付款的，持票人对背书人、出票人以及票据的其他债务人行使的追索。

到期前追索是指票据到期日前，持票人对下列情形之一行使的追索：

A. 汇票被拒绝承兑的。

B. 承兑人或者付款人死亡、逃匿的。

C. 承兑人或者付款人被依法宣告破产的或者因违法被责令终止业务活动的。

② 被追索人的确定。

票据的出票人、背书人、承兑人和保证人对持票人承担连带责任。持票人行使追索权，可以不按照票据债务人的先后顺序，对其中任何一人、数人或者全体行使追索权。持票人对票据债务人中的一人或者数人已经进行追索的，对其他票据债务人仍可以行使追索权。

③ 追索的内容。

A. 持票人行使追索权，可以请求被追索人支付下列金额和费用：被拒绝付款的票据金额；票据金额自到期日或者提示付款日起至清偿日止，按照中国人民银行规定的利率计算的利息；取得有关拒绝证明和发出通知书的费用。被追索人清偿债务时，持票人应当交出票据和有关拒绝证明，并出具所收到利息和费用的收据。

B. 被追索人依照前述规定清偿后，可以向其他票据债务人行使再追索权，请求其他票据债务人支付下列金额和费用：已清偿的全部金额；前项金额自清偿日起至再追索清偿日止，按照中国人民银行规定的利率计算的利息；发出通知书的费用。行使再追索权的被追索人获得清偿时，应当交出票据和有关拒绝证明，并出具所收到利息和费用的收据。

④ 追索权的行使。

A. 获得有关证明。

持票人行使追索权时，应当提供被拒绝承兑或者被拒绝付款的有关证明。持票人提示承兑或者提示付款被拒绝的，承兑人或者付款人必须出具拒绝证明，或者出具退票理由书。未出具拒绝证明或者退票理由书的，应当承担由此产生的民事责任。

"拒绝证明"应当包括下列事项：被拒绝承兑、付款的票据的种类及其主要记载事项；拒绝承兑、付款的事实依据和法律依据；拒绝承兑、付款的时间；拒绝承兑人、拒绝付款人的签章。

"退票理由书"应当包括下列事项：所退票据的种类；退票的事实依据和法律依据；退票时间；退票人签章。

持票人因承兑人或者付款人死亡、逃匿或者其他原因，不能取得拒绝证明的，可以依法取得其他有关证明，包括医院或者有关单位出具的承兑人、付款人死亡的证明；司法机关出具的承兑人、付款人逃匿的证明；公证机关出具的具有拒绝证明效力的文书；承兑人自己作出并发布的表明其没有支付票款能力的公告。

承兑人或者付款人被人民法院依法宣告破产的，人民法院的有关司法文书具有拒绝证明的效力。承兑人或者付款人因违法被责令终止业务活动的，有关行政主管部门的处罚决定具有拒绝证明的效力。

持票人不能出示拒绝证明、退票理由书或者未按照规定期限提供其他合法证明的，丧失对其前手的追索权。但是，承兑人或者付款人仍应当对持票人承担责任。

B. 行使追索权。

持票人应当自收到被拒绝承兑或者被拒绝付款的有关证明之日起3日内，将被拒绝事由书面通知其前手；其前手应当自收到通知之日起3日内书面通知其再前手。持票人也可以同时向各票据债务人发出书面通知，该书面通知应当记明汇票的主要记载事项并说明该汇票已被退票。

未按照规定期限通知的，持票人仍可以行使追索权。因延期通知给其前手或者出票人造成损失的，由未按照规定期限通知的票据当事人承担对该损失的赔偿责任，但是，所赔偿的金额以汇票金额为限。在规定期限内将通知按照法定地址或者约定的地址邮寄的，视为已经发出通知。

C. 追索的效力。

被追索人依照规定清偿债务后，其责任解除，与持票人享有同一权利。

5. 银行汇票。

（1）银行汇票的概念和适用范围。

银行汇票是指出票银行签发的，由其在见票时按照实际结算金额无条件支付给收款人或者持票人的票据。出票银行为银行汇票的付款人。银行汇票可以用于转账，填明“现金”字样的银行汇票也可以用于支取现金。单位和个人的各种款项结算，均可以使用银行汇票，如图4-2所示。

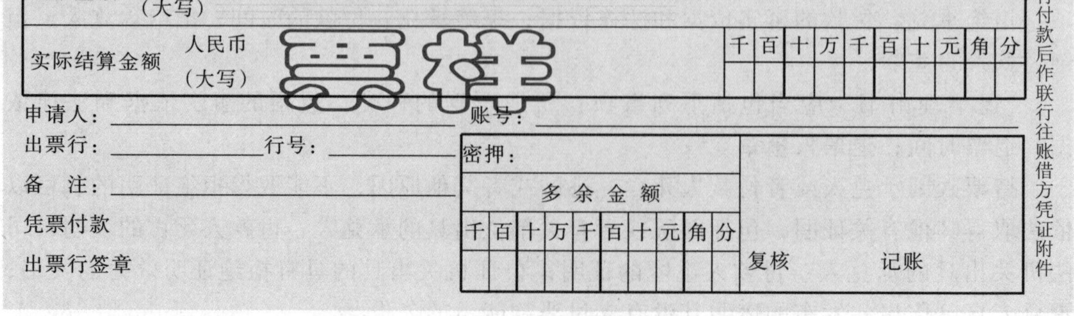
付款期限 壹个月

中国工商银行
银行汇票

2 地名 B0 A1 00000000

出票日期（大写） 年 月 日 代理付款行： 行号：

收款人： 账号：

出票金额 人民币（大写）

实际结算金额 人民币（大写） 千 百 十 万 千 百 十 元 角 分

申请人： 账号：

出票行： 行号： 密押：

备 注： 多余金额 千 百 十 万 千 百 十 元 角 分

凭票付款

出票行签章 复核 记账

此联代理付款行付款后作联行往账借方凭证附件

票样

图4-2 银行汇票

（2）银行汇票的出票。

① 申请。

申请人使用银行汇票，应向出票银行填写"银行汇票申请书"，填明收款人名称、汇票金额、申请人名称、申请日期等事项并签章，签章为其预留银行的签章。申请人和收款人均为个人，需要使用银行汇票向代理付款人支取现金的，申请人必须在"银行汇票申请书"上填明代理付款人名称，在"出票金额"栏先填写"现金"字样，后填写汇票金额。申请人或者收款人为单位的，不得在"银行汇票申请书"上填明"现金"字样。

② 签发并交付。

出票银行受理"银行汇票申请书"，收妥款项后签发银行汇票，并将银行汇票和解讫通知一并交付给申请人。签发银行汇票必须记载下列事项：表明"银行汇票"的字样；无条件支付的承诺；出票金额；付款人名称；收款人名称；出票日期；出票人签章。欠缺记载上列事项之一的，银行汇票无效。

签发现金银行汇票，申请人和收款人必须均为个人，收妥申请人交存的现金后，在银行汇票"出票金额"栏先填写"现金"字样，后填写出票金额，并填写代理付款人名称。申请人或者收款人为单位的，银行不得为其签发现金银行汇票。

申请人应将银行汇票和解讫通知一并交付给汇票上记明的收款人。收款人受理银行汇票时，应审查下列事项：银行汇票和解讫通知是否齐全、汇票号码和记载的内容是否一致；收款人是否确为本单位或本人；银行汇票是否在提示付款期限内；必须记载的事项是否齐全；出票人签章是否符合规定，大小写出票金额是否一致；出票金额、出票日期、收款人名称是否更改，更改的其他记载事项是否由原记载人签章证明。

③ 银行汇票的实际结算金额填写。

收款人受理申请人交付的银行汇票时，应在出票金额以内，根据实际需要的款项办理结算，并将实际结算金额和多余金额准确、清晰地填入银行汇票和解讫通知的有关栏内。银行汇票的实际结算金额低于出票金额的，其多余金额由出票银行退交申请人。未填明实际结算金额和多余金额或实际结算金额超过出票金额的，银行不予受理。银行汇票的实际结算金额一经填写不得更改，更改实际结算金额的银行汇票无效。

④ 银行汇票的背书。

被背书人受理银行汇票时，除按照收款人接受银行汇票进行相应的审查外，还应审查下列事项：

A.银行汇票是否记载实际结算金额，有无更改，其金额是否超过出票金额。

B.背书是否连续，背书人签章是否符合规定，背书使用粘单的是否按规定签章。

C.背书人为个人的身份证件。

银行汇票的背书转让以不超过出票金额的实际结算金额为准。未填写实际结算金额或实际结算金额超过出票金额的，银行汇票不得背书转让。

⑤ 银行汇票的提示付款。

银行汇票的提示付款期限自出票日起1个月。持票人超过付款期限提示付款的，代理付款人不予受理。持票人向银行提示付款时，须同时提交银行汇票和解讫通知，缺少任何一联，银行不予受理。持票人超过期限向代理付款银行提示付款却不获付款的，须在票据权利时效内向出票银行作出说明，并提供本人身份证件或单位证明，持银行汇票和解讫通知向出票银行请求付款。

在银行开立存款账户的持票人向开户银行提示付款时，应在汇票背面"持票人向银行提示付款签章"处签章，签章须与预留银行签章相同，并将银行汇票和解讫通知、进账单送交开户银行。未在银行开立存款账户的个人持票人，可以向任何一家银行机构提示付款。提示付款时，应在汇票背面"持票人向银行提示付款签章"处签章，并填明本人身份证件名称、号码及发证机关，由其本人向银行提交身份证件及其复印件。

⑥ 银行汇票的退款和丧失。

申请人因银行汇票超过付款提示期限或其他原因要求退款时，应将银行汇票和解讫通知同时提交到出票银行。申请人为单位的，应出具该单位的证明；申请人为个人的，应出具本人的身份证件。对于代理付款银行查询的要求退款的银行汇票，银行汇票提示付款期满后方能办理退款。出票银行对于转账银行汇票的退款，只能转入原申请人账户；对于符合规定填明"现金"字样银行汇票的退款，才能退付现金。申请人缺少解讫通知要求退款的，出票银行应于银行汇票提示付款期满1个月后办理。

银行汇票丧失，失票人可以凭人民法院出具的其享有票据权利的证明，向出票银行请求付款或退款。

6.商业汇票。

（1）商业汇票的概念、种类和适用范围。

商业汇票是指出票人签发的，委托付款人在指定日期无条件支付确定的金额给收款人或者持票人的票据。商业汇票按照承兑人的不同，分为商业承兑汇票和银行承兑汇票。银行承兑汇票由银行承兑，商业承兑汇票由银行以外的付款人承兑。电子商业汇票是指出票人依托上海票据交易所电子商业汇票系统（以下简称电子商业汇票系统），以数据电文形式制作的，委托付款人在指定日期无条件支付确定的金额给收款人或者持票人的票据。电子银行承兑汇票由银行业金融机构、财务公司承兑；电子商业承兑汇票由金融机构以外的法人或其他组织承兑。电子商业汇票的出票、承兑、背书、保证、提示付款和追索等业务，必须通过电子商业汇票系统办理。商业汇票的付款人为承兑人。在银行开立存款账户的法人及其他组织之间的结算，才能使用商业汇票。

（2）商业汇票的出票。

① 出票人的资格条件。

商业承兑汇票的出票人，为在银行开立存款账户的法人以及其他组织，并与付款人具有真实的委托付款关系，具有支付汇票金额的可靠资金来源。银行承兑汇票的出票人，必须是在承兑银行开立存款账户的法人以及其他组织，并与承兑银行具有真实的委托付款关系，资信状况良好，具有支付汇票金额的可靠资金来源。出票人办理电子商业汇票业务，还应同时具备签约开办对公业务的企业网银等电子服务渠道，与银行签订《电子商业汇票业务服务协议》。单张出票金额在100万元以上的商业汇票，原则上应全部通过电子商业汇票办理；单张出票金额在300万元以上的商业汇票，应全部通过电子商业汇票办理。

② 出票人的确定。

商业承兑汇票可以由付款人签发并承兑，也可以由收款人签发交由付款人承兑。银行承兑汇票应由在承兑银行开立存款账户的存款人签发。

（3）出票的记载事项。

签发商业汇票必须记载下列事项：表明"商业承兑汇票"或"银行承兑汇票"的字样、无条件支付的委托、确定的金额、付款人名称、收款人名称、出票日期、出票人签章。欠缺记载上述事项之一的，商业汇票无效。其中，出票人签章为该单位的财务专用章或者公章加其法定代表人或其授权的代理人的签名或者盖章。电子商业汇票信息以电子商业汇票系统的记录为准。电子商业汇票出票必须记载下列事项：表明"电子银行承兑汇票"或"电子商业承兑汇票"的字样、无条件支付的委托、确定的金额、出票人名称、付款人名称、收款人名称、出票日期、票据到期日、出票人签章。

商业汇票的付款期限记载有以下三种形式：

A. 定日付款，付款期限在汇票上记载具体的到期日。

B. 出票后定期付款，付款期限自出票日起按月计算，并在汇票上记载。

C. 见票后定期付款，付款期限自承兑或拒绝承兑日起按月计算，并在汇票上记载。

电子商业汇票的付款期限，只允许进行定日付款的记载。

纸质商业汇票的付款期限，最长不得超过6个月。电子商业汇票的付款期限自出票日起至到期日止，最长不得超过6个月。

（4）商业汇票的承兑。

商业汇票可以在出票时向付款人提示承兑后使用，也可以在出票后先使用再向付款人提示承兑。付款人拒绝承兑的，必须出具拒绝承兑的证明。付款人承兑汇票后，应当承担到期付款的责任。

银行承兑汇票的出票人或持票人向银行提示承兑时，银行的信贷部门负责按照有关规定和审批程序，对出票人的资格、资信、购销合同和汇票记载的内容进行认真审查，必要时可由出票人提供担保。对资信良好的企业申请电子商业汇票承兑的，金融机构可通过审查合同、发票等材料的影印件，企业电子签名的方式，对电子商业汇票的真实交易关系和债权债务关系进行在线审核。对电子商务企业申请电子商业汇票承兑的，金融机构可通过审查电子订单或电子发票的方式，对电子商业汇票的真实交易关系和债权债务关系进行在线审核。符合规定和承兑条件的，与出票人签订承兑协议。银行承兑汇票的承兑银行，应按票面金额的一定比例向出票人收取手续费，银行承兑汇票手续费为市场调节价。

（5）商业汇票的信息登记。

纸质票据贴现前，金融机构办理承兑、质押、保证等业务，应当不晚于业务办理的次一工作日在上海票据交易所完成相关信息登记工作。纸质商业承兑汇票完成承兑后，承兑人开户行应当根据承兑人委托代其进行承兑信息登记。承兑信息未能及时登记的，持票人有权要求承兑人补充登记承兑信息。纸质票据票面信息与登记信息不一致的，以纸质票据票面信息为准。电子商业汇票签发、承兑、质押、保证、贴现等信息，应通过电子商业汇票系统同步传送至票据市场基础设施。

（6）商业汇票的信息披露。

商业承兑汇票的承兑人应当于承兑完成日次一工作日内，在中国人民银行认可的票据信息披露平台上披露每张票据的承兑相关信息，包括出票日期、承兑日期、票据号码、出票人名称、承兑人名称、承兑人社会信用代码、票面金额、票据到期日等。承兑人应当于每月前10日内披露承兑信用信息，包括累计承兑发生额、承兑余额、累计逾期发生额、逾期余额等。承兑人对披露信息的真实性、准确性、及时性和完整性负责。企业签收商业承兑汇票前，可以通过票据信息披露平台查询票据承兑信息，加强风险识别与防范。

（7）商业汇票的贴现。

① 贴现的概念。

贴现是指票据持票人在票据未到期前为获得现金向银行贴付一定利息而发生的票据转让行为。贴现按照交易方式，分为买断式和回购式。

② 贴现的基本规定。

A.贴现条件。

商业汇票的持票人向银行办理贴现必须具备下列条件：票据未到期、票据未记载"不得转让"事项、在银行开立存款账户的企业法人以及其他组织、与出票人或者直接前手之间具有真实的商品交易关系。电子商业汇票贴现必须记载下列事项：贴出人名称、贴入人名称、贴现日期、贴现类型、贴现利率、实付金额、贴出人签章。

B.贴现方式。

电子商业汇票回购式贴现赎回应作成背书，并记载原贴出人名称、原贴入人名称、赎回日期、赎回利率、赎回金额、原贴入人签章。

贴现人办理纸质票据贴现时，应当通过票据市场基础设施查询票据承兑信息，并在确认纸质票据必须记载事项与已登记承兑信息一致后，为贴现申请人办理贴现，贴现申请人无须提供合同、发票等资料；信息不存在或者纸质票据必须记载事项与已登记承兑信息不一致的，不得办理贴现。贴现人办理纸质票据贴现后，应当在票据上记载"已电子登记权属"字样，该票据不再以纸质形式进行背书转让、设立质押或者其他交易行为。贴现人应当对纸质票据妥善保管。已贴现票据，应当通过票据市场基础设施办理背书转让、质押、保证、提示付款等票据业务。

贴现人可以按照市场化原则选择商业银行对纸质票据进行保证增信。保证增信行对纸质票据进行保管，并为贴现人的偿付责任进行先行偿付。

纸质票据贴现后，其保管人可以向承兑人发起付款确认。付款确认可以采用实物确认或者影像确认，两者具有同等效力。实物确认是指票据保管人将票据实物送达承兑人或者承兑人开户行，由承兑人在对票据真实性和背书连续性审查的基础上，对到期付款责任进行确认。影像确认是指票据保管人将票据影像信息发送至承兑人或者承兑人开户行，由承兑人在对承兑信息和背书连续性审查的基础上，对到期付款责任进行确认。承兑人要求实物确认的，银行承兑汇票保管人应当将票据送达承兑人，实物确认后，纸质票据由其承兑人代票据权利人妥善保管；商业承兑汇票保管人应当将票据通过承兑人开户行送达承兑人进行实物确认，实物确认后，纸质票据由商业承兑汇票开户行代票据权利人妥善保管。承兑人收到票据影像确认请求或者票据实物后，应当在3个工作日内作出或者委托其开户行作出同意或者拒绝到期付款的应答。拒绝到期付款的，应当说明理由。电子商业汇票一经承兑，即视同承兑人已经进行付款确认。

承兑人或者承兑人开户行进行付款确认后，除挂失止付、公示催告等合法抗辩情形外，应当在持票人提示付款后付款。

C.贴现利息的计算。

贴现的期限从其贴现之日起至汇票到期日止。实付贴现金额按票面金额扣除贴现日至汇票到期前1日的利息计算。承兑人在异地的纸质商业汇票，贴现的期限以及贴现利息的计算应当另加3日的划款日期。

D.贴现的收款。

贴现到期，贴现银行应向付款人收取票款。不获付款的，贴现银行应向其前手追索票款。贴现银行追索票款时，可以从申请人的存款账户直接收取票款。办理电子商业汇票贴现以及提示付款业务，可以选择票款兑付方式或同城票据交换、通存通兑、汇兑等方式清算票据资金。

电子商业汇票当事人在办理回购式贴现业务时，应当明确赎回开放日、赎回截止日。

（8）商业汇票的到期处理。

① 票据到期后偿付顺序。

票据到期后偿付顺序如下：

A.票据未经承兑人付款确认和保证增信即交易的，若承兑人未付款，应当由贴现人先行偿付。该票据在交易后又经承兑人付款确认的，应当由承兑人付款；若承兑人未付款，应当由贴现人先行偿付。

B.票据经承兑人付款确认且未保证增信即交易的，应当由承兑人付款；若承兑人未付款，应当由贴现人先行偿付。

C.票据保证增信后即交易且未经承兑人付款确认的，若承兑人未付款，应当由保证增信行先行偿付；保证增信行未偿付的，应当由贴现人先行偿付。

D.票据保证增信后且经承兑人付款确认的，应当由承兑人付款；若承兑人未付款，应当由保证增信行先行偿付；保证增信行未偿付的，应当由贴现人先行偿付。

② 提示付款。

商业汇票的提示付款期限自汇票到期日起10日，持票人应当在提示付款期限内向付款人提示付款。

A.持票人在提示付款期限内通过票据市场基础设施提示付款的，承兑人应当在提示付款当日进行应答或者委托其开户银行进行应答。承兑人存在合法抗辩事由拒绝付款的，应当在提示付款当日出具或者委托其开户银行出具拒绝付款证明，并通过票据市场基础设施通知持票人。承兑人或者承兑人开户银行在提示付款当日未作出应答的，视为拒绝付款，票据市场基础设施提供拒绝付款证明并通知持票人。银行承兑汇票的承兑人已于到期日前进行付款确认的，票据市场基础设施应当根据承兑人的委托于提示付款日代承兑人发送指令划付资金至持票人资金账户。

B.纸质商业汇票的持票人在提示付款期限内通过开户银行委托收款或直接向付款人提示付款的，对异地委托收款的，持票人可匡算邮程，提前通过开户银行委托收款。超过提示付款期限提示付款的，持票人开户银行不予受理，但在作出说明后，承兑人或者付款人仍应当继续对持票人承担付款责任。商业承兑汇票的付款人开户银行收到通过委托收款寄来的汇票，将汇票留存并通知付款人。付款人收到开户银行的付款通知，应在当日通知银行付款。付款人自接到通知的次日起3日内（遇法定休假日顺延，下同）未通知银行付款的，视同付款人承诺付款。付款人提前收到由其承兑的商业汇票，应通知银行于汇票到期日付款。银行应于汇票到期日将票款划给持票人。付款人存在合法抗辩事由拒绝付款的，应自接到通知的次日起3日内，作出拒绝付款证明送交开户银行，银行将拒绝付款证明和商业承兑汇票邮寄持票人开户银行转交持票人。纸质银行承兑汇票的承兑银行应于汇票到期日或到期日后的见票当日支付票款。承兑银行存在合法抗辩事由拒绝支付的，应自接到商业汇票的次日起3日内作出拒绝付款证明，连同银行承兑汇票邮寄持票人开户银行转交持票人。

C.银行承兑汇票的出票人应于汇票到期日前将票款足额交存其开户银行。银行承兑汇票的出票人于汇票到期日未能足额交存票款时，承兑银行付款后，对出票人尚未支付的汇票金额按照每天5‰计收利息。保证增信行或者贴现人承担偿付责任时，应当委托票据市场基础设施代其发送指令划付资金至持票人资金账户。

7.银行本票。

（1）本票的概念和适用范围。

本票是指出票人签发的，承诺自己在见票时无条件支付确定的金额给收款人或者持票人的票据。在我国，本票仅限于银行本票，即银行出票、银行付款。银行本票可以用于转账，注明"现金"字样的银行本票可以用于支取现金。单位和个人在同一票据交换区域需要支付各种款项，均可以使用银行本票。

（2）银行本票的出票。

① 申请。

申请人使用银行本票，应向银行填写"银行本票申请书"，填明收款人名称、申请人名称、支付金额、申请日期等事项并签章。申请人和收款人均为个人需要支取现金的，应在"金额"栏先填写"现金"字样，后填写支付金额。

②受理。

出票银行受理"银行本票申请书"，收妥款项，签发银行本票交付给申请人。签发银行本票必须记载下列事项：表明"银行本票"的字样；无条件支付的承诺；确定的金额；收款人名称；出票日期；出票人签章。欠缺记载上列事项之一的，银行本票无效。

申请人或收款人为单位的，银行不得为其签发现金银行本票。

出票银行必须具有支付本票金额的可靠资金来源，并保证支付。

③交付。

申请人应将银行本票交付给本票上记明的收款人。收款人受理银行本票时，应审查下列事项：

A.收款人是否确为本单位或本人。

B.银行本票是否在提示付款期限内。

C.必须记载的事项是否齐全。

D.出票人签章是否符合规定，大小写出票金额是否一致。

E.出票金额、出票日期、收款人名称是否更改，更改的其他记载事项是否由原记载人签章证明。

（3）银行本票的付款。

银行本票见票即付。银行本票的提示付款期限自出票日起最长不得超过2个月。本票的出票人在持票人提示见票时，必须承担付款的责任。持票人超过提示付款期限不获付款的，在票据权利时效内向出票银行作出说明，并提供本人身份证件或单位证明，可持银行本票向出票银行请求付款。

在银行开立存款账户的持票人向开户银行提示付款时，应在银行本票背面"持票人向银行提示付款签章"处签章，签章须与预留银行签章相同，并将银行本票、进账单送交开户银行。银行审查无误后，办理转账。

未在银行开立存款账户的个人持票人，凭注明"现金"字样的银行本票向出票银行支取现金的，应在银行本票背面签章，记载本人身份证件名称、号码及发证机关，并交验本人身份证件及其复印件。

（4）银行本票的退款和丧失。

申请人因银行本票超过提示付款期限或其他原因要求退款时，应将银行本票提交到出票银行。申请人为单位的，应出具该单位的证明；申请人为个人的，应出具本人的身份证件。出票银行对于在本行开立存款账户的申请人，只能将款项转入原申请人账户；对于现金银行本票和未在本行开立存款账户的申请人，才能退付现金。

银行本票丧失，失票人可以凭人民法院出具的其享有票据权利的证明，向出票银行请求付款或退款。

8.支票。

（1）支票的概念、种类和适用范围。

① 支票的概念。

支票是指出票人签发的、委托办理支票存款业务的银行在见票时无条件支付确定的金额给收款人或者持票人的票据。支票的基本当事人包括：出票人、付款人和收款人。出票人即存款人，是在批准办理支票业务的银行机构开立可以使用支票的存款账户的单位和个人；付款人是出票人的开户银行；持票人是票面上填明的收款人，也可以是经背书转让的被背书人。

② 支票的种类。

支票可以分为现金支票、转账支票和普通支票三种。

支票上印有"现金"字样的为现金支票，如图4-3所示。现金支票只能用于支取现金。

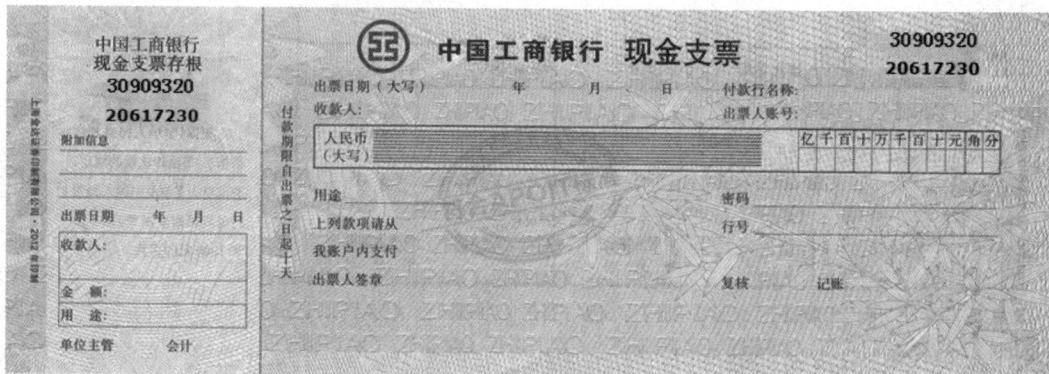

图4-3 现金支票

支票上印有"转账"字样的为转账支票，如图4-4所示。转账支票只能用于转账。

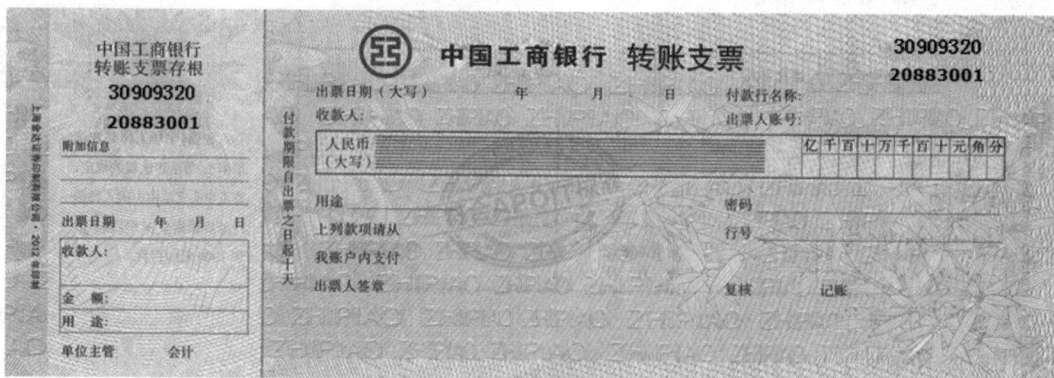

图4-4 转账支票

支票上未印有"现金"或"转账"字样的为普通支票，如图4-5所示。普通支票既可以用于支取现金，也可以用于转账。在普通支票左上角划两条平行线的，为划线支票。划线支票只能用于转账，不得支取现金。

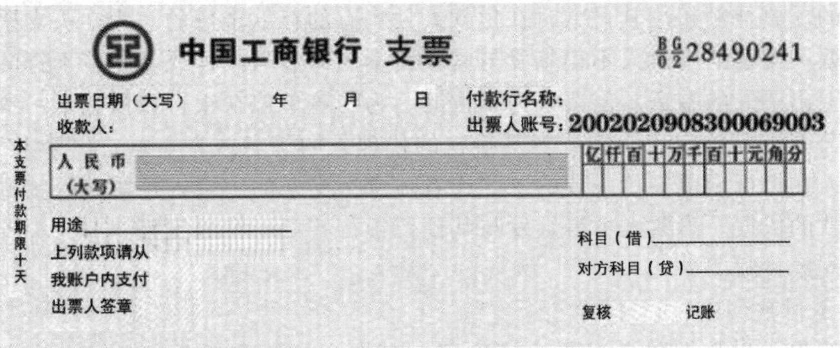
中国工商银行　支票　$\frac{BG}{02}$28490241

出票日期（大写）　年　月　日　付款行名称：

收款人：　出票人账号：2002020908300069003

本支票付款期限十天

人民币（大写）　亿 仟 百 十 万 千 百 十 元 角 分

用途

上列款项请从

我账户内支付

出票人签章

科目（借）

对方科目（贷）

复核　记账

图4-5　普通支票

支票的种类与特点比较见表4-4。

表4-4　支票的种类与特点比较

种类	特点	备注
现金支票	印有“现金”字样，只能用于支取现金	
转账支票	印有“转账”字样，只能用于转账	
普通支票	未印有“现金”“转账”字样，既可用于支取现金，也可用于转账	左上角划两条平行线的，为划线支票。划线支票只能用于转账，不能支取现金

③ 支票的适用范围。

单位和个人在同一票据交换区域的各种款项结算，均可以使用支票。使用支票影像交换系统，实现支票全国通用。

（2）支票的出票。

① 开立支票存款账户。

开立支票存款账户，申请人必须使用本名，提交证明其身份的合法证件，并应当预留其本名的签名式样和印鉴。

② 出票。

A. 支票的记载事项。

签发支票必须记载下列事项：表明“支票”的字样；无条件支付的委托；确定的金额；付款人名称；出票日期；出票人签章。支票上未记载上述规定事项之一的，支票无效。其中，支票的付款人名称为支票上记载的出票人开户银行。

支票的金额、收款人名称，可以由出票人授权补记，未补记前不得背书转让和提示付款。支票上未记载付款地的，付款人的营业场所为付款地。支票上未记载出票地的，出票人的营业场所、住所或者经常居住地为出票地。出票人可以在支票上记载自己为收款人。

B. 签发支票的注意事项。

支票的出票人所签发的支票金额不得超过其付款时在付款人处实有的存款金额。出票人签发的支票金额超过其付款时在付款人处实有的存款金额的，为空头支票。禁止签发空头支票。支票的出票人不得签发与其预留本名的签名式样或者印鉴不符的支票。

支票上出票人的签章，出票人为单位的，为与该单位在银行预留签章一致的财务专用章或者公章加其法定代表人或者其授权的代理人的签名或者盖章；出票人为个人的，为与该个人在银行预留签章一致的签名或者盖章。支票的出票人预留银行签章是银行审核支票付款的依据。出票人不得签发与其预留银行签章不符的支票。

（3）支票付款。

① 提示付款。

支票的提示付款期限自出票日起10日。持票人可以委托开户银行收款或直接向付款人提示付款。用于支取现金的支票，仅限于收款人向付款人提示付款。

持票人委托开户银行收款时，应作委托收款背书，在支票背面背书人签章栏签章，记载"委托收款"字样、背书日期，在被背书人栏记载开户银行名称，并将支票和填制的进账单送交开户银行。持票人持用于转账的支票向付款人提示付款时，应在支票背面背书人签章栏签章，并将支票和填制的进账单送交出票人开户银行。收款人持用于支取现金的支票向付款人提示付款时，应在支票背面"收款人签章"处签章，持票人为个人的，还须交验本人身份证件，并在支票背面注明证件名称、号码及发证机关。

② 付款。

出票人必须按照签发的支票金额承担保证向该持票人付款的责任。出票人在付款人处的存款足以支付支票金额时，付款人应当在见票当日足额付款。

付款人依法支付支票金额的，对出票人不再承担受委托付款的责任，对持票人不再承担付款的责任。但是，付款人以恶意付款或者有重大过失付款的除外。

（二）汇兑和委托收款

1.汇兑。

（1）汇兑的概念和种类。

汇兑是指汇款人委托银行将其款项支付给收款人的结算方式。汇兑可以分为信汇、电汇两种。单位和个人的各种款项结算，均可以使用汇兑结算方式。

（2）办理汇兑的程序。

① 签发汇兑凭证。

签发汇兑凭证必须记载下列事项：表明"信汇"或"电汇"的字样；无条件支付的委托；确定的金额；收款人名称；汇款人名称；汇入地点、汇入行名称；汇出地点、汇出行名称；委托日期；汇款人签章。汇兑凭证记载的汇款人、收款人在银行开立存款账户的，必须记载其账号。

② 银行受理。

汇出银行受理汇款人签发的汇兑凭证，经审查无误后，应及时向汇入银行办理汇款，并向汇款人签发汇款回单。汇款回单只能作为汇出银行受理汇款的依据，不能作为该笔汇款已转入收款人账户的证明。

③ 汇入处理。

汇入银行对开立存款账户的收款人，应将汇入的款项直接转入收款人账户，并向其发出收账通知。收账通知是银行将款项确已收入收款人账户的凭据。

（3）汇兑的撤销。

汇款人对汇出银行尚未汇出的款项可以申请撤销。申请撤销时，应出具正式函件或本人身份证件及原信、电汇回单。

2.委托收款。

（1）委托收款的概念和适用范围。

委托收款是指收款人委托银行向付款人收取款项的结算方式。单位和个人凭已承兑的商业汇票、债券、存单等付款人债务证明办理款项的结算，均可以使用委托收款结算方式。委托收款在同城、异地，均可以使用。

（2）办理委托收款的程序。

① 签发委托收款凭证。

签发委托收款凭证必须记载下列事项：表明"委托收款"的字样；确定的金额；付款人名称；收款人名称；委托收款凭据名称及附寄单证张数；委托日期；收款人签章。欠缺记载上列事项之一的，银行不予受理。

委托收款以银行以外的单位为付款人的，委托收款凭证必须记载付款人开户银行名称；以银行以外的单位或在银行开立存款账户的个人为收款人的，委托收款凭证必须记载收款人开户银行名称；未在银行开立存款账户的个人为收款人的，委托收款凭证必须记载被委托银行名称。欠缺记载的，银行不予受理。

② 委托。

收款人办理委托收款，应向银行提交委托收款凭证和有关的债务证明。

③ 付款。

银行接到寄来的委托收款凭证及债务证明，经审查无误后办理付款。

A.以银行为付款人的，银行应当在当日将款项主动支付给收款人。

B.以单位为付款人的，银行应当及时通知付款人，需要将有关债务证明交给付款人的，应交给付款人。付款人应于接到通知的当日书面通知银行付款。付款人未在接到通知的次日起3日内通知银行付款的，视同付款人同意付款，银行应于付款人接到通知的次日起第4日上午开始营业时，将款项划给收款人。银行在办理划款时，付款人存款账户不足支付的，应通过被委托银行向收款人发出未付款项通知书。

C.拒绝付款。付款人审查有关债务证明后，对收款人委托收取的款项需要拒绝付款的，可以办理拒绝付款。以银行为付款人的，应自收到委托收款及债务证明的次日起3日内出具拒绝证明，连同有关债务证明、凭证寄给被委托银行，转交收款人；以单位为付款人的，应在付款人接到通知的次日起3日内出具拒绝证明，持有债务证明的，应将其送交开户银行。银行将拒绝证明、债务证明和有关凭证一并寄给被委托银行，转交收款人。

（三）银行卡

1.银行卡的概念和分类。

（1）银行卡的概念。

银行卡是指经批准由商业银行向社会发行的具有消费信用、转账结算、存取现金等全部或部分功能的信用支付工具。

（2）银行卡的分类。

按不同的标准，可以对银行卡进行不同的分类。

① 按是否具有透支功能分为信用卡和借记卡。前者可以透支，后者不具备透支功能。信用卡按是否向发卡银行交存备用金分为贷记卡、准贷记卡两类。贷记卡是指发卡银行给予持卡人一定的信用额度，持卡人可在信用额度内先消费、后还款的信用卡。准贷记卡是指持卡人须先按发卡银行要求交存一定金额的备用金，当备用金账户余额不足支付时，可在发卡银行规定的信用额度内透支的信用卡。借记卡的主要功能包括消费、存取款、转账、代收付、外汇买卖、投资理财、网上支付等，按功能不同分为转账卡（含储蓄卡）、专用卡和储值卡。转账卡是实时扣账的借记卡，具有转账结算、存取现金和消费功能。专用卡是具有专门用途、在特定区域使用的借记卡，具有转账结算、存取现金功能。专门用途是指除百货、餐饮、饭店、娱乐行业以外的用途。储值卡是发卡银行根据持卡人要求将其资金转至卡内储存，交易时直接从卡内扣款的预付钱包式借记卡。

联名（认同）卡是商业银行与营利性机构/非营利性机构合作发行的银行卡附属产品，其所依附的银行卡品种必须是经批准的品种，并应当遵守相应品种的业务章程或管理办法。发卡银行和联名单位应当为联名卡持卡人在联名单位用卡提供一定比例的折扣优惠或特殊服务。

② 按币种不同分为人民币卡、外币卡。外币卡是持卡人与发卡银行以除人民币以外的货币作为清算货币的银行卡。目前，国内商户可受理维萨（VISA）、万事达卡（Master Card）、美国运通（American Express）、大来卡（Diners Club）等外币卡。

③ 按发行对象不同分为单位卡、个人卡。

④ 按信息载体不同分为磁条卡、芯片（IC）卡。

2.银行卡账户和交易。

（1）银行卡申领、注销和丧失。

申领信用卡，应按规定填制申请表，连同有关资料一并送交发卡银行。发卡银行可根据申请人的资信程度，要求其提供担保。担保的方式可采用保证、抵押或质押。银行卡及其账户只限经发卡银行批准的持卡人本人使用，不得出租和转借。

个人贷记卡申请的基本条件如下：

① 年满18周岁，有固定职业和稳定收入，工作单位和户口在常住地的城乡居民。

② 填写申请表，并在持卡人处亲笔签字。

③ 向发卡银行提供本人及附属卡持卡人、担保人的身份证复印件；外地、境外人

员及现役军官以个人名义领卡，应出具当地公安部门签发的临时户口或有关部门开具的证明，并须提供具备担保条件的担保单位或有当地户口、在当地工作的担保人。

持卡人在还清全部交易款项、透支本息和有关费用后，可申请办理销户。对于持卡人因死亡等原因而需要办理的注销和清户，应按照《民法典》和《中华人民共和国公证法》等法规办理。发卡银行受理注销申请之日起45日后，被注销信用卡账户方能清户。

持卡人丧失银行卡，应立即持本人身份证件或其他有效证明，并按规定提供有关情况，向发卡银行或代办银行申请挂失，发卡银行或代办银行审核后办理挂失手续。

（2）银行卡交易的基本规定。

① 信用卡预借现金业务。

信用卡预借现金业务包括现金提取、现金转账和现金充值。

现金提取是指持卡人通过柜面和自动柜员机等自助机具，以现钞形式获得信用卡预借现金额度内资金。

现金转账是指持卡人将信用卡预借现金额度内资金划转到本人银行结算账户。

现金充值是指持卡人将信用卡预借现金额度内资金划转到本人在非银行支付机构开立的支付账户。

信用卡持卡人通过ATM机等自助机具办理现金提取业务，每卡每日累计不得超过1万元人民币；通过柜面办理现金提取业务，通过各类渠道办理现金转账业务的每卡每日限额，由发卡机构与持卡人通过协议约定。

发卡机构可自主确定是否提供现金充值服务，并与持卡人协议约定每卡每日限额。发卡机构不得将持卡人信用卡预借现金额度内资金划转至其他信用卡，以及非持卡人的银行结算账户或支付账户。发卡银行应当对借记卡持卡人在ATM机等自助机具取款设定交易上限，每卡每日累计提款不得超过2万元人民币。储值卡的面值或卡内币值不得超过1000元人民币。

② 贷记卡持卡人的待遇。

贷记卡持卡人非现金交易可享受免息还款期和最低还款额待遇，银行记账日到发卡银行规定的到期还款日之间为免息还款期，持卡人在到期还款日前偿还所使用全部银行款项有困难的，可按照发卡银行规定的最低还款额还款。持卡人透支消费享受免息还款期和最低还款额待遇的条件和标准等，由发卡机构自主确定。

③ 发卡银行追偿的途径。

发卡银行通过下列途径追偿透支款项和诈骗款项：扣减持卡人保证金、依法处理抵押物和质物；向保证人追索透支款项；通过司法机关的诉讼程序进行追偿。

3.银行卡计息与收费。

发卡银行对准贷记卡及借记卡（不含储值卡）账户内的存款，按照中国人民银行规定的同期同档次存款利率及计息办法计付利息。信用卡透支的计结息方式，以及对信用卡溢缴款是否计付利息及其利率标准，由发卡机构自主确定。自2021年1月1日起，信用卡透支利率由发卡机构与持卡人自主协商确定，取消信用卡透支利率上限和下限管理。

发卡机构应在信用卡协议中以显著方式提示信用卡利率标准和计结息方式、免息还款期和最低还款额待遇的条件和标准，以及向持卡人收取违约金的详细情形和收取标准等与持卡人有重大利害关系的事项，确保持卡人充分知悉并确认接受。其中，对于信用卡利率标准，应注明日利率和年利率。发卡机构调整信用卡利率的，应至少提前45个自然日按照约定方式通知持卡人。持卡人有权在新利率标准生效之日前选择销户，并按照已签订的协议偿还相关款项。

取消信用卡滞纳金，对于持卡人违约逾期未还款的行为，发卡机构应与持卡人通过协议约定是否收取违约金，以及相关收取方式和标准。发卡机构向持卡人提供超过授信额度用卡的，不得收取超限费。

发卡机构对向持卡人收取的违约金和年费、取现手续费、货币兑换费等服务费用，不得计收利息。

4.银行卡收单。

（1）银行卡收单业务概念。

银行卡收单业务是指收单机构与特约商户签订银行卡受理协议，在特约商户按约定受理银行卡并与持卡人达成交易后，为特约商户提供交易资金结算服务的行为。通俗地讲，就是持卡人在银行签约商户那里刷卡消费，银行将持卡人刷卡消费的资金在规定周期内结算给商户，并从中扣取一定比例的手续费。

银行卡收单机构，包括从事银行卡收单业务的银行业金融机构，获得银行卡收单业务许可、为实体特约商户提供银行卡受理并完成资金结算服务的支付机构，以及获得网络支付业务许可、为网络特约商户提供银行卡受理并完成资金结算服务的支付机构。

特约商户是指与收单机构签订银行卡受理协议、按约定受理银行卡并委托收单机构为其完成交易资金结算的企事业单位、个体工商户或其他组织，以及按照国家市场监督管理机构有关规定，开展网络商品交易等经营活动的自然人。实体特约商户是指通过实体经营场所提供商品或服务的特约商户。网络特约商户是指基于公共网络信息系统提供商品或服务的特约商户。

（2）银行卡收单业务管理规定。

① 特约商户管理。

收单机构拓展特约商户，应当遵循"了解你的客户"原则，对特约商户实行实名制管理。收单机构应当严格审核特约商户的营业执照等证明文件，以及法定代表人或负责人有效身份证件等申请材料。特约商户为自然人的，收单机构应当审核其有效身份证件。特约商户使用单位银行结算账户作为收单银行结算账户的，收单机构还应当审核其合法拥有该账户的证明文件。

收单机构应当与特约商户签订银行卡受理协议，就可受理的银行卡种类、开通的交易类型、收单银行结算账户的设置和变更、资金结算周期、结算手续费标准、差错和纠纷处置等事项，明确双方的权利、义务和违约责任。特约商户的收单银行结算账户应当为其同名单位银行结算账户，或其指定的、与其存在合法资金管理关系的单位银行结算账户。特约商户为个体工商户或自然人的，可使用其同名个人银行结算账户作为收单银行结算账户。

收单机构应当对实体特约商户收单业务进行本地化经营和管理，通过在特约商户及其分支机构所在省（自治区、直辖市）域内的收单机构或其分支机构提供收单服务，不得跨省（自治区、直辖市）域开展收单业务。对于连锁式经营或集团化管理的特约商户，收单机构或经其授权的特约商户所在地的分支机构可与特约商户签订总对总银行卡受理协议，并严格落实本地化服务和管理责任。

② 业务与风险管理。

收单机构应当强化业务和风险管理措施，建立特约商户检查制度、资金结算风险管理制度、收单交易风险监测系统以及特约商户收单银行结算账户设置和变更审核制度等。对实体特约商户、网络特约商户分别进行风险评级，对于风险等级较高的特约商户，收单机构应当对其开通的受理卡种和交易类型进行限制，并采取强化交易监测、设置交易限额、延迟结算、增加检查频率、建立特约商户风险准备金等措施。

收单机构应按协议约定及时将交易资金结算到特约商户的收单银行结算账户，资金结算时限最迟不得超过持卡人确认可直接向特约商户付款的支付指令生效日后30个自然日，因涉嫌违法违规等风险交易需要延迟结算的除外。收单机构应当根据交易发生时的原交易信息发起银行卡交易差错处理、退货交易，将资金退至持卡人原银行卡账户。若持卡人原银行卡账户已撤销的，应当退至持卡人指定的本人其他银行账户。

收单机构发现特约商户发生疑似银行卡套现、洗钱、欺诈、移机、留存或泄露持卡人账户信息等风险事件的，应当对特约商户采取延迟资金结算、暂停银行卡交易或收回受理终端（关闭网络支付接口）等措施，并承担因未采取措施导致的风险损失责任；涉嫌违法犯罪活动的，应当及时向公安机关报案。

（3）结算收费。

收单机构向商户收取的收单服务费实行市场调节价，由收单机构与商户协商确定具体费率。发卡机构收取的发卡行服务费不区分商户类别，实行政府指导价、上限管理，费率为：借记卡交易不超过交易金额的0.35%，单笔收费金额不超过13元，贷记卡交易不超过0.45%，不实行单笔收费封顶控制。银行卡清算机构收取的网络服务费不区分商户类别，实行政府指导价、上限管理，分别向收单、发卡机构计收，费率为：不超过交易金额的0.065%，由发卡、收单机构各承担50%（分别向发卡、收单机构计收的费率均不超过交易金额的0.0325%）。对非营利性的医疗机构、教育机构、社会福利机构、养老机构、慈善机构刷卡交易，实行发卡行服务费、网络服务费全额减免。

（四）银行电子支付

电子支付是指单位、个人通过计算机、手机等电子终端发出支付指令，依托网络系统以电子信息传递形式进行的货币支付与资金转移。电子支付服务的主要提供方有银行和支付机构，银行的电子支付方式主要有网上银行、手机银行和条码支付等，支付机构的电子支付方式主要有网络支付、条码支付等。下面主要介绍网上银行和条码支付。

1.网上银行。

（1）网上银行的概念。

网上银行（Internet Bank or E-bank），包含两个层次的含义：一个是机构概念，指通过信息网络开办业务的银行；另一个是业务概念，指银行通过信息网络提供的金融服务，包括传统银行业务和因信息技术应用带来的新兴业务。在日常生活和工作中，我们提及网上银行，更多的是第二层次的概念，即网上银行服务的概念。

简单地说，网上银行就是银行在互联网上设立虚拟银行柜台，使传统的银行服务不再通过物理的银行分支机构来实现，而是借助于网络与信息技术手段在互联网上实现，因此，网上银行也称网络银行。网上银行又被称为"3A银行"，因为其不受时间、空间限制，能够在任何时间（Anytime）、任何地点（Anywhere）、以任何方式（Anyway）为客户提供金融服务。

传统的网上银行主要通过计算机终端银行网站进行操作，受到互联网设施的限制。

随着移动通信技术的发展和智能手机的普及，网上银行的另一种形式——手机银行逐渐兴起。手机银行又称移动银行，是指利用手机、平板电脑和其他移动设备等实现客户与银行的对接，为客户办理相关银行业务或提供金融服务。我国的手机银行主要经历了短信、WAP、APP等三个发展阶段，目前主要是银行APP方式。手机银行与网上银行一样，都是通过互联网实现银行柜面业务的延伸，功能基本一致，不再单独讲述。

（2）网上银行的分类。

按不同的标准，网上银行可以分为不同的类型。

① 按主要服务对象的分类。

按主要服务对象分为企业网上银行和个人网上银行。企业网上银行主要适用于企事业单位，企事业单位可以通过企业网上银行适时了解财务运作情况，及时调度资金，轻松处理大批量的网络支付和工资发放业务。个人网上银行主要适用于个人与家庭，个人可以通过个人网上银行实现实时查询、转账、网络支付和汇款功能。

② 按经营组织的分类。

按经营组织分为分支型网上银行和纯网上银行。分支型网上银行是指现有的传统银行利用互联网作为新的服务手段，建立银行站点，提供在线服务而设立的网上银行。纯网上银行的本身就是一家银行，是专门为提供在线银行服务而成立的，因此也被称为只有一个站点的银行。

（3）网上银行的主要功能。

目前，网上银行利用因特网和HTML技术，能够为客户提供综合、统一、安全、实时的银行服务，包括提供对私、对公的全方位银行业务，还可以为客户提供跨国的支付与清算等其他贸易和非贸易的银行业务服务。

① 企业网上银行子系统的主要功能。

目前，企业网上银行子系统能够支持所有的对公企业客户，能够为客户提供网上账务信息服务、资金划拨、网上B2B（Business to Business）支付和批量支付等服务，使集团公司总部能够对其分支机构的财务活动进行实时监控，随时获得其账户的动态情况，同时还能为客户提供 B2B 网上支付。其主要业务功能包括：

A. 账户信息查询。其能够为企业客户提供账户信息的网上在线查询、网上下载和电子邮件发送账务信息等服务，包括账户的余额、交易明细等。

B. 支付指令。其能够为客户提供集团、企业内部各分支机构之间的账务往来，同时也能提供集团、企业之间的账务往来，并且支持集团、企业向他行账户进行付款。

C. B2B 网上支付。B2B 指的是企业与企业之间进行的电子商务活动。B2B 网上支付能够为企业提供网上 B2B 支付平台。

D. 批量支付。其能够为企业客户提供批量付款（包括同城、异地及跨行转账业务）、代发工资、一付多收等批量支付功能。企业客户负责按银行要求的格式生成数据文件，通过安全通道传送给银行，银行负责系统安全及业务处理，并将处理结果反馈给客户。

② 个人网上银行子系统的主要功能。

个人网上银行子系统主要提供银行卡、本外币活期一本通客户账务管理、信息管理、网上支付等功能，是网上银行对个人客户服务的窗口。其具体业务功能包括：

A. 账户信息查询。系统为客户提供信息查询功能，能够查询银行卡的人民币余额和活期一本通的不同币种的钞、汇余额；提供银行卡在一定时间段内的历史明细数据查询；查询使用银行卡进行网上支付后的支付记录。

B. 人民币转账业务。系统能够提供个人客户本人账户之间以及与他人账户之间的卡卡转账服务。系统在转账功能上严格控制了单笔转账最大限额和当日转账最大限额，使客户的资金安全有一定的保障。

C. 银证转账业务。银行卡客户在网上能够进行银证转账，可以实现银转证、证转银、查询证券资金余额等功能。

D. 外汇买卖业务。客户通过网上银行系统能够进行外汇买卖，主要可以实现外汇即时买卖、外汇委托买卖、查询委托明细、查询外汇买卖历史明细、撤销委托等功能。

E. 账户管理业务。系统能够提供客户对本人网上银行各种权限功能、客户信息的管理以及账户的挂失等服务。

F. B2C（Business to Customer）网上支付。B2C 指的是企业与消费者之间进行的在线式零售商业活动（包括网上购物和网上拍卖等）。个人客户在申请开通网上支付功能后，能够使用本人的银行卡进行网上购物后的电子支付。通过账户管理功能，客户还能够随时选择使用哪一张银行卡来进行网上支付。

2. 条码支付。

（1）条码支付的概念。

条码支付业务是指银行、支付机构应用条码技术，实现收付款人之间货币资金转移的业务活动。条码支付业务包括付款扫码和收款扫码。付款扫码是指付款人通过移动终端识读收款人展示的条码完成支付的行为。收款扫码是指收款人通过识读付款人移动终端展示的条码完成支付的行为。其中，支付机构向客户提供基于条码技术付款服务的，应当取得网络支付业务许可；支付机构为实体特约商户和网络特约商户提供条码支付收单服务的，应当分别取得银行卡收单业务许可和网络支付业务许可。

目前，常见的条码支付，除银行及支付机构的条码支付外，还有由中国银联携手各商业银行、支付机构共同开发建设、共同维护运营的便民支付服务，以及融合了多个银行和支付机构的支付端口、提供聚合类型二维码的聚合支付。银联便民支付服务除条码支付功能外，还可以实现转账、缴费、信用卡还款等多项功能，并集合了部分银行的信用卡申请、理财信贷等服务，成为我国条码支付服务市场的重要构成之一。聚合支付又称第四方支付，由提供聚合支付服务的机构或银行融合不同支付机构及银行的多个支付接口，将不同机构分别生成的二维码聚合为一个二维码，使商户仅需提供一个二维码即可实现付款人自主选择使用不同银行或支付机构的 APP 扫码付款。

（2）条码支付的交易验证及限额。

条码支付业务可以组合选用下列三种要素进行交易验证：一是仅客户本人知悉的要素，如静态密码等；二是仅客户本人持有并特有的，不可复制或者不可重复利用的要素，如经过安全认证的数字证书、电子签名，以及通过安全渠道生成和传输的一次性密码等；三是客户本人生物特征要素，如指纹等。

根据交易验证方式和风险防范能力的不同，条码支付有四种限额要求：一是风险防范能力达到 A 级，即采用包括数字证书或电子签名在内的两类（含）以上有效要素对交易进行验证的，银行、支付机构可与客户通过协议自主约定单日累计限额；二是风险防范能力达到 B 级，即采用不包括数字证书、电子签名在内的两类（含）以上有效要素对交易进行验证的，同一客户单个银行账户或所有支付账户单日累计交易金额应不超过5 000元；三是风险防范能力达到 C 级，即采用不足两类要素对交易进行验证的，同一客户单个银行账户或所有支付账户单日累计交易金额应不超过1 000元；四是风险防范能力达到 D 级，即使用静态条码的，同一客户单个银行账户或所有支付账户单日累计交易金额应不超过500元。

银行、支付机构提供收款扫码服务的，应使用动态条码，设置条码有效期、使用次数等方式，防止条码被重复使用导致重复扣款，确保条码真实有效。

（3）商户管理。

银行、支付机构拓展条码支付特约商户，应当遵循"了解你的客户"原则，确保所拓展的是依法设立、合法经营的特约商户。银行、支付机构拓展特约商户应当落实实名制规定，严格审核特约商户的营业执照等证明文件，以及法定代表人或负责人的有效身份证件等申请材料，确认申请材料的真实性、完整性、有效性，并留存申请材料的影印件或复印件。

对依据法律法规和相关监管规定免于办理工商注册登记的实体特约商户（小微商户），在遵循"了解你的客户"原则的前提下可以通过审核商户主要负责人身份证明文件和辅助证明材料为其提供条码支付收单服务。辅助证明材料包括但不限于营业场所租赁协议或者产权证明、集中经营场所管理方出具的证明文件等能够反映小微商户真实、合法从事商品或服务交易活动的材料。以同一个身份证件在同一家银行、支付机构办理的全部小微商户基于信用卡的条码支付收款金额日累计不超过 1 000 元、月累计不超过 1 万元。

（4）风险管理。

银行、支付机构应提升风险识别能力，采取有效措施防范风险，及时发现、处理可疑交易信息及风险事件；评估业务相关的洗钱和恐怖融资风险，采取与风险水平相适应的管控措施；对特约商户进行检查、评估，并结合特约商户风险等级及交易类型等因素，设置或与其约定单笔及日累计交易限额；对风险等级较高的特约商户，应采用强化交易监测、建立特约商户风险准备金、延迟清算等风险管理措施；确保客户身份或账户信息安全，防止泄露，并根据收付款不同业务场景设置条码有效性和使用次数；充分披露条码支付业务产品类型、办理流程、操作规程、收费标准等信息，明确业务风险点及相关责任承担机制、风险损失赔付方式及操作方式。

银行、支付机构应建立条码支付交易风险监测体系，及时发现可疑交易，并采取阻断交易、联系客户核实交易等方式防范交易风险。银行、支付机构发现特约商户发生疑似套现、洗钱、恐怖融资、欺诈、留存或泄露账户信息等风险事件的，应对特约商户采取延迟资金结算、暂停交易、冻结账户等措施，并承担因未采取措施导致的风险损失责任；发现涉嫌违法犯罪活动的，应及时向公安机关报案。

关键知识清单

1.票据类支付结算业务

2.汇兑和委托收款支付结算业务

3.银行卡支付结算业务

4.银行电子支付结算业务

三、任务实施

1.法律依据：根据《票据法》的相关规定，持票人对前手的追索权，自被拒绝承兑或者被拒绝付款之日起 6 个月。票据时效因提起诉讼、当事人一方提出要求或者同意履行义务而中断。从中断时起，时效期间重新计算。

时效中断的合理性：A 公司在票据未得到兑付后，于 2022 年 8 月 27 日向其前手 B 公司行使票据追索权，这一行为符合票据时效中断的情形，因为其向 B 公司主张了权利，所以，法院认定时效中断并重新起算 6 个月是有法律依据的。

超过时效的判定：从 2022 年 8 月 27 日开始重新起算 6 个月，时效截止到 2023 年 2 月 27 日。A 公司直到 2025 年 1 月 5 日才提起诉讼，远远超过了重新计算后的时效期限，且期间无其他行使票据追索权的证据，所以，A 公司对 B 公司的票据追索权已经消灭，法院的认定合理合法。

2.法律依据：根据《票据法》的规定，持票人对前手的追索权，自被拒绝承兑或者被拒绝付款之日起6个月内不行使而消灭。持票人行使追索权时，应当提供被拒绝承兑或者被拒绝付款的有关证明。

提示付款与拒付：甲公司在票据到期后的2024年12月1日提示付款，2024年12月13日被拒付，符合正常的票据提示付款及拒付流程，此时，甲公司依法享有对其前手丙公司以及出票人、承兑人乙公司的追索权。

口头追索无证明的后果：甲公司称口头向丙公司追索但无证明，无法满足法律对行使追索权需要提供证明的要求。由于缺乏证据证明其在法定期限内对丙公司行使了追索权，从法律角度看，等同于甲公司未在规定的6个月时效内对丙公司行使追索权。

视频7

票据的追索权

启示：持票人在票据被拒付后，要及时、有效地行使追索权，并且务必保留好相关的证明材料，如书面通知、邮件、系统记录等，以避免因无法证明而丧失对前手的追索权。

任务四　办理支付机构非现金支付业务

一、任务情景

（一）任务场景

某单位在支付机构开立支付账户时，支付机构要求该单位提供营业执照、法人身份证等相关证明文件，并提出要与该单位的法定代表人现场会面或者视频会面，之后才能给该单位开立支付账户。

（二）任务布置

分析"任务场景"中支付机构的做法是否正确。

二、任务准备

（一）支付机构的概念和支付服务的种类

1.支付机构的概念。

支付机构是指依法取得《支付业务许可证》，在收付款人之间作为中介机构提供下列部分或全部货币资金转移服务的非金融机构：

（1）网络支付。

（2）预付卡的发行与受理。

（3）银行卡收单。

（4）中国人民银行确定的其他支付服务。

支付机构依法接受中国人民银行的监督管理。未经中国人民银行批准，任何非金融机构和个人不得从事或变相从事支付业务。

2.支付服务的种类。

（1）网络支付。

网络支付是指依托公共网络或专用网络在收付款人之间转移货币资金的行为，包括货币汇兑、互联网支付、移动电话支付、固定电话支付、数字电视支付等。

（2）预付卡。

预付卡是指以营利为目的发行的、在发行机构之外购买商品或服务的预付价值，包括采取磁条、芯片等技术以卡片、密码等形式发行的预付卡。

（3）银行卡收单。

银行卡收单是指通过销售点（POS）终端等为银行卡特约商户代收货币资金的行为。支付机构的银行卡收单以及条码支付与银行电子支付相同，已在任务三中进行了介绍，在此不再赘述。

（二）网络支付

1.网络支付的概念。

网络支付是指收款人或付款人通过计算机、移动终端等电子设备，依托公共网络信息系统远程发起支付指令，且付款人电子设备不与收款人特定专属设备交互，由支付机构为收付款人提供货币资金转移服务的活动。

2.网络支付机构。

依法取得《支付业务许可证》，获准办理互联网支付、移动电话支付、固定电话支付、数字电视支付等网络支付业务的支付机构，可以办理网络支付业务。支付机构应当遵循主要服务电子商务发展和为社会提供小额、快捷、便民小微支付服务的宗旨，基于客户的银行账户或者支付账户提供网络支付服务。

目前，从事网络支付的支付机构主要有以下两类：

（1）金融型支付企业。

金融型支付企业是独立第三方支付模式，其不负有担保功能，仅为用户提供支付产品和支付系统解决方案，侧重行业需求和开拓行业应用，是立足于企业端的金融型支付企业。

（2）互联网支付企业。

互联网支付企业是依托于自有的电子商务网站并提供担保功能的第三方支付模式，以在线支付为主，是立足于个人消费者端的互联网型支付企业。

3.支付账户。

（1）支付账户的概念。

支付账户是指获得互联网支付业务许可的支付机构，根据客户的真实意愿为其开立的，用于记录预付交易资金余额、客户凭以发起支付指令、反映交易明细信息的电子簿记。

支付账户不得透支，不得出借、出租、出售，不得利用支付账户从事或者协助他人从事非法活动。

（2）支付账户的开户要求。

支付机构为客户开立支付账户的，应当对客户实行实名制管理，登记并采取有效措施验证客户身份基本信息，按规定核对有效身份证件并留存有效身份证件复印件或者影印件，建立客户唯一识别编码，并在与客户业务关系存续期间采取持续的身份识别措施，确保有效核实客户身份及其真实意愿，不得开立匿名、假名支付账户。支付机构在为单位和个人开立支付账户时，应当与单位和个人签订协议，约定支付账户与支付账户、支付账户与银行账户之间的日累计转账限额和笔数，超出限额和笔数的，不得再办理转账业务。

支付机构为单位开立支付账户，应当参照《人民币银行结算账户管理办法》第十七条、第二十四条、第二十六条等相关规定，要求单位提供相关证明文件，并自主或者委托合作机构以面对面方式核实客户身份，或者以非面对面方式通过至少3个合法安全的外部渠道对单位基本信息进行多重交叉验证。支付机构应当严格审核单位开户证明文件的真实性、完整性和合规性，开户申请人与开户证明文件所属人的一致性，并向单位法定代表人或负责人核实开户意愿，留存相关工作记录。支付机构可以采取面对面、视频等方式向单位法定代表人或负责人核实开户意愿，具体方式由支付机构根据客户风险评级情况确定。

支付机构可以为个人客户开立Ⅰ类、Ⅱ类、Ⅲ类支付账户。以非面对面方式通过至少1个合法安全的外部渠道进行身份基本信息验证，且首次在该支付机构开立支付账户的个人客户，可以开立Ⅰ类支付账户，账户余额可用于消费和转账，余额付款交易自账户开立起累计不超过1 000元（包括支付账户向客户本人同名银行账户转账）；自主或委托合作机构以面对面方式核实身份的个人客户或者以非面对面方式通过至少3个合法安全的外部渠道进行身份基本信息多重交叉验证的个人客户，可以开立Ⅱ类支付账户，账户余额可用于消费和转账，所有支付账户的余额付款交易年累计不超过10万元（不包括支付账户向客户本人同名银行账户转账）；以面对面方式核实身份的个人客户或以非面对面方式通过至少5个合法安全的外部渠道进行身份基本信息多重交叉验证的个人客户，可以开立Ⅲ类支付账户，账户余额可用于消费、转账以及购买投资理财等金融类产品，所有支付账户的余额付款交易年累计不超过20万元（不包括支付账户向客户本人同名银行账户转账）。

客户身份基本信息外部验证渠道包括但不限于政府部门数据库、商业银行信息系统、商业化数据库等。其中，通过商业银行验证个人客户身份基本信息的，应为Ⅰ类银行账户或信用卡。

4.网络支付的相关规定。

（1）网络支付的交易验证及限额。

网络支付业务交易验证的要素与条码支付业务相同，在此不再赘述。

根据交易验证方式和风险防范能力的不同，支付机构对个人客户使用支付账户余额付款的交易有三种限额要求：一是采用包括数字证书或电子签名在内的两类（含）以上有效要素进行验证的交易，单日累计限额由支付机构与客户通过协议自主约定；二是采用不包括数字证书、电子签名在内的两类（含）以上有效要素进行验证的交易，单个客户所有支付账户单日累计金额应不超过5 000元（不包括支付账户向客户本人同名银行账户转账）；三是采用不足两类有效要素进行验证的交易，单个客户所有支付账户单日累计金额应不超过1 000元（不包括支付账户向客户本人同名银行账户转账），且支付机构应当承诺无条件全额承担此类交易的风险损失赔付责任。

（2）业务与风险管理。

支付机构向客户开户银行发送支付指令，扣划客户银行账户资金的，应当事先或在首笔交易时自主识别客户身份并分别取得客户和银行的协议授权，同意其向客户的银行账户发起支付指令，扣划资金；银行应当事先或在首笔交易时自主识别客户身份并与客户直接签订授权协议，明确约定扣款适用范围和交易验证方式，设立与客户风险承受能力相匹配的单笔和单日累计交易限额，承诺无条件全额承担此类交易的风险损失先行赔付责任；除单笔金额不超过200元的小额支付业务，公共事业缴费、税费缴纳、信用卡还款等收款人固定并且定期发生的支付业务，支付机构不得代替银行进行交易验证。被中国人民银行评价为"A"类的支付机构，可以与银行根据业务需要，通过协议自主约定由支付机构代替进行交易验证的情形，但支付机构应在交易中向银行完整、准确发送交易渠道、交易终端或接口类型、交易类型、商户名称、商户编码、商户类别码、收付款客户名称和账号等交易信息；银行应当核实支付机构验证手段或渠道的安全性，且对客户资金安全的管理责任不因支付机构代替验证而转移。

支付机构应当建立客户风险评级管理制度和机制以及交易风险管理制度和交易监测系统，动态调整客户风险评级及相关风险控制措施，对疑似欺诈、套现、洗钱、非法融资、恐怖融资等交易，及时采取调查核实、延迟结算、终止服务等措施；充分提示网络支付业务的潜在风险，对高风险业务在操作前、操作中进行风险警示；履行客户信息保护责任，不得存储客户银行卡的磁道信息或芯片信息、验证码、密码等敏感信息，原则上不得存储银行卡有效期。

（三）预付卡

1.预付卡的概念和分类。

预付卡是指发卡机构以特定载体和形式发行的、可在发卡机构之外购买商品或服务的预付价值。

目前，市场上预付卡有两类：一类是专营发卡机构发行，可跨地区、跨行业、跨法人使用的多用途预付卡；另一类是商业企业发行，只在本企业或同一品牌连锁商业企业购买商品、服务的单用途预付卡。单用途预付卡与多用途预付卡的监管要求不同，单用途预付卡的发卡企业应在开展单用途预付卡业务之日起30日内在商务部门进行备案；多用途预付卡的发卡机构必须取得中国人民银行颁发的《支付业务许可证》，在核准地域范围内开展业务，中国人民银行对多用途预付卡备付金实行集中存管。下面介绍中涉及的预付卡是指多用途预付卡。

预付卡按是否记载持卡人身份信息，分为记名预付卡和不记名预付卡。

2.预付卡的相关规定。

（1）预付卡的限额。

预付卡以人民币计价，不具有透支功能。单张记名预付卡资金限额不得超过5 000元，单张不记名预付卡资金限额不得超过1 000元。

（2）预付卡的期限。

预付卡卡面记载有效期限或有效期截止日。记名预付卡可挂失，可赎回，不得设置有效期；不记名预付卡不挂失，不赎回，另有规定的除外。不记名预付卡有效期不得少于3年。超过有效期尚有资金余额的预付卡，可通过延期、激活、换卡等方式继续使用。

（3）预付卡的办理。

个人或单位购买记名预付卡或一次性购买不记名预付卡1万元以上的，应当使用实名并向发卡机构提供有效身份证件。发卡机构应当识别购卡人、单位经办人的身份，核对有效身份证件，登记身份基本信息，并留存有效身份证件的复印件或影印件。代理他人购买预付卡的，发卡机构应当采取合理方式确认代理关系，核对代理人和被代理人的有效身份证件，登记代理人和被代理人的身份基本信息，并留存代理人和被代理人的有效身份证件的复印件或影印件。使用实名购买预付卡的，发卡机构应当登记购卡人姓名或单位名称、单位经办人姓名、有效身份证件名称和号码、联系方式、购卡数量、购卡日期、购卡总金额、预付卡卡号及金额等信息。单位一次性购买预付卡5 000元以上，个人一次性购买预付卡50 000元以上的，应当通过银行转账等非现金结算方式购买，不得使用现金。购卡人不得使用信用卡购买预付卡。

（4）预付卡的充值。

预付卡只能通过现金或银行转账方式进行充值，不得使用信用卡为预付卡充值。一次性充值金额5 000元以上的，不得使用现金。单张预付卡充值后的资金余额不得超过规定限额。预付卡现金充值通过发卡机构网点进行，但单张预付卡同日累计现金充值在200元以下的，可通过自助充值终端、销售合作机构代理等方式充值。

（5）预付卡的使用。

预付卡在发卡机构拓展、签约的特约商户中使用，不得用于或变相用于提取现金，不得用于购买、交换非本发卡机构发行的预付卡、单一行业卡及其他商业预付卡或向其充值，卡内资金不得向银行账户或向非本发卡机构开立的网络支付账户转移。

（6）预付卡的赎回。

记名预付卡可在购卡3个月后办理赎回。赎回时，持卡人应当出示预付卡及持卡人和购卡人的有效身份证件。由他人代理赎回的，应当同时出示代理人和被代理人的有效身份证件。单位购买的记名预付卡，只能由单位办理赎回。

（7）预付卡的发卡机构。

预付卡发卡机构必须是经中国人民银行核准，取得《支付业务许可证》的支付机构。支付机构要严格按照核准的业务类型和业务覆盖范围从事预付卡业务。发卡机构要采取有效措施加强对购卡人和持卡人信息的保护，确保信息安全，防止信息泄露和滥用，未经购卡人和持卡人同意，不得用于与购卡人和持卡人的预付卡业务无关的目的。发卡机构要严格发票管理，按照《中华人民共和国发票管理办法》有关规定开具发票。发卡人要加强预付卡资金管理，维护持卡人合法权益，发卡机构接受的、客户用于未来支付需要的预付卡资金，不属于发卡机构的自有财产，发卡机构不得挪用、挤占。发卡机构对客户备付金需要100%集中交存中国人民银行。

关键知识清单

1.支付机构的概念
2.支付服务的种类
3.网络支付的概念和相关规定
4.预付卡的概念和相关规定

三、任务实施

支付机构要求该单位提供营业执照、法人身份证等相关证明文件，提出要与该单位的法定代表人现场会面或者视频会面的做法是正确的。根据《中国人民银行关于加强支付结算管理防范电信网络新型违法犯罪有关事项的通知》的要求，支付机构为单位开立支付账户，应当要求单位提供相关证明文件，并自主或者委托合作机构以面对面方式核实客户身份，或者以非面对面方式通过至少3个合法安全的外部渠道对单位基本信息进行多重交叉验证；支付机构应当严格审核单位开户证明文件的真实性、完整性和合规性，开户申请人与开户证明文件所属人的一致性，并向单位法定代表人或负责人核实开户意愿，留存相关工作记录。支付机构可以采取面对面、视频等方式向单位法定代表人或负责人核实开户意愿，具体方式由支付机构根据客户风险评级情况确定。

任务五 熟悉支付结算纪律与法律责任

一、任务情景

（一）任务场景

2022年，陈某通过抖音平台得知提供银行卡走账刷单可以赚钱，便介绍龙某提供银行卡用于转账。龙某提供了3张银行卡，进账金额397 814元，非法获利8 000元，陈某介绍获利2 000元。经比对，冯某、程某、刘某、彭某、罗某被诈骗案的部分资金转入这些银行卡，共计222 361元。陈某和龙某分别被判处拘役6个月和5个月，并各处罚金5 000元。

（二）任务布置

分析"任务场景"中的陈某和龙某为何会被判刑，其依据是什么。

二、任务准备

（一）支付结算纪律

支付结算纪律是银行、支付机构、单位和个人办理支付结算业务所应遵守的基本规定。

1.单位和个人的支付结算纪律。

单位和个人办理支付结算，不准签发没有资金保证的票据或远期支票，套取银行信用；不准签发、取得和转让没有真实交易和债权债务的票据，套取银行和他人资金；不准无理拒绝付款，任意占用他人资金；不准违反规定开立和使用账户。

2.银行和支付机构的支付结算纪律。

银行办理支付结算，不准以任何理由压票、任意退票、截留挪用客户和他行资金；不准无理拒绝支付应由银行支付的票据款项；不准受理无理拒付、不扣少扣滞纳金；不准违章签发、承兑、贴现票据，套取银行资金；不准签发空头银行汇票、银行本票和办理空头汇款；不准在支付结算制度之外规定附加条件，影响汇路畅通；不准违反规定为单位和个人开立银行账户；不准拒绝受理、代理他行正常结算业务。支付机构不得伪造、变造电子支付指令，不得以任何形式挪用、占用、借用用户备付金，不得以用户备付金为自己或他人提供担保。

（二）违反支付结算法律制度的法律责任

银行、单位和个人违反结算纪律，要分别承担相应的法律责任。根据目前的法律、法规和规章的规定，对于下列行为，应依法分别承担民事、行政和刑事责任：

1.无理拒付、占用他人资金行为的法律责任。

票据的付款人对见票即付或者到期的票据，故意压票、拖延支付的，银行机构违反票据承兑等结算业务规定，不予兑现，不予收付入账，压单、压票或者违反规定退票的，由国家金融监督管理机构责令其改正，有违法所得的，没收违法所得。违法所得5万元以上的，并处违法所得1倍以上5倍以下罚款；没有违法所得或者违法所得不足5万元的，处5万元以上50万元以下罚款。

2.违反账户管理规定行为的法律责任。

（1）存款人开立、撤销银行结算账户违反规定的行为包括：①违反规定开立银行结算账户；②伪造、变造证明文件欺骗银行开立银行结算账户；③违反规定不及时撤销银行结算账户。

属于非经营性存款人的，给予警告并处以1 000元的罚款；属于经营性存款人的，给予警告并处以1万元以上3万元以下的罚款；构成犯罪的，移交司法机关依法追究刑事责任。

（2）存款人使用银行结算账户违反规定的行为包括：①违反规定将单位款项转入个人银行结算账户；②违反规定支取现金；③利用开立银行结算账户逃废银行债务；④出租、出借银行结算账户；⑤从基本存款账户之外的银行结算账户转账存入、将销货收入存入或现金存入单位信用卡账户；⑥法定代表人或主要负责人、存款人地址以及其他开户资料的变更事项未在规定期限内通知银行。

非经营性的存款人有上述第①至⑤项行为的，给予警告并处以1 000元的罚款；经营性的存款人有上述第①至⑤项行为的，给予警告并处以5 000元以上3万元以下的罚款；存款人有上述所列第⑥项行为的，给予警告并处以1 000元的罚款。

（3）伪造、变造、私自印制开户许可证的存款人，属非经营性的处以1 000元的罚款；属经营性的处以1万元以上3万元以下的罚款；构成犯罪的，移交司法机关依法追究刑事责任。

3.票据欺诈等行为的法律责任。

伪造、变造票据、托收凭证、汇款凭证、信用证，伪造信用卡的；故意使用伪造、变造的票据的；签发空头支票或者故意签发与其预留的本名签名式样或者印鉴不符的支票，骗取财物的；签发无可靠资金来源的汇票、本票，骗取资金的；汇票、本票的出票人在出票时作虚假记载，骗取财物的；冒用他人的票据，或者故意使用过期或者作废的票据，骗取财物的；付款人同出票人、持票人恶意串通，实施前六项行为之一的，依法追究刑事责任。有上述行为之一，情节轻微，不构成犯罪的，依照国家有关规定给予行政处罚。

其中，伪造、变造票据、托收凭证、汇款凭证、信用证，伪造信用卡的，处5年以下有期徒刑或者拘役，并处或者单处2万元以上20万元以下罚金；情节严重的，处5年以上10年以下有期徒刑，并处5万元以上50万元以下罚金；情节特别严重的，处10年以上有期徒刑或者无期徒刑，并处5万元以上50万元以下罚金或者没收财产。单位犯上述罪行的，对单位判处罚金，并对其直接负责的主管人员和其他责任人员，依照上述规定处罚。

有下列情形之一，妨害信用卡管理的，处3年以下有期徒刑或者拘役，并处或者单处1万元以上10万元以下罚金；数量巨大或者有其他严重情节的，处3年以上10年以下有期徒刑，并处2万元以上20万元以下罚金：明知是伪造的信用卡而持有、运输的，或者明知是伪造的空白信用卡而持有、运输，数量较大的；非法持有他人信用卡，数量较大的；使用虚假的身份证明骗领信用卡的；出售、购买、为他人提供伪造的信用卡或者以虚假的身份证明骗领信用卡的；窃取、收买或者非法提供他人信用卡信息资料的。

有下列情形之一，进行信用卡诈骗活动，数额较大的，处5年以下有期徒刑或者拘役，并处2万元以上20万元以下罚金；数额巨大或者有其他严重情节的，处5年以上10年以下有期徒刑，并处5万元以上50万元以下罚金；数额特别巨大或者有其他特别严重情节的，处10年以上有期徒刑或者无期徒刑，并处5万元以上50万元以下罚金或者没收财产：使用伪造的信用卡，或者使用以虚假的身份证明骗领的信用卡的；使用作废的信用卡的；冒用他人信用卡的；恶意透支的。

4.非法出租、出借、出售、购买银行结算账户或支付账户行为的法律责任。

视频8

非法出租、出借支付账户的法律责任

银行和支付机构对经公安机关认定的出租、出借、出售、购买银行结算账户（含银行卡）或者支付账户的单位和个人及相关组织者，假冒他人身份或者虚构代理关系开立银行结算账户或者支付账户的单位和个人，5年内暂停其银行账户非柜面业务、支付账户所有业务，并不得为其新开立账户。惩戒期满后，受惩戒的单位和个人办理新开立账户业务的，银行和支付机构应加大审核力度。中国人民银行将上述单位和个人信息移送金融信用信息基础数据库并向社会公布。

关键知识清单

1.支付结算纪律
2.违反支付结算法律制度的法律责任

三、任务实施

个人不应出租、出借、出售银行卡等账户用于非法支付结算活动。陈某和龙某为了获利，将银行卡提供给他人用于可能涉及诈骗资金的转账，违反了支付结算纪律，构成帮助信息网络犯罪活动等相关犯罪，受到刑罚是对其违法行为的惩戒，也警示人们要遵守支付结算规定，保护个人银行账户安全。

知之守之

2023年4月，西安警方发现张某瑞等7人无固定工作却在多家银行开设个人银行卡持续大额取现，人均取现超3 000万元，无法合理解释资金来源，触发银行反洗钱预警。经查，2022年1月以来，张某与卢某、魏某勾结，组织张某瑞等人利用POS机为地下赌场提供非法资金支付结算业务，虚构交易套现结算，累计结算套现5.03亿元，非法获利200余万元。最终，张某、张某瑞等8人以洗钱罪被批准逮捕，卢某、魏某以开设赌场罪被批准逮捕。

案例解析：张某瑞等7人无固定工作却人均取现超3 000万元，如此大额的资金流动明显与他们的收入状况不匹配，这种异常行为是触发案件调查的关键线索。张某等人构成洗钱罪：根据《刑法》第191条的规定，洗钱罪包括通过转账或者其他支付结算方式转移资金等掩饰、隐瞒犯罪所得及其收益的来源和性质的行为。张某等人组织利用POS机为地下赌场提供非法资金支付结算业务，虚构交易套现结算，属于典型的洗钱行为。卢某、魏某构成开设赌场罪：卢某、魏某开设地下赌场，其行为符合开设赌场罪的构成要件。根据《刑法》的规定，开设赌场的，应依法追究刑事责任。

这个案例给我们的警示是：（1）银行的反洗钱预警机制发挥了重要作用，金融机构应进一步加强对异常交易的监测和分析能力，完善客户身份识别和交易监测系统，及时发现和报告可疑交易。（2）提醒人们要增强法律意识和风险意识，不要为了贪图小利而参与非法活动，避免出租、出借个人银行账户等行为，以免沦为犯罪分子的帮凶。

巩固与提升

【例4-1·单选题】根据支付结算法律制度的规定，下列关于中文大写和阿拉伯数码记载金额不一致的票据效力及银行处理方式的表述中，正确的是（　　）。

A.有效，视情况受理 　　　　　　　B.有效，不予受理

C.无效，视情况受理 　　　　　　　D.无效，不予受理

项目四在线测试

【例4-2·多选题】根据支付结算法律制度的规定，下列票据记载事项中，属于相对记载事项的有（　　）。

A.背书日期 　　　　　　　　　　　B.承兑日期

C.保证日期 　　　　　　　　　　　D.出票日期

【例4-3·单选题】根据支付结算法律制度的规定，下列表述中，正确的是（　　）。

A.申请公示催告必须先申请挂失止付

B.办理挂失止付应有确定的付款人

C.银行网点营业时间终止后，因为紧急情况可以到该银行网点负责人的家中提示付款

D.公示催告可以在当地晚报上刊发

【例4-4·单选题】根据支付结算法律制度的规定，下列表述中，正确的是（　　）。

A.票据权利时效期间是指提示付款期间

B.持票人对支票出票人的权利，自出票日起3个月

C.持票人对前手的再追索权，自清偿日或者被提起诉讼之日起3个月

D.持票人对前手的追索权，自被拒绝承兑或者被拒绝付款之日起3个月

【例4-5·单选题】根据支付结算法律制度的规定，下列表述中，正确的是（　　）。

A.票据债务人可以以自己与出票人或者与持票人的前手之间的抗辩事由，对抗持票人

B.持票人未按照规定期限提示付款的，付款人的票据责任解除

C.持票人委托的收款银行的责任，限于按照票据上记载事项将票据金额转入持票人账户

D.付款人委托的付款银行的责任，限于按照票据上记载事项从付款人账户支付票据金额，不必审查背书连续

【例4-6·多选题】下列关于贴现的说法中，正确的有（　　）。

A.贴现是一种票据转让行为

B.贴现申请人必须是在银行开立存款账户的企业法人以及其他组织

C.贴现的期限是从贴现之日起至汇票到期日止

D.贴现利息＝票面金额×贴现率×贴现期限

【例4-7·多选题】下列票据中，可以办理贴现的有（　　）。

A.银行承兑汇票 　　　　　　　　　B.商业承兑汇票

C.银行汇票   D.支票

【例4-8·单选题】汇兑的汇入银行对于向收款人发出取款通知，经过（ ）无法交付的汇款，应主动办理退汇。

A.1个月   B.2个月

C.3个月   D.6个月

【例4-9·多选题】下列关于汇兑的表述中，正确的有（ ）。

A.汇兑分为信汇和电汇两种

B.汇兑适用于单位和个人的各种款项的结算

C.汇款人对汇出银行尚未汇出的款项可以申请撤销

D.汇入银行对于收款人拒绝接受的汇款，应即办理退汇

【例4-10·单选题】根据支付结算法律制度的规定，下列关于银行卡收单业务的表述中，错误的是（ ）。

A.收单机构应当对实体特约商户实行本地化经营和管理，不得跨省域开展收单业务

B.国内银行卡POS机交易的转接和资金清算由中国人民银行负责

C.发卡机构收取的发卡行服务费，实行政府指导价、上限管理

D.发卡机构收取的发卡行服务费，借记卡交易不超过交易金额的0.35%，单笔收费金额不超过13元

【例4-11·单选题】根据支付结算法律制度的规定，下列有关银行卡收单业务的表述中，正确的有（ ）。

A.特约商户为个体工商户或自然人的，可以使用其同名个人银行结算账户作为收单银行结算账户

B.收单机构向特约商户收取的收单服务费，由收单机构与特约商户协商确定具体费率

C.收单机构应当对实体特约商户收单业务进行本地化经营和管理，不得跨省（自治区、直辖市）域开展收单业务

D.特约商户使用单位银行结算账户作为收单银行结算账户的，收单机构应当审核其合法拥有该账户的证明文件

【例4-12·多选题】下列属于银行卡收单业务中的风险事件的有（ ）。

A.移机   B.银行卡套现

C.留存持卡人账户信息   D.洗钱

答案与解析

项目五 劳动合同与社会保险法律制度

素养目标

1.培养劳动合同与社会保险法律思维和守法意识，能够自觉遵守劳动合同与社会保险法律制度，维护法律制度尊严。

2.引导树立正确的劳动合同与社会保险法律制度价值观，理解劳动合同与社会保险法律制度的重要作用，增强社会责任感。

3.提升劳动合同与社会保险法律制度水平，在面对劳动合同与社会保险法律制度事务时能够保持理性和客观。

知识目标

1.学习了解劳动合同与社会保险法律制度的基本概念、构成内容及其作用。

2.掌握劳动合同的订立、履行、变更、解除与终止的法律规定，熟悉社会保险覆盖范围、缴费标准、待遇享受条件等法律法规的相关规定。

3.熟悉劳动合同与社会保险法律制度的贯彻执行和监督管理要求。

技能目标

1.培养阅读、理解和分析劳动合同与社会保险法律条文的能力。

2.锻炼运用劳动合同与社会保险法律制度及其知识分析解决问题的能力。

3.掌握运用劳动合同与社会保险法律制度维护劳动关系和社会保险合法权益的能力。

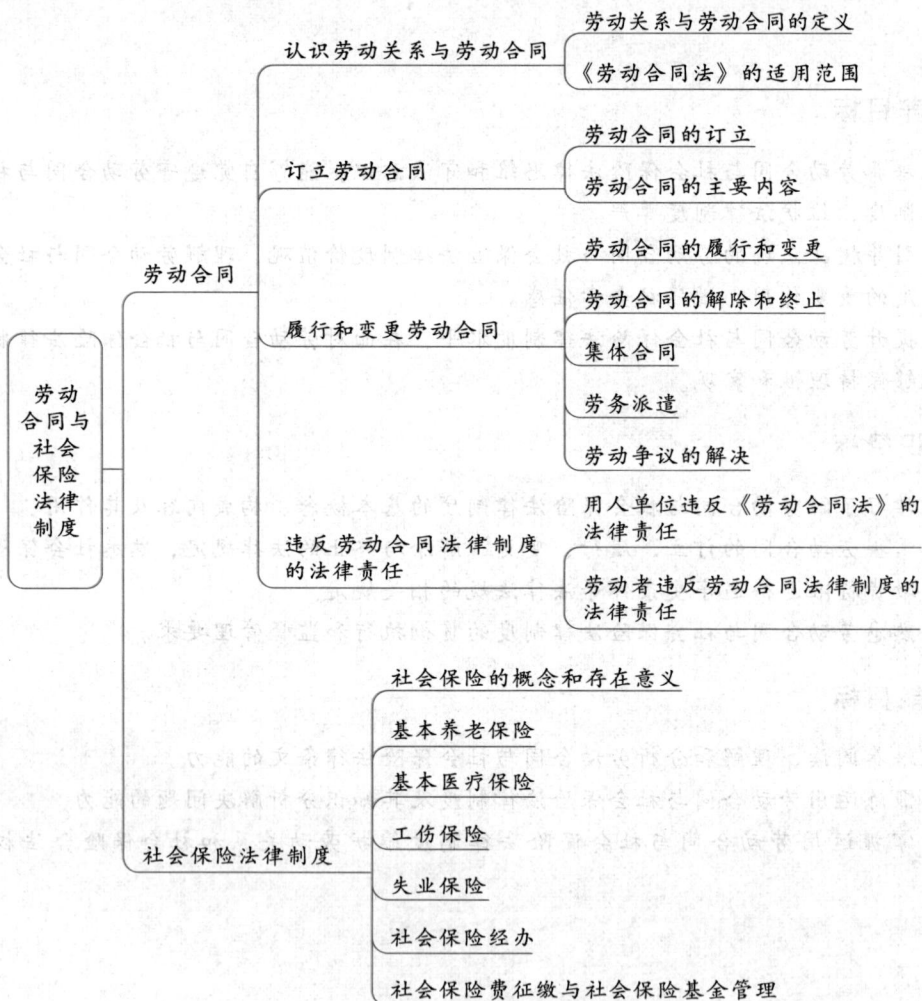

劳动合同与社会保险法律制度

劳动合同
- 认识劳动关系与劳动合同
  - 劳动关系与劳动合同的定义
  - 《劳动合同法》的适用范围
- 订立劳动合同
  - 劳动合同的订立
  - 劳动合同的主要内容
- 履行和变更劳动合同
  - 劳动合同的履行和变更
  - 劳动合同的解除和终止
  - 集体合同
  - 劳务派遣
  - 劳动争议的解决
- 违反劳动合同法律制度的法律责任
  - 用人单位违反《劳动合同法》的法律责任
  - 劳动者违反劳动合同法律制度的法律责任

社会保险法律制度
- 社会保险的概念和存在意义
- 基本养老保险
- 基本医疗保险
- 工伤保险
- 失业保险
- 社会保险经办
- 社会保险费征缴与社会保险基金管理

任务一　认识劳动关系与劳动合同

一、任务情景

（一）任务场景

1.新学期伊始，同学们开始学习"劳动关系与劳动合同"课程，课间大家热烈讨论：

张同学说："劳动关系其实就是雇佣关系。"

李同学说："劳动合同无非就是规定了一个月支付工资数量的合同。"

王同学纠正说："不对，劳动关系不等同于雇佣关系，二者的法律定性不同。劳动合同的签订内容和形式更多、更复杂，其是劳动者与用人单位依法确立劳动关系，明确双方权利和义务的口头协定。"

2.滨海物流的快递员张某与第三方劳务派遣公司签订《劳务派遣协议》，但其实际上是在滨海物流从事快递收派工作，张某主张要求确认与滨海物流的劳动关系。

（二）任务布置

1.学习劳动关系与劳动合同的相关法规，分析"任务场景1"中的张同学、李同学和王同学的说法是否正确。

2.分析"任务场景2"中的快递员张某的主张是否合理。

二、任务准备

（一）劳动关系与劳动合同

劳动关系是指劳动者与用人单位依法签订劳动合同而在劳动者与用人单位之间产生的法律关系。劳动者接受用人单位的管理，从事用人单位安排的工作，成为用人单位的成员，从用人单位领取劳动报酬并依法享受劳动保护。

劳动合同是劳动者和用人单位之间依法确立劳动关系、明确双方权利义务的协议。

为规范劳动关系，国家陆续颁布了一系列相关法律、法规和规章。例如，《中华人民共和国劳动法》（以下简称《劳动法》）、《中华人民共和国劳动合同法》（以下简称《劳动合同法》）、《中华人民共和国劳动争议调解仲裁法》（以下简称《调解仲裁法》）、《中华人民共和国劳动合同法实施条例》（以下简称《劳动合同法实施条例》）、《职工带薪年休假条例》等。这些法律法规构成了我国劳动合同法律制度的主要内容。

（二）《劳动合同法》的适用范围

1.适用《劳动合同法》的劳动关系。

中国境内的企业、个体经济组织、民办非企业单位等组织（以下简称"用人单位"）与劳动者建立劳动关系，订立、履行、变更、解除或者终止劳动合同，适用《劳动合同法》。依法成立的会计师事务所、律师事务所等合伙组织和基金会，也属于《劳动合同法》规定的用人单位。

2.依照《劳动合同法》执行的劳动关系。

国家机关、事业单位、社会团体和与其建立劳动关系的劳动者，订立、履行、变更、解除或者终止劳动合同，依照《劳动合同法》执行。

3.部分适用《劳动合同法》的劳动关系。

地方各级人民政府及县级以上人民政府有关部门为安置就业困难人员提供的给予岗位补贴和社会保险补贴的公益性岗位，其劳动合同不适用《劳动合同法》有关无固定期限劳动合同的规定以及支付经济补偿的规定。

关键知识清单

1.劳动关系与劳动合同的定义。

2.《劳动合同法》的适用范围。

三、任务实施

1.同学们的说法比较片面，劳动关系、雇佣关系的法律定性不同，劳动关系依照《劳动法》实施，要求必须签订书面劳动合同，雇佣关系由《民法典》定义，允许口头协议，无强制签约要求。

2.张某虽与第三方劳务派遣公司签订《劳务派遣协议》，但其实际上是在滨海公司从事快递收派工作，实际工作关系仍构成劳动关系，滨海公司应支付未签劳动合同的双倍工资差额。

任务二 订立劳动合同

一、任务情景

（一）任务场景

1.周某于2023年4月11日进入宏达公司就职。经周某要求，宏达公司于2024年4月15日才与其签订劳动合同。周某每月工资2 000元，按时足额领取。

2.兴邦公司一直实行标准工时制，2023年度，在劳动用工方面发生了以下事实：10月10日，兴邦公司通过口头协议聘用郑某从事非全日制用工，试用期1个月；11月25日，兴邦公司发现郑某与明德公司也订立了非全日制用工劳动合同，于是通知郑某终止用工。

（二）任务布置

1.学习订立劳动合同相关内容，分析"任务场景1"中的宏达公司违反了哪些规定。

2.分析"任务场景2"中的兴邦公司关于非全日制用工的做法。

二、任务准备

（一）劳动合同订立的概念和原则

1.劳动合同订立的概念。

劳动合同的订立是指劳动者和用人单位经过相互选择与平等协商，就劳动合同的各项条款达成一致意见，并以书面形式明确规定双方权利、义务的内容，从而确立劳动关系的法律行为。

2.劳动合同订立的原则。

订立劳动合同，应当遵循合法、公平、平等自愿、协商一致、诚实信用的原则。

（1）合法原则，要求合同的形式、内容及订立程序等均符合法律规定。

（2）公平原则，强调双方权利义务的对等和合理分配。

（3）平等自愿原则，指双方在法律地位上平等，均出于真实意愿订立合同。

（4）协商一致原则，指就合同的各项条款，双方应当充分协商并达成一致意见。

（5）诚实信用原则，要求双方如实告知相关情况，不得有欺诈、胁迫等行为。

（二）劳动合同订立的主体

1.劳动合同订立主体的资格要求。

（1）劳动者有劳动权利能力和行为能力。

关于民事主体的权利能力和行为能力，详见项目二中的有关内容。

根据《劳动法》的规定，禁止用人单位招用未满16周岁的未成年人。文艺、体育和特种工艺单位招用未满16周岁的未成年人，必须遵守国家有关规定，并保障其接受义务教育的权利。

劳动者就业，不因民族、种族、性别、宗教信仰不同而受歧视。妇女享有与男子平等的就业权利。在录用职工时，除国家规定的不适合妇女的工种或者岗位外，不得以性别为由拒绝录用妇女或者提高对妇女的录用标准。残疾人、少数民族人员、退出现役的军人的就业，法律、法规有特别规定的，从其规定。

（2）用人单位有用人权利能力和用人行为能力。

用人单位是指具有用人权利能力和用人行为能力，运用劳动力组织生产劳动，且向劳动者支付工资等劳动报酬的单位。用人单位设立的分支机构，依法取得营业执照或者登记证书的，可以作为用人单位与劳动者订立劳动合同；未依法取得营业执照或者登记证书的，受用人单位委托可以与劳动者订立劳动合同。

2.劳动合同订立主体的义务。

（1）用人单位的义务和责任。

用人单位招用劳动者时，应当如实告知劳动者工作内容、工作条件、工作地点、职业危害、安全生产状况、劳动报酬，以及劳动者要求了解的其他情况。

用人单位招用劳动者，不得扣押劳动者的居民身份证和其他证件，不得要求劳动者提供担保或者以其他名义向劳动者收取财物。

用人单位违反《劳动合同法》规定,扣押劳动者居民身份证等证件的,由劳动行政部门责令限期退还劳动者本人,并依照有关法律规定给予处罚。用人单位以担保或者其他名义向劳动者收取财物的,由劳动行政部门责令限期退还劳动者本人,并以每人500元以上2 000元以下的标准处以罚款;给劳动者造成损害的,应当承担赔偿责任。

(2)劳动者的义务。

用人单位有权了解劳动者与劳动合同直接相关的基本情况,劳动者应当如实说明。

(三)劳动关系建立的时间

1.用工之日。

用人单位自用工之日起,即与劳动者建立劳动关系。用人单位与劳动者在用工前订立劳动合同的,劳动关系自用工之日起建立。

2.职工名册的建立。

用人单位应当建立职工名册备查。职工名册应当包括劳动者姓名、性别、公民身份号码、户籍地址及现住址、联系方式、用工形式、用工起始时间、劳动合同期限等内容。

(四)劳动合同订立的形式

1.书面形式。

建立劳动关系,应当订立书面劳动合同。已建立劳动关系,未同时订立书面劳动合同的,应当自用工之日起1个月内订立书面劳动合同。在实践中,有的用人单位和劳动者虽已建立劳动关系,但迟迟未能订立书面劳动合同,不利于劳动关系的法律保护。为此,《劳动合同法》《劳动合同法实施条例》区分不同情况进行规范。

(1)劳动者不与用人单位订立书面劳动合同的处理。

自用工之日起1个月内,经用人单位书面通知后,劳动者不与用人单位订立书面劳动合同的,用人单位应当书面通知劳动者终止劳动关系,无须向劳动者支付经济补偿,但是应当依法向劳动者支付其实际工作时间的劳动报酬。

(2)用人单位超过1个月不满1年未与劳动者订立书面劳动合同的处理。

用人单位自用工之日起超过1个月不满1年未与劳动者订立书面劳动合同的,应当向劳动者每月支付两倍的工资,并与劳动者补订书面劳动合同;劳动者不与用人单位订立书面劳动合同的,用人单位应当书面通知劳动者终止劳动关系,并支付经济补偿。用人单位向劳动者每月支付两倍工资的起算时间为用工之日起满1个月的次日,截止时间为补订书面劳动合同的前一日。

(3)用人单位满1年未与劳动者订立书面劳动合同的处理。

用人单位自用工之日起满1年未与劳动者订立书面劳动合同的,自用工之日起满1个月的次日至满1年的前一日应当向劳动者每月支付两倍的工资,并视为自用工之日起满1年的当日已经与劳动者订立无固定期限劳动合同,应当立即与劳动者补订书面劳动合同。

2.口头形式。

(1)非全日制用工的概念。

非全日制用工双方当事人可以订立口头协议。非全日制用工是指以小时计酬为主,劳动者在同一用人单位一般平均每日工作时间不超过4小时，每周工作时间累计不超过24小时的用工形式。

（2）非全日制用工的有关规定。

从事非全日制用工的劳动者可以与一个或者一个以上用人单位订立劳动合同；但是，后订立的劳动合同不得影响先订立的劳动合同的履行。

非全日制用工双方当事人不得约定试用期。

非全日制用工双方当事人任何一方都可以随时通知对方终止用工。终止用工，用人单位不向劳动者支付经济补偿。

非全日制用工小时计酬标准不得低于用人单位所在地人民政府规定的最低小时工资标准。用人单位可以按小时、日或周为单位结算工资，但非全日制用工劳动报酬结算支付周期最长不得超过15日。

（五）劳动合同的效力

1.劳动合同的生效。

劳动合同由用人单位与劳动者协商一致，并经用人单位与劳动者在劳动合同文本上签字或者盖章生效。劳动合同文本由用人单位和劳动者各执一份。

如果用人单位不履行劳动合同，没有给劳动者提供约定的工作岗位，劳动者可以要求用人单位提供约定的工作岗位或者承担违约责任；如果劳动者不履行劳动合同，用人单位可以要求劳动者提供约定的劳动或者承担违约责任。如果因一方不履行劳动合同，造成另一方损失的，违约方还应赔偿对方相应的损失。

2.无效劳动合同的情形。

无效劳动合同是指由用人单位和劳动者签订成立，而国家不予承认其法律效力的劳动合同。劳动合同虽然已经成立，但因违反了平等自愿、协商一致、诚实信用、公平等原则和法律、行政法规的强制性规定，使其全部或者部分条款归于无效。

下列劳动合同无效或者部分无效：

（1）以欺诈、胁迫的手段或者乘人之危，使对方在违背真实意思的情况下订立或者变更劳动合同的。

（2）用人单位免除自己的法定责任、排除劳动者权利的。

（3）违反法律、行政法规强制性规定的。

对劳动合同的无效或者部分无效有争议的，由劳动争议仲裁机构或者人民法院确认。

3.无效劳动合同的法律后果。

无效劳动合同，从订立时起就没有法律约束力。劳动合同部分无效，不影响其他部分效力的，其他部分仍然有效。

劳动合同被确认无效，劳动者已付出劳动的，用人单位应当向劳动者支付劳动报酬。劳动报酬的数额，参照本单位相同或者相近岗位劳动者的劳动报酬确定。

劳动合同被确认无效，给对方造成损害的，有过错的一方应当承担赔偿责任。

（六）劳动合同必备条款

劳动合同必备条款是指劳动合同必须具备的内容。劳动合同应当具备以下条款：

1.用人单位的名称、住所和法定代表人或者主要负责人。

用人单位的名称是指用人单位注册登记时所登记的名称，是代表用人单位的符号。用人单位的住所是指用人单位发生法律关系的中心区域。劳动合同文本中要标明用人单位的具体地址。用人单位有两个以上办事机构的，以主要办事机构所在地为住所。具有法人资格的用人单位，要注明单位的法定代表人；不具有法人资格的用人单位，必须在劳动合同中写明该单位的主要负责人。

2.劳动者的姓名、住址和居民身份证或者其他有效身份证件号码。

劳动者的姓名以户籍登记，即以居民身份证上所载内容为准。劳动者的住址，以其户籍所在的居住地为住址，其经常居住地与户籍所在地不一致的，以经常居住地为住址。

3.劳动合同期限。

劳动合同分为固定期限劳动合同、以完成一定工作任务为期限的劳动合同和无固定期限劳动合同。

（1）固定期限劳动合同。

固定期限劳动合同是指用人单位与劳动者明确约定合同终止时间的劳动合同。劳动合同期限届满，劳动关系即告终止。如果双方协商一致，还可以续订劳动合同。

（2）以完成一定工作任务为期限的劳动合同。

以完成一定工作任务为期限的劳动合同是指用人单位与劳动者约定以某项工作的完成为合同期限的劳动合同。一般在以下几种情况下，用人单位与劳动者可以签订以完成一定工作任务为期限的劳动合同：①以完成单项工作任务为期限的劳动合同；②以项目承包方式完成承包任务的劳动合同；③因季节原因用工的劳动合同；④其他双方约定的以完成一定工作任务为期限的劳动合同。

（3）无固定期限劳动合同。

无固定期限劳动合同是指用人单位与劳动者约定无确定终止时间的劳动合同。无确定终止时间是指劳动合同没有一个确切的终止时间，劳动合同的期限长短不能确定，只要没有出现法定解除情形或者双方协商一致解除的，双方当事人就要继续履行劳动合同。但其并不是没有终止时间，一旦出现了法定情形或者双方协商一致解除的，无固定期限劳动合同同样也能够解除。

有下列情形之一，劳动者提出或者同意续订、订立劳动合同的，除劳动者提出订立固定期限劳动合同外，应当订立无固定期限劳动合同：

① 劳动者在该用人单位连续工作满10年的。连续工作满10年的起始时间，应当自用人单位用工之日起计算，包括《劳动合同法》施行前的工作年限。劳动者非因本人原因从原用人单位被安排到新用人单位工作的，劳动者在原用人单位的工作年限合并计算为新用人单位的工作年限。原用人单位已经向劳动者支付经济补偿的，新用人单位在依法解除、终止劳动合同计算支付经济补偿的工作年限时，不再计算劳动者在原用人单位

的工作年限。

用人单位符合下列情形之一的，应当认定属于"劳动者非因本人原因从原用人单位被安排到新用人单位工作"：劳动者仍在原工作场所、工作岗位工作，劳动合同主体由原用人单位变更为新用人单位；用人单位以组织委派或任命形式对劳动者进行工作调动；因用人单位合并、分立等原因导致劳动者工作调动；用人单位及其关联企业与劳动者轮流订立劳动合同；其他合理情形。

② 用人单位初次实行劳动合同制度或者国有企业改制重新订立劳动合同时，劳动者在该用人单位连续工作满10年且距法定退休年龄不足10年的。

③ 连续订立两次固定期限劳动合同，且劳动者没有下述情形，续订劳动合同的：严重违反用人单位规章制度的；严重失职，营私舞弊，给用人单位造成重大损害的；劳动者同时与其他用人单位建立劳动关系，对完成本单位的工作任务造成严重影响，或者经用人单位提出，拒不改正的；劳动者以欺诈、胁迫的手段或者乘人之危，使用人单位在违背真实意思的情况下订立或者变更劳动合同，致使劳动合同无效的；被依法追究刑事责任的；劳动者患病或者非因工负伤，在规定的医疗期满后不能从事原工作，也不能从事由用人单位另行安排的工作的；劳动者不能胜任工作，经过培训或者调整工作岗位，仍不能胜任工作的。

连续订立固定期限劳动合同的次数，应当自《劳动合同法》2008年1月1日施行后续订固定期限劳动合同时开始计算。

另外，用人单位自用工之日起满1年不与劳动者订立书面劳动合同的，视为用人单位自用工之日起满1年的当日已经与劳动者订立无固定期限劳动合同。

地方各级人民政府及县级以上地方人民政府有关部门为安置就业困难人员提供的给予岗位补贴和社会保险补贴的公益性岗位，其劳动合同不适用《劳动合同法》有关无固定期限劳动合同的规定。

4.工作内容和工作地点。

工作内容包括劳动者从事劳动的工种、岗位和劳动定额、产品质量标准的要求等。这是劳动者判断自己是否胜任该工作、是否愿意从事该工作的关键信息。

工作地点是指劳动者可能从事工作的具体地理位置。工作地点决定着劳动者上下班所需的时间，进而影响劳动者的生活，关系到劳动者的切身利益。这也是劳动者判断是否订立劳动合同必不可少的信息，是用人单位必须告知劳动者的内容。

5.工作时间和休息、休假。

（1）工作时间。

工作时间通常是指劳动者在一昼夜或一周内从事生产或工作的时间，换言之，是劳动者每天应工作的时数或每周应工作的天数。目前，我国实行的工时制度主要有标准工时制、不定时工作制和综合计算工时制三种类型。

① 标准工时制。

标准工时制也称标准工作日，是指法律统一规定的劳动者从事工作或劳动的时间。

国家实行劳动者每日工作8小时、每周工作40小时的标准工时制度。有些企业因工作性质和生产特点不能实行标准工时制度，应当保证劳动者每天工作不超过8小时，每周工作不超过40小时，每周至少休息1天。

用人单位由于生产经营需要，经与工会和劳动者协商后可以延长工作时间，一般每日不得超过1小时；因特殊原因需要延长工作时间的，在保障劳动者身体健康的条件下延长工作时间，每日不得超过3小时，每月不得超过36小时。但对于发生自然灾害、事故或者因其他原因，威胁劳动者生命健康和财产安全，需要紧急处理的；生产设备、交通运输线路、公共设施发生故障，影响生产和公众利益，必须及时抢修的；以及法律、行政法规规定的其他情形，延长工作时间不受上述规定的限制。

② 不定时工作制。

不定时工作制也称无定时工作制、不定时工作日，是指没有固定工作时间限制的工作制度，主要适用于一些因工作性质或工作条件不受标准工作时间限制的工作岗位。

③ 综合计算工时制。

综合计算工时制也称综合计算工作日，是指用人单位根据生产和工作的特点，分别以周、月、季、年等为周期，综合计算劳动者工作时间，但其平均日工作时间和平均周工作时间仍与法定标准工作时间基本相同的一种工时形式。

（2）休息、休假。

休息是指劳动者在任职期间，在国家规定的法定工作时间以外，无须履行劳动义务而自行支配的时间，包括工作日内的间歇时间、工作日之间的休息时间和公休假日（周休息日，是职工工作满一个工作周以后的休息时间）。

休假是指劳动者无须履行劳动义务且一般有工资保障的法定休息时间，主要包括以下两类：①法定假日，是指由法律统一规定的用以开展纪念、庆祝活动的休息时间，包括元旦、春节、清明节、劳动节、端午节、中秋节、国庆节等；②年休假，是指职工工作满一定年限，每年可享有的保留工作岗位、带薪连续休息的时间。

《职工带薪年休假条例》规定，机关、团体、企业、事业单位、民办非企业单位、有雇工的个体工商户等单位的职工连续工作1年以上的，享受带薪年休假（以下简称年休假）。职工在年休假期间享受与正常工作期间相同的工资收入。职工累计工作已满1年不满10年的，年休假5天；已满10年不满20年的，年休假10天；已满20年的，年休假15天。国家法定休假日、休息日不计入年休假的假期。单位应根据生产、工作的具体情况，并考虑职工本人意愿，统筹安排职工年休假。年休假在一个年度内可以集中安排，也可以分段安排，一般不跨年度安排。单位因生产、工作特点确有必要跨年度安排职工年休假的，可以跨一个年度安排。

但当职工有下列情形之一时，不享受当年的年休假：①职工依法享受寒暑假，其休假天数多于年休假天数的；②职工请事假累计20天以上且单位按照规定不扣工资的；③累计工作满1年不满10年的职工，请病假累计2个月以上的；④累计工作满10年不满20年的职工，请病假累计3个月以上的；⑤累计工作满20年以上的职工，请病假累计4

个月以上的。

根据《企业职工带薪年休假实施办法》，职工新进用人单位且符合享受带薪年休假条件的，当年度年休假天数按照在本单位剩余日历天数折算确定，折算后不足1整天的部分不享受年休假。

6.劳动报酬。

（1）劳动报酬与支付。

劳动报酬是指用人单位根据劳动者劳动的数量和质量，以货币形式支付给劳动者的工资。这是劳动者为用人单位提供劳动获得的直接回报，是劳动者提供劳动的直接目的，是劳动者的生活来源。

根据国家有关规定，工资应当以法定货币支付，不得以实物及有价证券替代货币支付。工资必须在用人单位与劳动者约定的日期支付。如遇节假日或休息日，则应提前在最近的工作日支付。工资至少每月支付一次，实行周、日、小时工资制的，可按周、日、小时支付工资。对完成一次性临时劳动或某项具体工作的劳动者，用人单位应按有关协议或合同规定在其完成劳动任务后即支付工资。

用人单位应当依法支付劳动者在法定休假日和婚丧假期间以及依法参加社会活动期间的工资。在部分公民放假的节日期间（妇女节、青年节），对参加社会活动或单位组织庆祝活动和照常工作的职工，单位应当支付工资报酬，但不支付加班工资。如果该节日恰逢星期六、星期日，单位安排职工加班工作，则应当依法支付休息日的加班工资。

用人单位在劳动者完成劳动定额或规定的工作任务后，根据实际需要安排劳动者在法定标准工作时间以外工作的，应当按照下列标准支付高于劳动者正常工作时间工资的工资报酬：①用人单位依法安排劳动者在日标准工作时间以外延长工作时间的，按照不低于劳动合同规定的劳动者本人小时工资标准的150%支付劳动者工资；②用人单位依法安排劳动者在休息日工作，而又不能安排补休的，按照不低于劳动合同规定的劳动者本人日或小时工资标准的200%支付劳动者工资；③用人单位依法安排劳动者在法定休假节日工作的，按照不低于劳动合同规定的劳动者本人日或小时工资标准的300%支付劳动者工资。

实行计件工资的劳动者，在完成计件定额任务后，由用人单位安排延长工作时间的，根据上述原则，分别按照不低于其本人法定工作时间计件单价的150%、200%、300%支付其工资。

用人单位安排加班不支付加班费的，由劳动行政部门责令限期支付加班费；逾期不支付的，责令用人单位按应付金额50%以上100%以下的标准向劳动者加付赔偿金。

经劳动行政部门批准实行综合计算工时工作制的，其综合计算工作时间超过法定标准工作时间的部分，应视为延长工作时间，按上述规定支付劳动者延长工作时间的工资。

实行不定时工时制度的劳动者，不执行上述规定。

（2）最低工资制度。

《劳动法》规定，国家实行最低工资保障制度。最低工资的具体标准由省、自治区、直辖市人民政府规定，报国务院备案。用人单位支付劳动者的工资不得低于当地最低工资标准。

最低工资标准是指劳动者在法定工作时间或依法签订的劳动合同约定的工作时间内提供了正常劳动的前提下，用人单位依法应支付的最低劳动报酬。最低工资不包括延长工作时间的工资报酬，以货币形式支付的住房补贴和用人单位支付的伙食补贴，中班、夜班、高温、低温、井下、有毒、有害等特殊工作环境和劳动条件下的津贴，国家法律、法规、规章规定的社会保险福利待遇。

劳动合同履行地与用人单位注册地不一致的，有关劳动者的最低工资标准、劳动保护、劳动条件、职业危害防护和本地区上年度职工月平均工资标准等事项，按照劳动合同履行地的有关规定执行；用人单位注册地的有关标准高于劳动合同履行地的有关标准，且用人单位与劳动者约定按照用人单位注册地的有关规定执行的，从其约定。

因劳动者本人原因给用人单位造成经济损失的，用人单位可按照劳动合同的约定要求其赔偿经济损失。经济损失的赔偿，可从劳动者本人的工资中扣除。但每月扣除的部分，不得超过劳动者当月工资的20%。若扣除后的剩余工资部分低于当地月最低工资标准，则按最低工资标准支付。

用人单位低于当地最低工资标准支付劳动者工资的，由劳动行政部门责令限期支付其差额部分；逾期不支付的，责令用人单位按应付金额50%以上100%以下的标准向劳动者加付赔偿金。

7.社会保险。

社会保险包括基本养老保险、基本医疗保险、失业保险、工伤保险和生育保险。参加社会保险、缴纳社会保险费是用人单位与劳动者的法定义务，双方都必须履行。

8.劳动保护、劳动条件和职业危害防护。

劳动保护是指用人单位保护劳动者在工作过程中不受伤害的具体措施。劳动条件是指用人单位为劳动者提供正常工作所必需的条件，包括劳动场所和劳动工具。职业危害防护是指用人单位对工作过程中可能产生的影响劳动者身体健康的危害的防护措施。

9.法律、法规规定应当纳入劳动合同的其他事项。

用人单位提供的劳动合同文本未载明《劳动合同法》规定的劳动合同必备条款或者用人单位未将劳动合同文本交付劳动者的，由劳动行政部门责令改正；给劳动者造成损害的，应当承担赔偿责任。

（七）劳动合同可备条款

除劳动合同必备条款外，用人单位与劳动者还可以在劳动合同中约定试用期、培训、保守秘密、补充保险和福利待遇等其他事项，称为可备条款。但约定事项不能违反法律、行政法规的强制性规定，否则该约定无效。

1.试用期。

试用期是指用人单位和劳动者双方为相互了解、确定对方是否符合自己的招聘条件或求职意愿而约定的考察期间。在劳动合同中约定试用期，一方面，可以维护用人单位的利益，使用人单位有时间考察劳动者是否与录用要求相一致，是否适合其工作岗位，避免用人单位遭受不必要的损失；另一方面，可以维护新招收职工的利益，使被录用的职工能够通过具体的工作来考察和感受用人单位的工作内容、劳动条件、劳动报酬等是否符合劳动合同的规定。

（1）试用期期限。

劳动合同期限3个月以上（含本数，下同）不满1年的，试用期不得超过1个月；劳动合同期限1年以上不满3年的，试用期不得超过2个月；3年以上固定期限和无固定期限的劳动合同，试用期不得超过6个月。

同一用人单位与同一劳动者只能约定一次试用期。以完成一定工作任务为期限的劳动合同或者劳动合同期限不满3个月的，不得约定试用期。试用期包含在劳动合同期限内。劳动合同仅约定试用期的，试用期不成立，该期限为劳动合同期限。

用人单位违反规定与劳动者约定试用期的，由劳动行政部门责令改正；违法约定的试用期已经履行的，由用人单位以劳动者试用期满月工资为标准，按已经履行的超过法定试用期的期间向劳动者支付赔偿金。

（2）试用期工资。

劳动者在试用期的工资不得低于本单位相同岗位最低档工资或者劳动合同约定工资的80%，并不得低于用人单位所在地的最低工资标准。劳动合同约定工资，是指该劳动者与用人单位订立的劳动合同中约定的劳动者试用期满月后的工资。

2.服务期。

（1）服务期的适用范围。

服务期是指劳动者因享受用人单位给予的特殊待遇而作出的关于劳动履行期限的承诺。《劳动合同法》规定，用人单位为劳动者提供专项培训费用，对其进行专业技术培训的，可以与该劳动者订立协议，约定服务期。

用人单位与劳动者约定服务期的，不影响按照正常的工资调整机制提高劳动者在服务期期间的劳动报酬。

劳动合同期满，但是用人单位与劳动者约定的服务期尚未到期的，劳动合同应当续延至服务期满；双方另有约定的，从其约定。

（2）劳动者违反服务期约定的违约责任。

劳动者违反服务期约定的，应当按照约定向用人单位支付违约金。违约金的数额不得超过用人单位提供的培训费用。用人单位要求劳动者支付的违约金不得超过服务期尚未履行部分所应分摊的培训费用。

培训费用包括用人单位为了对劳动者进行专业技术培训而支付的有凭证的培训费用、培训期间的差旅费用以及因培训产生的用于该劳动者的其他直接费用。

一般而言，只有劳动者在服务期内提出与用人单位解除劳动关系时，用人单位才可以要求其支付违约金。不过，为了防止可能出现规避赔偿责任的情况，如果劳动者因下列情形之一而被用人单位解除劳动关系，用人单位仍有权要求其支付违约金：

①劳动者严重违反用人单位的规章制度的；

②劳动者严重失职，营私舞弊，给用人单位造成重大损害的；

③劳动者同时与其他用人单位建立劳动关系，对完成本单位的工作任务造成严重影响，或者经用人单位提出，拒不改正的；

④劳动者以欺诈、胁迫的手段或者乘人之危，使用人单位在违背真实意思的情况下订立或者变更劳动合同的；

⑤劳动者被依法追究刑事责任的。

（3）劳动者解除劳动合同不属于违反服务期约定的情形。

用人单位与劳动者约定了服务期，劳动者依照下述情形之一解除劳动合同的，不属于违反服务期的约定，用人单位不得要求劳动者支付违约金：

①用人单位未按照劳动合同约定提供劳动保护或者劳动条件的；

②用人单位未及时足额支付劳动报酬的；

③用人单位未依法为劳动者缴纳社会保险费的；

④用人单位的规章制度违反法律、法规的规定，损害劳动者权益的；

⑤用人单位以欺诈、胁迫的手段或者乘人之危，使劳动者在违背真实意思的情况下订立或者变更劳动合同致使劳动合同无效的；

⑥用人单位在劳动合同中免除自己的法定责任、排除劳动者权利的；

⑦用人单位违反法律、行政法规强制性规定的；

⑧法律、行政法规规定劳动者可以解除劳动合同的其他情形。

3.保守商业秘密和竞业限制。

（1）关于保守商业秘密和竞业限制的规定。

商业秘密是指不为公众所知悉、能为权利人带来经济利益，具有实用性并经权利人采取保密措施的技术信息和经营信息，包括非专利技术和经营信息两部分。用人单位与劳动者可以在劳动合同中约定保守用人单位的商业秘密和与知识产权相关的保密事项。

竞业限制又称竞业禁止，是对与权利人有特定关系的义务人的特定竞争行为的禁止。在用人单位和劳动者之间的劳动关系解除和终止后，限制劳动者一定时期的择业权，对因此约定给劳动者造成的损害，用人单位给予劳动者相应的经济补偿。

对负有保密义务的劳动者，用人单位可以在劳动合同或者保密协议中与劳动者约定竞业限制条款，并约定在解除或者终止劳动合同后，在竞业限制期限内按月给予劳动者经济补偿。劳动者违反竞业限制约定的，应当按照约定向用人单位支付违约金。

竞业限制的人员限于用人单位的高级管理人员、高级技术人员和其他负有保密义务的人员，而不是所有的劳动者。竞业限制的范围、地域、期限由用人单位与劳动者约定，竞业限制的约定不得违反法律、法规的规定。

在解除或者终止劳动合同后，竞业限制人员到与本单位生产或者经营同类产品、从事同类业务的有竞争关系的其他用人单位工作，或者自己开业生产或者经营同类产品、从事同类业务的竞业限制期限，不得超过2年。

（2）对竞业限制的司法解释。

针对司法实践中出现的关于竞业限制和经济补偿的各种争议，《最高人民法院关于审理劳动争议案件适用法律问题的解释（一）》对如何适用竞业限制条款处理争议作出如下规定：

① 当事人在劳动合同或者保密协议中约定了竞业限制，但未约定解除或者终止劳动合同后给予劳动者经济补偿，劳动者履行了竞业限制义务，要求用人单位按照劳动者在劳动合同解除或者终止前12个月平均工资的30%按月支付经济补偿的，人民法院应予支持。月平均工资的30%低于劳动合同履行地最低工资标准的，按照劳动合同履行地最低工资标准支付。

② 当事人在劳动合同或者保密协议中约定了竞业限制和经济补偿，当事人解除劳动合同时，除另有约定外，用人单位要求劳动者履行竞业限制义务，或者劳动者履行了竞业限制义务后要求用人单位支付经济补偿的，人民法院应予支持。

③ 当事人在劳动合同或者保密协议中约定了竞业限制和经济补偿，劳动合同解除或者终止后，因用人单位的原因导致3个月未支付经济补偿，劳动者请求解除竞业限制约定的，人民法院应予支持。

④ 在竞业限制期限内，用人单位请求解除竞业限制协议的，人民法院应予支持。在解除竞业限制协议时，劳动者请求用人单位额外支付劳动者3个月的竞业限制经济补偿的，人民法院应予支持。

⑤ 劳动者违反竞业限制约定，向用人单位支付违约金后，用人单位要求劳动者按照约定继续履行竞业限制义务的，人民法院应予支持。

视频9

劳动关系的建立

关键知识清单

1.劳动合同的订立。

2.劳动合同的主要内容。

三、任务实施

1.宏达公司自用工之日起满1年未与劳动者订立书面劳动合同，自用工之日起满1个月的次日至满1年的前一日（共11个月）应当向劳动者每月支付两倍的工资，即22 000元（11×2 000），并视为自用工之日起满1年的当日已经与劳动者订立无固定期限劳动合同，应当立即与劳动者补签书面劳动合同。

2.非全日制用工双方当事人可以订立口头协议；从事非全日制用工的劳动者可以与一个或一个以上用人单位订立劳动合同，但后订立的劳动合同不得影响先订立的劳动合同的履行；非全日制用工双方当事人任何一方都可以随时通知对方终止用工；非全日制用工双方当事人不得约定试用期。

任务三　履行和变更劳动合同

一、任务情景

（一）任务场景

1. 张某在吉通公司做销售员，签订了1年期劳动合同。吉通公司对销售员每月定有销售指标，规定3个月完不成指标属于不能胜任工作。张某已经连续3个月没有完成指标。

2. 陈某于2018年7月1日到甲公司工作。2024年4月30日，甲公司与其协商解除劳动合同。陈某劳动合同解除前12个月的月平均工资为5 000元。

（二）任务布置

1. 分析"任务场景1"中的吉通公司应如何处理与张某的劳动合同关系。

2. 分析"任务场景2"中的甲公司应如何依法向劳动者支付经济补偿。

二、任务准备

（一）劳动合同的履行

劳动合同的履行是指劳动合同生效后，当事人双方按照劳动合同的约定，完成各自承担的义务和实现各自享受的权利，使当事人双方订立合同的目的得以实现的法律行为。

1. 用人单位与劳动者应当按照劳动合同的约定，全面履行各自的义务。

（1）用人单位应当按照劳动合同的约定和国家规定，向劳动者及时足额支付劳动报酬。用人单位拖欠或者未足额支付劳动报酬的，劳动者可以依法向当地人民法院申请支付令，人民法院应当依法发出支付令。

用人单位未按照劳动合同的约定或者国家规定及时足额支付劳动者劳动报酬的，由劳动行政部门责令限期支付；逾期不支付的，责令用人单位按应付金额50%以上100%以下的标准向劳动者加付赔偿金。

（2）用人单位应当严格执行劳动定额标准，不得强迫或者变相强迫劳动者加班。用人单位安排加班的，应当按照国家有关规定向劳动者支付加班费。

（3）劳动者拒绝用人单位管理人员违章指挥、强令冒险作业的，不视为违反劳动合同。劳动者对危害生命安全和身体健康的劳动条件，有权对用人单位提出批评、检举和控告。

（4）用人单位变更名称、法定代表人、主要负责人或者投资人等事项，不影响劳动合同的履行。

（5）用人单位发生合并或者分立等情况，原劳动合同继续有效，劳动合同由承继其权利和义务的用人单位继续履行。

2.用人单位应当依法建立和完善劳动规章制度，保障劳动者享有劳动权利、履行劳动义务。

劳动规章制度是用人单位制定的组织劳动过程和进行劳动管理的规则和制度的总称。其主要包括劳动合同管理、工资管理、社会保险福利待遇、工时休假、职工奖惩，以及其他劳动管理规定。合法有效的劳动规章制度是劳动合同的组成部分，对用人单位和劳动者均具有法律约束力。

用人单位在制定、修改或者决定有关劳动报酬、工作时间、休息休假、劳动安全卫生、保险福利、职工培训、劳动纪律以及劳动定额管理等直接涉及劳动者切身利益的规章制度和重大事项时，应当经职工代表大会或者全体职工讨论，提出方案和意见，与工会或者职工代表平等协商确定。

在规章制度和重大事项决定实施过程中，工会或者职工认为不适当的，有权向用人单位提出，通过协商予以修改完善。

用人单位应当将直接涉及劳动者切身利益的规章制度和重大事项决定公示，或者告知劳动者。如果用人单位的规章制度未经公示或者未对劳动者告知，该规章制度对劳动者不生效。公示或告知可以采用张贴通告、员工手册送达、会议精神传达等方式。

用人单位直接涉及劳动者切身利益的规章制度违反法律、法规规定的，由劳动行政部门责令改正，给予警告；给劳动者造成损害的，应当承担赔偿责任。

（二）劳动合同的变更

1.劳动合同变更的概念。

劳动合同的变更是指劳动合同依法订立后，在合同尚未履行或者尚未履行完毕之前，经用人单位和劳动者双方当事人协商同意，对劳动合同内容作出部分修改、补充或者删减的法律行为。

2.劳动合同变更的方式。

用人单位与劳动者协商一致，可以变更劳动合同约定的内容。变更劳动合同，应当采用书面形式。变更后的劳动合同文本，由用人单位和劳动者各执一份。

用人单位与劳动者协商一致变更劳动合同，虽未采用书面形式，但已经实际履行了口头变更的劳动合同超过1个月，变更后的劳动合同内容不违反法律、行政法规且不违背公序良俗，当事人以未采用书面形式为由主张劳动合同变更无效的，人民法院不予支持。

（三）劳动合同的解除

1.劳动合同解除的概念与分类。

（1）劳动合同解除的概念。

劳动合同解除是指在劳动合同订立后，劳动合同期限届满之前，因双方协商提前结束劳动关系，或因出现法定的情形，一方当事人单方通知对方结束劳动关系的法律行为。

（2）劳动合同解除的分类。

劳动合同解除分为协商解除和法定解除两种情况。

① 协商解除。

协商解除又称合意解除、意定解除，是指劳动合同订立后，双方当事人因某种原因，在完全自愿的基础上协商一致，提前终止劳动合同，结束劳动关系。《劳动合同法》规定，用人单位与劳动者协商一致，可以解除劳动合同。

由用人单位提出解除劳动合同而与劳动者协商一致的，必须依法向劳动者支付经济补偿；由劳动者主动辞职而与用人单位协商一致解除劳动合同的，用人单位不需向劳动者支付经济补偿。

② 法定解除。

法定解除是指在出现国家法律、法规或劳动合同规定的可以解除劳动合同的情形时，不需当事人协商一致，一方当事人即可决定解除劳动合同，劳动合同效力可以自然终止或由单方提前终止。在这种情况下，主动解除劳动合同的一方一般负有主动通知对方的义务。法定解除又可分为劳动者的单方解除和用人单位的单方解除。

2.劳动者单方解除劳动合同的情形。

（1）劳动者提前通知解除劳动合同的情形。

① 劳动者提前30日以书面形式通知用人单位解除劳动合同；

② 劳动者在试用期内提前3日通知用人单位解除劳动合同。

在这两种情形下，劳动者不能获得经济补偿。如果劳动者没有履行通知程序，则属于违法解除，因此对用人单位造成损失的，劳动者应对用人单位的损失承担赔偿责任。

（2）劳动者可随时通知解除劳动合同的情形。

① 用人单位未按照劳动合同约定提供劳动保护或者劳动条件的；

② 用人单位未及时足额支付劳动报酬的；

③ 用人单位未依法为劳动者缴纳社会保险费的；

④ 用人单位的规章制度违反法律、法规的规定，损害劳动者权益的；

⑤ 用人单位以欺诈、胁迫的手段或者乘人之危，使劳动者在违背真实意思的情况下订立或者变更劳动合同致使劳动合同无效的；

⑥ 用人单位在劳动合同中免除自己的法定责任、排除劳动者权利的；

⑦ 用人单位违反法律、行政法规强制性规定的；

⑧ 法律、行政法规规定劳动者可以解除劳动合同的其他情形。

用人单位有上述情形的，劳动者可随时通知用人单位解除劳动合同。用人单位需要向劳动者支付经济补偿。

（3）劳动者无须事先告知用人单位即可解除劳动合同的情形。

① 用人单位以暴力、威胁或者非法限制人身自由的手段强迫劳动者劳动的；

② 用人单位违章指挥、强令冒险作业危及劳动者人身安全的。

3.用人单位可单方解除劳动合同的情形。

（1）因劳动者过错解除劳动合同的情形（随时通知解除）。

① 劳动者在试用期间被证明不符合录用条件的；

② 劳动者严重违反用人单位的规章制度的；

③ 劳动者严重失职，营私舞弊，给用人单位造成重大损害的；

④ 劳动者同时与其他用人单位建立劳动关系，对完成本单位的工作任务造成严重影响，或者经用人单位提出，拒不改正的；

⑤ 劳动者以欺诈、胁迫的手段或者乘人之危，使用人单位在违背真实意思的情况下订立或者变更劳动合同致使劳动合同无效的；

⑥ 劳动者被依法追究刑事责任的。

在上述情形下，用人单位可随时通知劳动者解除劳动关系，不需向劳动者支付经济补偿。

（2）无过失性辞退的情形（预告解除）。

无过失性辞退是指由于劳动者非过失性原因和客观情况的需要而导致劳动合同无法履行时，用人单位可以在提前通知劳动者或者额外支付劳动者1个月工资后，单方解除劳动合同。

① 劳动者患病或者非因工负伤，在规定的医疗期满后不能从事原工作，也不能从事由用人单位另行安排的工作的；

② 劳动者不能胜任工作，经过培训或者调整工作岗位，仍不能胜任工作的；

③ 劳动合同订立时所依据的客观情况发生重大变化，致使劳动合同无法履行，经用人单位与劳动者协商，未能就变更劳动合同内容达成协议的。

在上述情形下，用人单位提前30日以书面形式通知劳动者本人或者额外支付劳动者1个月工资后，可以解除劳动合同。用人单位选择额外支付劳动者1个月工资解除劳动合同的，其额外支付的工资应当按照该劳动者上一个月的工资标准确定。用人单位还应当向劳动者支付经济补偿。

（3）经济性裁员的情形（裁员解除）。

经济性裁员是指用人单位由于经营不善等经济性原因，解除多个劳动者。根据《劳动合同法》的规定，用人单位有下列情形之一，需要裁减人员20人以上或者裁减不足20人但占企业职工总数10%以上的，用人单位提前30日向工会或者全体职工说明情况，听取工会或者职工的意见后，裁减人员方案经向劳动行政部门报告，可以裁减人员。

① 依照《中华人民共和国企业破产法》规定进行重整的；

② 生产经营发生严重困难的；

③ 企业转产、重大技术革新或者经营方式调整后，经变更劳动合同后，仍需要裁减人员的；

④ 其他因劳动合同订立时所依据的客观经济情况发生重大变化，致使劳动合同无法履行的。

在上述情形下解除劳动合同，用人单位应当向劳动者支付经济补偿。

裁减人员时，应当优先留用下列人员：

① 与本单位订立较长期限的固定期限劳动合同的；

② 与本单位订立无固定期限劳动合同的；

③ 家庭无其他就业人员，有需要扶养的老人或者未成年人的。

用人单位裁减人员后，在6个月内重新招用人员的，应当通知被裁减的人员，并在同等条件下优先招用被裁减的人员。

4.工会在解除劳动合同中的监督作用。

用人单位单方解除劳动合同，应当事先将理由通知工会。用人单位违反法律、行政法规规定或者劳动合同约定的，工会有权要求用人单位纠正。用人单位应当研究工会的意见，并将处理结果书面通知工会。

（四）劳动合同的终止

1.劳动合同终止的概念。

劳动合同终止是指用人单位与劳动者之间的劳动关系因某种法律事实的出现而自动归于消灭，或导致劳动关系的继续履行成为不可能而不得不消灭的情形。劳动合同终止一般不涉及用人单位与劳动者的意思表示，只要法定事实出现，一般情况下都会导致双方劳动关系的消灭。

2.劳动合同终止的情形。

有下列情形之一的，劳动合同终止：

（1）劳动合同期满的；

（2）劳动者开始依法享受基本养老保险待遇的；

（3）劳动者达到法定退休年龄的；

（4）劳动者死亡，或者被人民法院宣告死亡或者宣告失踪的；

（5）用人单位被依法宣告破产的；

（6）用人单位被吊销营业执照、责令关闭、撤销或者用人单位决定提前解散的；

（7）法律、行政法规规定的其他情形。

用人单位与劳动者不得约定上述情形之外的其他劳动合同终止条件。

（五）对劳动合同解除和终止的限制性规定

一般劳动合同期满，劳动合同即终止，但也有例外。根据《劳动合同法》的规定，劳动者有下列情形之一的，用人单位既不得适用无过失性辞退或经济性裁员解除劳动合同的情形解除劳动合同，也不得终止劳动合同，劳动合同应当续延至相应的情形消失时终止：

（1）从事接触职业病危害作业的劳动者未进行离岗前职业健康检查，或者疑似职业病病人在诊断或者医学观察期间的；

（2）在本单位患职业病或者因工负伤并被确认丧失或者部分丧失劳动能力的；

（3）患病或者非因工负伤，在规定的医疗期内的；

（4）女职工在孕期、产期、哺乳期的；

（5）在本单位连续工作满15年，且距法定退休年龄不足5年的；

（6）法律、行政法规规定的其他情形。

但若符合因劳动者过错解除劳动合同的情形，则不受上述限制性规定的影响。

在本单位患职业病或者因工负伤并被确认丧失或者部分丧失劳动能力劳动者的劳动合同的终止，按照国家有关工伤保险的规定执行。

（六）劳动合同解除和终止的经济补偿

1.经济补偿的概念。

劳动合同法律关系中的经济补偿是指按照劳动合同法律制度的规定，在劳动者无过错的情况下，用人单位与劳动者解除或者终止劳动合同时，应给予劳动者经济上的补助，也称经济补偿金。

经济补偿金与违约金、赔偿金是不同的。经济补偿金是法定的，主要是针对劳动关系的解除和终止，在劳动者无过错的情况下，用人单位应给予劳动者一定数额的经济上的补偿。违约金是约定的，是指劳动者违反了服务期和竞业限制的约定而向用人单位支付的违约补偿。《劳动合同法》第二十五条明确规定，禁止用人单位对劳动合同服务期和竞业限制之外的其他事项与劳动者约定由劳动者承担违约金。赔偿金是指用人单位和劳动者由于自己的过错给对方造成损害时，所应承担的不利的法律后果。经济补偿金的支付主体是用人单位，违约金的支付主体是劳动者，赔偿金的支付主体则可能是用人单位，也可能是劳动者。

2.用人单位应当向劳动者支付经济补偿的情形。

有下列情形之一的，用人单位应当向劳动者支付经济补偿：

（1）劳动者符合随时通知解除和不需事先通知即可解除劳动合同规定情形而解除劳动合同的；

（2）由用人单位提出解除劳动合同并与劳动者协商一致而解除劳动合同的；

（3）用人单位符合提前30日以书面形式通知劳动者本人或者额外支付劳动者1个月工资后，可以解除劳动合同的规定情形而解除劳动合同的；

（4）用人单位符合可裁减人员规定而解除劳动合同的；

（5）除用人单位维持或者提高劳动合同约定条件续订劳动合同，劳动者不同意续订的情形外，劳动合同期满终止固定期限劳动合同的；

（6）用人单位被依法宣告破产或者被吊销营业执照、责令关闭、撤销或者用人单位决定提前解散而终止劳动合同的；

（7）以完成一定工作任务为期限的劳动合同因任务完成而终止的；

（8）法律、行政法规规定的其他情形。

3.经济补偿的支付。

经济补偿根据劳动者在用人单位的工作年限和工资标准来计算具体金额，并以货币形式支付给劳动者。

经济补偿金的计算公式为：

经济补偿金=劳动合同解除或者终止前劳动者在本单位的工作年限×每工作1年应得的经济补偿

（1）经济补偿年限的计算标准。

经济补偿按劳动者在本单位工作的年限，每满1年支付1个月工资的标准向劳动者支付。6个月以上不满1年的，按1年计算；不满6个月的，向劳动者支付半个月工资的经济补偿。

劳动者非因本人原因从原用人单位被安排到新用人单位工作的，劳动者在原用人单位的工作年限合并计入新用人单位的工作年限。原用人单位已经向劳动者支付经济补偿的，新用人单位在依法解除、终止劳动合同计算支付经济补偿的工作年限时，不再计算劳动者在原用人单位的工作年限。

（2）经济补偿基数的计算标准。

① 月工资是指劳动者在劳动合同解除或者终止前12个月的平均工资。月工资按照劳动者应得工资计算，包括计时工资或者计件工资以及奖金、津贴和补贴等货币性收入。劳动者工作不满12个月的，按照实际工作的月数计算平均工资。

② 劳动者在劳动合同解除或者终止前12个月的平均工资低于当地最低工资标准的，按照当地最低工资标准计算。

经济补偿金=工作年限×月最低工资标准

③ 劳动者月工资高于用人单位所在直辖市、设区的市级人民政府公布的本地区上年度职工月平均工资3倍的，向其支付经济补偿的标准按照职工月平均工资3倍的数额支付，向其支付经济补偿的年限最高不超过12年。

经济补偿金=工作年限（最高不超过12年）×当地上年度职工月平均工资3倍

（3）经济补偿年限和基数的特殊计算。

《劳动合同法》施行之日（2008年1月1日）已存续的劳动合同，在《劳动合同法》施行后解除或者终止，依照《劳动合同法》规定应当支付经济补偿的，经济补偿年限自《劳动合同法》施行之日起计算；《劳动合同法》施行前按照当时有关规定，用人单位应当向劳动者支付经济补偿的，按照当时有关规定执行。也就是说，经济补偿的计发办法分两段计算：2008年1月1日之前的，按照当时当地的有关规定执行；2008年1月1日以后的，按照《劳动合同法》执行。这两段补偿合并计算。

（七）劳动合同解除和终止的法律后果及双方义务

劳动合同解除或终止后，用人单位和劳动者双方不再履行劳动合同，劳动关系消灭。劳动者应当按照双方约定，办理工作交接。

劳动合同解除或终止的，用人单位应当在解除或者终止劳动合同时出具解除或者终止劳动合同的证明，并在15日内为劳动者办理档案和社会保险关系转移手续。用人单位出具的解除、终止劳动合同的证明，应当写明劳动合同期限、解除或者终止劳动合同的日期、工作岗位、在本单位的工作年限。用人单位对已经解除或者终止的劳动合同的文本，至少保存2年备查。用人单位未向劳动者出具解除或者终止劳动合同的书面证明，由劳动行政部门责令改正；给劳动者造成损害的，应当承担赔偿责任。劳动者依法解除或者终止劳动合同，用人单位扣押劳动者档案或者其他物品的，由劳动行政部门责令限期退还劳动者本人，并以每人500元以上2 000元以下的标准处以罚款；给劳动者造成损害的，应当承担赔偿责任。

用人单位应当在解除或者终止劳动合同时向劳动者支付经济补偿的，在办结工作交接时支付。解除或者终止劳动合同，用人单位未依照《劳动合同法》的规定向劳动者支付经济补偿的，由劳动行政部门责令限期支付经济补偿；逾期不支付的，责令用人单位按应付金额50%以上100%以下的标准向劳动者加付赔偿金。

用人单位违反规定解除或者终止劳动合同，劳动者要求继续履行劳动合同的，用人单位应当继续履行；劳动者不要求继续履行劳动合同或者劳动合同已经不能继续履行的，用人单位应当依照《劳动合同法》规定的经济补偿标准的2倍向劳动者支付赔偿金。用人单位支付了赔偿金的，不再支付经济补偿。赔偿金的计算年限自用工之日起计算。

劳动者违反《劳动合同法》规定解除劳动合同，给用人单位造成损失的，应当承担赔偿责任。

（八）集体合同

1.集体合同的概念和种类。

（1）集体合同的概念。

集体合同是指工会代表企业职工一方与企业签订的以劳动报酬、工作时间、休息休假、劳动安全卫生、保险福利等为主要内容的书面协议。尚未建立工会的用人单位，可以由上级工会指导劳动者推举的代表与用人单位订立集体合同。

（2）专项集体合同。

企业职工一方与用人单位可以订立劳动安全卫生、女职工权益保护、工资调整机制等专项集体合同。

（3）行业性集体合同、区域性集体合同。

在县级以下区域内，建筑业、采矿业、餐饮服务业等行业可以由工会与企业方面代表订立行业性集体合同，或者订立区域性集体合同。

2.集体合同的订立。

集体合同内容由用人单位和职工各自派出集体协商代表，通过集体协商（会议）的方式协商确定。集体协商双方的代表人数应当对等，每方至少3人，并各确定1名首席代表。

经双方协商代表协商一致的集体合同草案或专项集体合同草案，应当提交职工代表大会或者全体职工讨论。职工代表大会或者全体职工讨论集体合同草案，应当有2/3以上职工代表或者职工出席，且须经全体职工代表半数以上或者全体职工半数以上同意，方获通过。集体合同草案或专项集体合同草案经职工代表大会或者职工大会通过后，由集体协商双方首席代表签字。

集体合同订立后，应当报送劳动行政部门；劳动行政部门自收到集体合同文本之日起15日内未提出异议的，集体合同即行生效。

集体合同中劳动报酬和劳动条件等标准不得低于当地人民政府规定的最低标准；用人单位与劳动者订立的劳动合同中劳动报酬和劳动条件等标准不得低于集体合同规定的标准。

依法订立的集体合同对用人单位和劳动者具有约束力。行业性、区域性集体合同对当地本行业、本区域的用人单位和劳动者具有约束力。

3.集体合同纠纷和法律救济。

用人单位违反集体合同，侵犯职工劳动权益的，工会可以依法要求用人单位承担责任；因履行集体合同发生争议，经协商解决不成的，工会可以依法申请仲裁、提起诉讼。

（九）劳务派遣

1.劳务派遣的概念和特征。

劳务派遣是指由劳务派遣单位与劳动者订立劳动合同，与用工单位订立劳务派遣协议，将被派遣劳动者派往用工单位给付劳务。劳动合同关系存在于劳务派遣单位与被派遣劳动者之间，但劳动力给付的事实则发生于被派遣员工与用工单位之间，也即劳动力的雇用与使用分离，被派遣劳动者不与用工单位签订劳动合同，发生劳动关系，而是与派遣单位存在劳动关系。这是劳务派遣最显著的特征。

2.劳务派遣的适用范围。

劳动合同用工是我国企业的基本用工形式，劳务派遣用工是补充形式，只能在临时性、辅助性或者替代性的工作岗位上实施。临时性工作岗位是指存续时间不超过6个月的岗位；辅助性工作岗位是指为主营业务岗位提供服务的非主营业务岗位；替代性工作岗位是指用工单位的劳动者因脱产学习、休假等原因无法工作的一定期间内，可以由其他劳动者替代工作的岗位。

用工单位应当严格控制劳务派遣用工数量，使用的被派遣劳动者数量不得超过其用工总量的10%。该用工总量是指用工单位订立劳动合同人数与使用的被派遣劳动者人数之和。

用人单位不得设立劳务派遣单位向本单位或者所属单位派遣劳动者。用工单位不得将被派遣劳动者再派遣到其他用人单位。劳务派遣单位不得以非全日制用工形式招用被派遣劳动者。

3.劳务派遣单位、用工单位与劳动者的权利和义务。

劳务派遣单位是用人单位，应当履行用人单位对劳动者的义务。劳务派遣单位与被派遣劳动者订立的劳动合同，除应当载明劳动合同必备的条款外，还应当载明被派遣劳动者的用工单位以及派遣期限、工作岗位等情况。劳务派遣单位应当与被派遣劳动者订立2年以上的固定期限劳动合同，按月支付劳动报酬；被派遣劳动者在无工作期间，劳务派遣单位应当按照所在地人民政府规定的最低工资标准，向其按月支付报酬。

接受以劳务派遣形式用工的单位是用工单位。劳务派遣单位派遣劳动者应当与用工单位订立劳务派遣协议。劳务派遣协议应当约定派遣岗位和人员数量、派遣期限、劳动报酬和社会保险费的数额与支付方式以及违反协议的责任。用工单位应当根据工作岗位的实际需要与劳务派遣单位确定派遣期限，不得将连续用工期限分割订立数个短期劳务派遣协议。

劳务派遣单位应当将劳务派遣协议的内容告知被派遣劳动者，不得克扣用工单位按照劳务派遣协议支付给被派遣劳动者的劳动报酬。劳务派遣单位和用工单位不得向被派遣劳动者收取费用。

被派遣劳动者享有与用工单位的劳动者同工同酬的权利。用工单位应当按照同工同酬原则，对被派遣劳动者与本单位同类岗位的劳动者实行相同的劳动报酬分配办法。用工单位无同类岗位劳动者的，参照用工单位所在地相同或者相近岗位劳动者的劳动报酬确定。

被派遣劳动者有权在劳务派遣单位或者用工单位依法参加或者组织工会，维护自身的合法权益。

（十）劳动争议的解决

1.劳动争议的概念及适用范围。

劳动争议也称劳动纠纷、劳资争议，是指劳动关系当事人之间因实现劳动权利、履行劳动义务发生分歧而引起的争议，包括：

（1）因确认劳动关系发生的争议；

（2）因订立、履行、变更、解除和终止劳动合同发生的争议；

（3）因除名、辞退和辞职、离职发生的争议；

（4）因工作时间、休息休假、社会保险、福利、培训以及劳动保护发生的争议；

（5）因劳动报酬、工伤医疗费、经济补偿或者赔偿金等发生的争议；

（6）法律、法规规定的其他劳动争议。

劳动者与用人单位之间发生的下列纠纷，属于劳动争议，当事人不服劳动争议仲裁机构作出的裁决，依法提起诉讼的，人民法院应予受理：

（1）劳动者与用人单位在履行劳动合同过程中发生的纠纷；

（2）劳动者与用人单位之间没有订立书面劳动合同，但已形成劳动关系后发生的纠纷；

（3）劳动者与用人单位因劳动关系是否已经解除或者终止，以及应否支付解除或者终止劳动关系经济补偿金发生的纠纷；

（4）劳动者与用人单位解除或者终止劳动关系后，请求用人单位返还其收取的劳动合同定金、保证金、抵押金、抵押物发生的纠纷，或者办理劳动者的人事档案、社会保险关系等移转手续发生的纠纷；

（5）劳动者以用人单位未为其办理社会保险手续，且社会保险经办机构不能补办导致其无法享受社会保险待遇为由，要求用人单位赔偿损失发生的纠纷；

（6）劳动者退休后，与尚未参加社会保险统筹的原用人单位因追索养老金、医疗费、工伤保险待遇和其他社会保险待遇而发生的纠纷；

（7）劳动者因为工伤、职业病，请求用人单位依法给予工伤保险待遇发生的纠纷；

（8）劳动者依据《劳动合同法》第八十五条规定，要求用人单位支付加付赔偿金发生的纠纷；

（9）因企业自主进行改制发生的纠纷。

下列纠纷不属于劳动争议：

（1）劳动者请求社会保险经办机构发放社会保险金的纠纷；

（2）劳动者与用人单位因住房制度改革产生的公有住房转让纠纷；

（3）劳动者对劳动能力鉴定委员会的伤残等级鉴定结论或者对职业病诊断鉴定委员会的职业病诊断鉴定结论的异议纠纷；

（4）家庭或者个人与家政服务人员之间的纠纷；

（5）个体工匠与帮工、学徒之间的纠纷；

（6）农村承包经营户与受雇人之间的纠纷。

2.劳动争议的解决原则和方法。

（1）劳动争议解决的基本原则。

解决劳动争议，应当根据事实，遵循合法、公正、及时、着重调解的原则，依法保护当事人的合法权益。

（2）劳动争议解决的基本方法。

劳动争议解决的方法有协商、调解、仲裁和诉讼。发生劳动争议，劳动者可以与用人单位协商，也可以请工会或者第三方共同与用人单位协商，达成和解协议；当事人不愿协商、协商不成或者达成和解协议后不履行的，可以向调解组织申请调解；不愿调解、调解不成或者达成调解协议后不履行的，可以向劳动争议仲裁机构申请仲裁；对仲裁裁决不服的，除《调解仲裁法》另有规定的以外，可以向人民法院提起诉讼。

劳动争议的调解是指在劳动争议调解组织的主持下，在双方当事人自愿的基础上，通过宣传法律、法规、规章和政策，劝导当事人化解矛盾，自愿就争议事项达成协议，使劳动争议及时得到解决的一种活动。

劳动仲裁是指劳动争议仲裁机构对劳动争议当事人争议的事项，根据劳动法律、法规、规章和政策等的规定，依法作出裁决，从而解决劳动争议的一项劳动法律制度。

劳动仲裁不同于一般经济纠纷的仲裁，除法律依据和适用范围不同外，二者还有以下几点区别：

① 申请的程序不同。

一般经济纠纷的仲裁，当事人必须在事先或事后达成仲裁协议，才能据此向仲裁机构提出仲裁申请；而劳动争议的仲裁，则不要求当事人达成仲裁协议，只要一方当事人提出申请，有关仲裁机构即可受理。

② 裁决的效力不同。

一般经济纠纷的仲裁实行"一裁终局"制度，即仲裁裁决作出后，当事人就同一纠纷再申请仲裁或者向人民法院起诉的，仲裁委员会或者人民法院不予受理；而劳动争议的仲裁，当事人对裁决不服的，除《调解仲裁法》规定的几类特殊劳动争议外，可以向人民法院起诉，因此，劳动争议的裁决一般不是终局的。

用人单位违反国家规定，拖欠或者未足额支付劳动报酬，或者拖欠工伤医疗费、经济补偿或者赔偿金的，劳动者可以向劳动行政部门投诉，劳动行政部门应当依法处理。

（3）举证责任。

发生劳动争议，当事人对自己提出的主张，有责任提供证据。与争议事项有关的证据属于用人单位掌握管理的，用人单位应当提供；用人单位不提供的，应当承担不利后果。在法律没有具体规定，按照上述原则也无法确定举证责任的承担时，仲裁庭可以根据公平原则和诚实信用原则，综合当事人举证能力等因素确定举证责任的承担。

3.劳动调解。

（1）劳动争议调解组织。

可受理劳动争议的调解组织有：

① 企业劳动争议调解委员会。企业劳动争议调解委员会由职工代表和企业代表组成。职工代表由工会成员担任或者由全体职工推举产生，企业代表由企业负责人指定。企业劳动争议调解委员会主任由工会成员或者双方推举的人员担任。

② 依法设立的基层人民调解组织。

③ 在乡镇、街道设立的具有劳动争议调解职能的组织。

（2）劳动调解程序。

① 当事人申请劳动争议调解可以书面申请，也可以口头申请。口头申请的，调解组织应当当场记录申请人基本情况，申请调解的争议事项、理由和时间。

② 调解劳动争议，应当充分听取双方当事人对事实和理由的陈述，耐心疏导，帮助其达成协议。

③ 经调解达成协议的，应当制作调解协议书。调解协议书由双方当事人签名或者盖章，经调解员签名并加盖调解组织印章后生效。调解协议书对双方当事人具有约束力，当事人应当履行。自劳动争议调解组织收到调解申请之日起15日内未达成调解协议的，当事人可以依法申请仲裁。

④ 达成调解协议后，一方当事人在协议约定期限内不履行调解协议的，另一方当事人可以依法申请仲裁。因支付拖欠劳动报酬、工伤医疗费、经济补偿或者赔偿金事项达成调解协议，用人单位在协议约定期限内不履行的，劳动者可以持调解协议书依法向人民法院申请支付令。人民法院应当依法发出支付令。

4.劳动仲裁。

（1）劳动仲裁机构。

劳动仲裁机构就是劳动人事争议仲裁委员会（以下简称仲裁委员会）。仲裁委员会按照统筹规划、合理布局和适应实际需要的原则设立，不按行政区划层层设立。仲裁委员会下设实体化的办事机构，称为劳动人事争议仲裁院。

劳动争议仲裁不收费，仲裁委员会的经费由财政予以保障。

（2）劳动仲裁参加人。

① 当事人。

发生劳动争议的劳动者和用人单位为劳动争议仲裁案件的双方当事人。

劳务派遣单位或者用工单位与劳动者发生劳动争议的，劳务派遣单位和用工单位为共同当事人。劳动者与个人承包经营者发生争议，依法向仲裁委员会申请仲裁的，应当将发包的组织和个人承包经营者作为共同当事人。

发生争议的用人单位未办理营业执照、被吊销营业执照、营业执照到期继续经营、被责令关闭、被撤销以及用人单位解散、歇业，不能承担相关责任的，应当将用人单位和其出资人、开办单位或者主管部门作为共同当事人。

② 当事人代表。

发生争议的劳动者一方在10人以上，并有共同请求的，劳动者可以推举3~5名代表人参加仲裁活动。

因履行集体合同发生的劳动争议，经协商解决不成的，工会可以依法申请仲裁；尚未建立工会的，由上级工会指导劳动者推举产生的代表依法申请仲裁。

代表人参加仲裁的行为对其所代表的当事人发生效力，但代表人变更、放弃仲裁请求或者承认对方当事人的仲裁请求，进行和解，必须经被代表的当事人同意。

③ 第三人。

与劳动争议案件的处理结果有利害关系的第三人，可以申请参加仲裁活动或者由仲裁委员会通知其参加仲裁活动。

④ 代理人。

当事人可以委托代理人参加仲裁活动。委托他人参加仲裁活动，应当向仲裁委员会提交有委托人签名或者盖章的委托书，委托书中应当载明委托事项和权限。

丧失或者部分丧失民事行为能力的劳动者，由其法定代理人代为参加仲裁活动；无法定代理人的，由仲裁委员会为其指定代理人。劳动者死亡的，由其近亲属或者代理人参加仲裁活动。

（3）劳动争议仲裁案件的管辖。

仲裁委员会负责管辖本区域内发生的劳动争议。劳动争议由劳动合同履行地或者用人单位所在地的仲裁委员会管辖。双方当事人分别向劳动合同履行地和用人单位所在地的仲裁委员会申请仲裁的，由劳动合同履行地的仲裁委员会管辖。有多个劳动合同履行地的，由最先受理的仲裁委员会管辖。劳动合同履行地不明确的，由用人单位所在地的仲裁委员会管辖。案件受理后，劳动合同履行地或者用人单位所在地发生变化的，不改变争议仲裁的管辖。

（4）劳动仲裁申请和受理。

① 仲裁时效。

A. 劳动争议申请仲裁的时效期间为1年。仲裁时效期间从当事人知道或者应当知道其权利被侵害之日起计算。劳动关系存续期间因拖欠劳动报酬发生争议的，劳动者申请仲裁不受1年仲裁时效期间的限制；但是，劳动关系终止的，应当自劳动关系终止之日起1年内提出。

B. 仲裁时效的中断。劳动仲裁时效，因当事人一方向对方当事人主张权利（一方当事人通过协商、申请调解等方式向对方当事人主张权利的);或者向有关部门请求权利救济（一方当事人通过向有关部门投诉,向仲裁委员会申请仲裁,向人民法院起诉或者申请支付令等方式请求权利救济的);或者对方当事人同意履行义务而中断。从中断时起,仲裁时效期间重新计算。这里的"中断时起",应理解为中断事由消除时起。如果权利人申请调解的,经调解达不成协议的,应自调解不成之日起重新计算;如果达成调解协议,自义务人应当履行义务的期限届满之日起计算。

C.仲裁时效的中止。因不可抗力或者有其他正当理由（无民事行为能力或者限制民事行为能力劳动者的法定代理人未确定等),当事人不能在仲裁时效期间申请仲裁的,仲裁时效中止。从中止时效的原因消除之日起,仲裁时效期间继续计算。

② 仲裁申请。

申请人申请仲裁应当提交书面仲裁申请,并按照被申请人人数提交副本。仲裁申请书应当载明下列事项:

A.劳动者的姓名、性别、出生日期、身份证号码、职业、工作单位住所、通信地址和联系电话,用人单位的名称、住所、通信地址、联系电话和法定代表人或者主要负责人的姓名、职务;

B.仲裁请求和所根据的事实、理由;

C.证据和证据来源,证人姓名和住所。

书写仲裁申请确有困难的,可以口头申请,由仲裁委员会记入笔录,经申请人签名、盖章或者捺印确认,并告知对方当事人。

③ 仲裁受理。

仲裁委员会收到仲裁申请之日起5日内,认为符合受理条件的,应当予以受理,并向申请人出具受理通知书;认为不符合受理条件的,向申请人出具不予受理通知书。

对仲裁委员会逾期未作出决定或者决定不予受理的,申请人可以就该争议事项向人民法院提起诉讼。

仲裁委员会受理仲裁申请后,应当在5日内将仲裁申请书副本送达被申请人。被申请人收到仲裁申请书副本后,应当在10日内向仲裁委员会提交答辩书。仲裁委员会收到答辩书后,应当在5日内将答辩书副本送达申请人。被申请人未提交答辩书的,不影响仲裁程序的进行。

（5）劳动仲裁开庭。

① 仲裁基本制度。

A.先行调解原则。仲裁庭在作出裁决前,应当先行调解。调解达成协议的,仲裁庭应当制作调解书。调解书经双方当事人签收后,发生法律效力。

B.仲裁公开原则及例外。劳动争议仲裁公开进行,但当事人协议不公开或者涉及商业秘密和个人隐私的,经相关当事人书面申请,仲裁委员会应当不公开审理。

C.仲裁庭制度。仲裁委员会裁决劳动争议案件实行仲裁庭制度。仲裁庭由3名仲裁员组成,设首席仲裁员。简单劳动争议案件可以由1名仲裁员独任仲裁。

D. 回避制度。仲裁员有下列情形之一的，应当回避，当事人也有权以口头或者书面方式提出回避申请：第一，是本案当事人或者当事人、代理人的近亲属的；第二，与本案有利害关系的；第三，与本案当事人、代理人有其他关系，可能影响公正裁决的；第四，私自会见当事人、代理人，或者接受当事人、代理人请客送礼的。

② 仲裁开庭程序。

仲裁委员会应当在受理仲裁申请之日起5日内组成仲裁庭，并将仲裁庭的组成情况书面通知当事人。仲裁庭应当在开庭5日前，将开庭日期、地点书面通知双方当事人。当事人有正当理由的，可以在开庭3日前请求延期开庭。是否延期，由仲裁委员会根据实际情况决定。

申请人收到书面开庭通知，无正当理由拒不到庭或者未经仲裁庭同意中途退庭的，可以视为撤回仲裁申请处理；申请人重新申请仲裁的，仲裁委员会不予受理。被申请人收到书面开庭通知，无正当理由拒不到庭或者未经仲裁庭同意中途退庭的，仲裁庭可以继续开庭审理，并缺席裁决。

开庭审理中，仲裁员应当听取申请人的陈述和被申请人的答辩，主持庭审调查、质证和辩论，征询当事人最后意见，并进行调解。

仲裁庭裁决劳动争议案件，应当自仲裁委员会受理仲裁申请之日起45日内结束。案情复杂需要延期的，经仲裁委员会主任批准，可以延期并书面通知当事人，但是延长期限不得超过15日。逾期未作出仲裁裁决的，当事人可以就该劳动争议事项向人民法院提起诉讼。

劳动争议仲裁中的"3日""5日""10日"指工作日，"15日""45日"指自然日。

（6）劳动仲裁裁决。

① 裁决的规则。

裁决应当按照多数仲裁员的意见作出，少数仲裁员的不同意见应当记入笔录。仲裁庭不能形成多数意见时，裁决应当按照首席仲裁员的意见作出。裁决书应当载明仲裁请求、争议事实、裁决理由、裁决结果、当事人权利和裁决日期。裁决书由仲裁员签名，加盖劳动争议仲裁委员会印章。对裁决持不同意见的仲裁员，可以签名，也可以不签名。

仲裁庭裁决劳动争议案件时，其中一部分事实已经清楚，可以就该部分先行裁决。

② 一裁终局的案件。

下列劳动争议，除《调解仲裁法》另有规定外，仲裁裁决为终局裁决，裁决书自作出之日起发生法律效力：

A. 追索劳动报酬、工伤医疗费、经济补偿或者赔偿金，不超过当地月最低工资标准12个月金额的争议。如果仲裁裁决涉及数项，对单项裁决数额不超过当地月最低工资标准12个月金额的事项，应当适用终局裁决。

上述经济补偿包括《劳动合同法》规定的竞业限制期限内给予的经济补偿、解除或者终止劳动合同的经济补偿等；赔偿金包括《劳动合同法》规定的未签订书面劳动合同的赔偿金、违法约定试用期的赔偿金、违法解除或者终止劳动合同的赔偿金等。

B.因执行国家的劳动标准在工作时间、休息休假、社会保险等方面发生的争议。

仲裁庭裁决案件时，裁决内容同时涉及终局裁决和非终局裁决的，应当分别制作裁决书，并告知当事人相应的救济权利。

③ 仲裁裁决的撤销。

用人单位有证据证明上述一裁终局的裁决有下列情形之一的，可以自收到仲裁裁决书之日起30日内向仲裁委员会所在地的中级人民法院申请撤销裁决：

A.适用法律、法规确有错误的；

B.劳动争议仲裁委员会无管辖权的；

C.违反法定程序的；

D.裁决所根据的证据是伪造的；

E.对方当事人隐瞒了足以影响公正裁决的证据的；

F.仲裁员在仲裁该案时有索贿受贿、徇私舞弊、枉法裁决行为的。

人民法院经组成合议庭审查核实裁决有上述情形之一的，应当裁定撤销。

（7）劳动仲裁执行。

① 仲裁庭对追索劳动报酬、工伤医疗费、经济补偿或者赔偿金的案件，根据当事人的申请，可以裁决先予执行，移送人民法院执行。仲裁庭裁决先予执行的，应当符合下列条件：

A.当事人之间权利义务关系明确；

B.不先予执行将严重影响申请人的生活。

劳动者申请先予执行的，可以不提供担保。

② 当事人对发生法律效力的调解书、裁决书，应当依照规定的期限履行。一方当事人逾期不履行的，另一方当事人可以依照《民事诉讼法》的有关规定向人民法院申请执行。受理申请的人民法院应当依法执行。

③ 当事人申请人民法院执行劳动争议仲裁机构作出的发生法律效力的裁决书、调解书，被申请人提出证据证明劳动争议仲裁裁决书、调解书有下列情形之一，并经审查核实的，人民法院可以裁定不予执行：

A.裁决的事项不属于劳动争议仲裁范围，或者劳动争议仲裁机构无权仲裁的；

B.适用法律、法规确有错误的；

C.违反法定程序的；

D.裁决所根据的证据是伪造的；

E.对方当事人隐瞒了足以影响公正裁决的证据的；

F.仲裁员在仲裁该案时有索贿受贿、徇私舞弊、枉法裁决行为的；

G.人民法院认定执行该劳动争议仲裁裁决违背社会公共利益的，人民法院在不予执行的裁定书中，应当告知当事人在收到裁定书之次日起30日内，可以就该劳动争议事项向人民法院提起诉讼。

5.劳动诉讼。

（1）劳动诉讼的提起。

① 对仲裁委员会不予受理或者逾期未作出决定的，申请人可以就该劳动争议事项向人民法院提起诉讼。

② 劳动者对劳动争议的终局裁决不服的，可以自收到仲裁裁决书之日起15日内向人民法院提起诉讼。

③ 当事人对终局裁决情形之外的其他劳动争议案件的仲裁裁决不服的，可以自收到仲裁裁决书之日起15日内提起诉讼。

④ 终局裁决被人民法院裁定撤销的，当事人可以自收到裁定书之日起15日内就该劳动争议事项向人民法院提起诉讼。

（2）劳动诉讼的程序。

劳动诉讼的程序依照《民事诉讼法》的规定执行。

关键知识清单

1.劳动合同的履行和变更

2.劳动合同的解除和终止

3.集体合同

4.劳务派遣

5.劳动争议的解决

三、任务实施

1.按照无过失性辞退的情形，吉通公司应对张某先进行培训或者调整工作岗位，若张某仍不能胜任工作，则吉通公司可以提前30日书面通知张某解除劳动合同，并向张某支付经济补偿。吉通公司在额外支付张某1个月工资的情况下，可以通知张某解除劳动合同，并向张某支付经济补偿。

2.2018年7月1日至2024年4月30日，陈某的工作年限为5年10个月，按6年计算。甲公司应当支付的经济补偿为30 000元（5 000×6）。

任务四　承担违反劳动合同法律制度的法律责任

一、任务情景

（一）任务场景

甲公司员工钱某医疗期满后，不能从事原来的工作。甲公司为其重新安排了工作，但钱某仍不能适应新的岗位。甲公司决定额外支付钱某1个月的工资，以解除与钱某的劳动合同。但在办理工作交接时，甲公司没有给予钱某经济补偿。

（二）任务布置

分析甲公司的做法是否符合法律规定，应承担何种法律责任。

二、任务准备

（一）用人单位违反《劳动合同法》的法律责任

1.用人单位规章制度违反法律规定的法律责任。

（1）用人单位直接涉及劳动者切身利益的规章制度违反法律、法规规定的，由劳动行政部门责令改正，给予警告；给劳动者造成损害的，应当承担赔偿责任。

（2）用人单位违反《劳动合同法》有关建立职工名册规定的，由劳动行政部门责令限期改正；逾期不改正的，由劳动行政部门处 2 000 元以上 20 000 元以下的罚款。

2.用人单位订立劳动合同违反法律规定的法律责任。

（1）用人单位提供的劳动合同文本未载明劳动合同必备条款或者用人单位未将劳动合同文本交付劳动者的，由劳动行政部门责令改正；给劳动者造成损害的，应当承担赔偿责任。

（2）用人单位自用工之日起超过 1 个月不满 1 年未与劳动者订立书面劳动合同的，应当向劳动者每月支付两倍的工资。

（3）用人单位违反《劳动合同法》规定不与劳动者订立无固定期限劳动合同的，应当自订立无固定期限劳动合同之日起向劳动者每月支付两倍的工资。

（4）用人单位违反《劳动合同法》规定与劳动者约定试用期的，由劳动行政部门责令改正；违法约定的试用期已经履行的，由用人单位以劳动者试用期满月工资为标准，按已经履行的超过法定试用期的期间向劳动者支付赔偿金。

（5）用人单位违反《劳动合同法》规定扣押劳动者居民身份证等证件的，由劳动行政部门责令限期退还劳动者本人，并依照有关法律规定给予处罚。

（6）用人单位违反《劳动合同法》规定以担保或者其他名义向劳动者收取财物的，由劳动行政部门责令限期退还劳动者本人，并以每人 500 元以上 2 000 元以下的标准处以罚款；给劳动者造成损害的，应当承担赔偿责任。

（7）劳动合同依照法律规定被确认无效，给劳动者造成损害的，用人单位应当承担赔偿责任。

3.用人单位履行劳动合同违反法律规定的法律责任。

（1）用人单位有下列情形之一的，依法给予行政处罚；构成犯罪的，依法追究刑事责任；给劳动者造成损害的，应当承担赔偿责任。

①以暴力、威胁或者非法限制人身自由的手段强迫劳动的。

②违章指挥或者强令冒险作业危及劳动者人身安全的。

③侮辱、体罚、殴打、非法搜查或者拘禁劳动者的。

④劳动条件恶劣、环境污染严重，给劳动者身心健康造成严重损害的。

（2）用人单位有下列情形之一的，由劳动行政部门责令限期支付劳动报酬、加班费；劳动报酬低于当地最低工资标准的，应当支付其差额部分；逾期不支付的，责令用人单位按应付金额50%以上100%以下的标准向劳动者加付赔偿金。

① 未按照劳动合同的约定或者国家规定及时足额支付劳动者劳动报酬的。

② 低于当地最低工资标准支付劳动者工资的。

③ 安排加班不支付加班费的。

（3）用人单位依照《劳动合同法》规定应当向劳动者每月支付两倍的工资或者应当向劳动者支付赔偿金而未支付的，劳动行政部门应当责令用人单位支付。

4.用人单位违反法律规定解除和终止劳动合同的法律责任。

（1）用人单位违反《劳动合同法》规定解除或者终止劳动合同的，应当依照《劳动合同法》规定的经济补偿标准的两倍向劳动者支付赔偿金。

（2）用人单位解除或者终止劳动合同，未依照《劳动合同法》规定向劳动者支付经济补偿的，由劳动行政部门责令限期支付经济补偿；逾期不支付的，责令用人单位按应付金额50%以上100%以下的标准向劳动者加付赔偿金。

（3）用人单位违反《劳动合同法》规定未向劳动者出具解除或者终止劳动合同的书面证明，由劳动行政部门责令改正；给劳动者造成损害的，应当承担赔偿责任。

（4）劳动者依法解除或者终止劳动合同，用人单位扣押劳动者档案或者其他物品的，由劳动行政部门责令限期退还劳动者本人，并以每人500元以上2 000元以下的标准处以罚款；给劳动者造成损害的，应当承担赔偿责任。

5.其他法律责任。

（1）用人单位招用与其他用人单位尚未解除或者终止劳动合同的劳动者，给其他用人单位造成损失的，应当承担连带赔偿责任。

（2）劳务派遣单位、用工单位违反《劳动合同法》有关劳务派遣规定的，由劳动行政部门责令限期改正；逾期不改正的，以每人5 000元以上1万元以下的标准处以罚款，对劳务派遣单位，吊销其劳务派遣业务经营许可证。用工单位给被派遣劳动者造成损害的，劳务派遣单位与用工单位承担连带赔偿责任。

（3）对不具备合法经营资格的用人单位的违法犯罪行为，依法追究法律责任；劳动者已经付出劳动的，该单位或者其出资人应当依照《劳动合同法》的有关规定向劳动者支付劳动报酬、经济补偿、赔偿金；给劳动者造成损害的，应当承担赔偿责任。

（4）个人承包经营违反《劳动合同法》规定招用劳动者，给劳动者造成损害的，发包的组织与个人承包经营者承担连带赔偿责任。

（二）劳动者违反劳动合同法律制度的法律责任

劳动合同被确认无效，给用人单位造成损失的，有过错的劳动者应当承担赔偿责任。

劳动者违反《劳动合同法》规定解除劳动合同，给用人单位造成损失的，应当承担赔偿责任。

劳动者违反劳动合同中约定的保密义务或者竞业限制，劳动者应当按照劳动合同的约定，向用人单位支付违约金；给用人单位造成损失的，应当承担赔偿责任。

劳动者违反培训协议，未满服务期解除或者终止劳动合同的，或者因劳动者严重违纪，用人单位与劳动者解除约定服务期的劳动合同的，劳动者应当按照劳动合同的约定，向用人单位支付违约金。

关键知识清单

1.用人单位违反《劳动合同法》的法律责任
2.劳动者违反劳动合同法律制度的法律责任

三、任务实施

根据劳动合同法律制度的规定，劳动者患病或者非因工负伤，在规定的医疗期满后不能从事原工作，也不能从事由用人单位另行安排的工作的，用人单位提前30日以书面形式通知劳动者本人或者额外支付劳动者1个月工资后，可以解除劳动合同。

用人单位解除或者终止劳动合同，未依照《劳动合同法》规定向劳动者支付经济补偿的，由劳动行政部门责令限期支付经济补偿；逾期不支付的，责令用人单位按应付金额50%以上100%以下的标准向劳动者加付赔偿金。

本案例中，甲公司以额外支付1个月工资作为解除合同的条件而即时解除合同是可以的，但甲公司没有在解除劳动合同的同时支付经济补偿，属于延迟支付，应当由劳动行政部门责令限期支付，否则，应按经济补偿金额50%以上100%以下的标准向钱某加付赔偿金。

任务五 认知社会保险法律制度

一、任务情景

（一）任务场景

1.某企业职工张某的月工资为9 000元，上年度月平均工资为8 000元，当地职工上年度月平均工资为2 400元。

2.甲公司职工王某2024年度从公司取得的总收入为110 000元，其中工资、奖金共计102 000元，甲公司支付给王某的福利费为8 000元。2024年度，当地职工月平均工资为2 500元。

（二）任务布置

1.根据"任务场景1"中的情况，计算职工张某每月个人应缴纳的基本养老保险费。

2.根据"任务场景2"中的情况，计算王某2025年度每月个人应缴纳的基本养老保险费。

二、任务准备

（一）社会保险概述

社会保险是指国家依法建立的，由国家、用人单位和个人共同筹集资金、建立基金，使个人在年老（退休）、患病、工伤（因工伤残或者患职业病）、失业、生育等情况下获得物质帮助和补偿的一种社会保障制度。这种保障是依靠国家立法强制实行的社会化保险。

《劳动法》规定，国家发展社会保险，建立社会保险制度，设立社会保险基金。2010年10月28日第十一届全国人大常委会第十七次会议审议通过、2018年12月29日第十三届全国人大常委会第七次会议修正的《中华人民共和国社会保险法》（以下简称《社会保险法》），2023年7月21日国务院令第765号发布的《社会保险经办条例》，1999年1月22日国务院令第258号发布的《失业保险条例》，2003年4月27日国务院令第375号发布、2010年修订的《工伤保险条例》，2011年6月29日人力资源社会保障部令第13号发布的《实施〈中华人民共和国社会保险法〉若干规定》等法律、法规和规定，构成了我国社会保险法律制度的主要内容。

目前，我国的社会保险项目主要有基本养老保险、基本医疗保险、工伤保险、失业保险和生育保险。2019年3月6日，国务院办公厅印发了《关于全面推进生育保险和职工基本医疗保险合并实施的意见》，全面推进两项保险合并实施。

（二）基本养老保险

1.基本养老保险的含义。

基本养老保险制度是指缴费达到法定期限并且个人达到法定退休年龄后，国家和社会提供物质帮助以保证因年老而退出劳动领域者稳定、可靠的生活来源的社会保险制度。基本养老保险是社会保险体系中最重要、实施最广泛的一项制度。

2.基本养老保险的覆盖范围。

（1）基本养老保险制度的组成。

根据《社会保险法》的规定，基本养老保险制度由三个部分组成：职工基本养老保险制度、新型农村社会养老保险制度（以下简称新农保）、城镇居民社会养老保险制度（以下简称城居保）。根据国务院于2014年2月26日发布的《关于建立统一的城乡居民基本养老保险制度的意见》，新农保和城居保两项制度合并实施，在全国范围内建立统一的城乡居民基本养老保险制度。年满16周岁（不含在校学生），非国家机关和事业单位工作人员及不属于职工基本养老保险制度覆盖范围的城乡居民，可以在户籍地参加城乡居民养老保险。本节除特别说明外，基本养老保险均指职工基本养老保险。

（2）职工基本养老保险。

职工基本养老保险费的征缴范围包括国有企业、城镇集体企业、外商投资企业、城镇私营企业和其他城镇企业及其职工，实行企业化管理的事业单位及其职工。这是基本养老保险的主体部分。基本养老保险费由用人单位和职工共同缴纳。

无雇工的个体工商户、未在用人单位参加基本养老保险的非全日制从业人员以及其他灵活就业人员可以参加基本养老保险，由个人缴纳基本养老保险费。

公务员和参照公务员管理的工作人员养老保险的办法由国务院规定。国务院于2015年1月14日发布了《关于机关事业单位工作人员养老保险制度改革的决定》，改革现行机关事业单位工作人员退休保障制度，逐步建立独立于机关事业单位之外、资金来源多渠道、保障方式多层次、管理服务社会化的养老保险体系。对于按照《公务员法》管理的单位、参照《公务员法》管理的机关（单位）、事业单位及其编制内的工作人员，实行社会统筹与个人账户相结合的基本养老保险制度。

3.基本养老保险基金的组成和来源。

基本养老保险基金由用人单位和个人缴费以及政府补贴等组成。基本养老保险实行社会统筹与个人账户相结合。基本养老保险由统筹养老金和个人账户养老金组成。

养老保险社会统筹是指统收养老保险缴费和统支养老金，确保收支平衡的公共财务系统。用人单位应当按照国家规定的本单位职工工资总额的比例缴纳基本养老保险费，记入基本养老保险统筹基金。职工按照国家规定的本人工资的比例缴纳基本养老保险费，记入个人账户。基本养老保险基金出现支付不足时，政府给予补贴。

无雇工的个体工商户、未在用人单位参加基本养老保险的非全日制从业人员以及其他灵活就业人员参加基本养老保险的，应当按照国家规定缴纳基本养老保险费，分别记入基本养老保险统筹基金和个人账户。

个人账户不得提前支取，记账利率不得低于银行定期存款利率，免征利息税。参加职工基本养老保险的个人死亡后，其个人账户中的余额可以全部依法继承。

个人跨统筹地区就业的，其基本养老保险关系随本人转移，缴费年限累计计算。个人达到法定退休年龄时，基本养老金分段计算、统一支付。

4.职工基本养老保险费的缴纳。

（1）单位缴费。

自2019年5月1日起，降低城镇职工基本养老保险（包括企业和机关事业单位基本养老保险）单位缴费比例。各省、自治区、直辖市及新疆生产建设兵团养老保险单位缴费比例高于16%的，可降至16%；目前低于16%的，要研究提出过渡办法。

（2）个人缴费。

按照现行政策，职工个人按照本人缴费工资的8%缴费，记入个人账户。缴费工资也称缴费工资基数，一般为职工本人上一年度月平均工资（有条件的地区也可以本人上月工资收入为个人缴费工资基数）。月平均工资按照国家统计局规定列入工资总额统计的项目计算，包括工资、奖金、津贴、补贴等收入，不包括用人单位承担或者支付给员工的社会保险费、劳动保护费、福利费、用人单位与员工解除劳动关系时支付的一次性补偿以及计划生育费用等其他不属于工资的费用。新招职工（包括研究生、大学生、大中专毕业生等）以起薪当月工资收入作为缴费工资基数；从第二年起，按上一年度实发工资的月平均工资作为缴费工资基数。

个人养老账户月存储额=本人月缴费工资×8%

本人月平均工资低于当地职工月平均工资60%的，按当地职工月平均工资的60%作为缴费基数。本人月平均工资高于当地职工月平均工资300%的，按当地职工月平均工资的300%作为缴费基数，超过部分不计入缴费工资基数，也不计入计发养老金的基数。各省应以本省城镇非私营单位就业人员平均工资和城镇私营单位就业人员平均工资加权计算的全口径城镇单位就业人员平均工资，核定社保个人缴费基数上下限。

个人缴费不计征个人所得税，在计算个人所得税的应税收入时，应当扣除个人缴纳的养老保险费。

城镇个体工商户和灵活就业人员按照上述口径计算的本地全口径城镇单位就业人员平均工资核定社保个人缴费基数上下限，允许缴费人在60%～300%之间选择适当的缴费基数。缴费比例为20%，其中，8%记入个人账户。

5.职工基本养老保险享受条件与待遇。

（1）职工基本养老保险享受条件。

① 年龄条件。

达到法定退休年龄。2024年9月13日，第十四届全国人民代表大会常务委员会第十一次会议通过《国务院关于渐进式延迟法定退休年龄的办法》，自2025年1月1日起施行。从2025年1月1日起，男职工和原法定退休年龄为55周岁的女职工，法定退休年龄每4个月延迟1个月，分别逐步延迟至63周岁和58周岁；原法定退休年龄为50周岁的女职工，法定退休年龄每2个月延迟1个月，逐步延迟至55周岁。

从事井下、高空、高温、特别繁重体力劳动等国家规定的特殊工种，以及在高海拔地区工作的职工，符合条件的，可以申请弹性提前退休。

2025年1月1日，《实施弹性退休制度暂行办法》施行。该办法提出，职工达到国家规定的按月领取基本养老金最低缴费年限，可以自愿选择弹性提前退休，提前时间距法定退休年龄最长不超过3年，且退休年龄不得低于女职工50周岁、55周岁及男职工60周岁的原法定退休年龄。

② 缴费条件。

累计缴费满15年。参加职工基本养老保险的个人，达到法定退休年龄时累计缴费满15年的，按月领取基本养老金。

（2）职工基本养老保险待遇。

① 职工基本养老金。

对符合基本养老保险享受条件的人员，国家按月支付基本养老金。

② 丧葬补助金和遗属抚恤金。

参加基本养老保险的个人，因病或者非因工死亡的，其遗属可以领取丧葬补助金和抚恤金，所需资金从基本养老保险基金中支付。但如果个人死亡同时符合领取基本养老保险丧葬补助金、工伤保险丧葬补助金和失业保险丧葬补助金条件的，其遗属只能选择领取其中的一项。

③ 病残津贴。

参加基本养老保险的个人，在未达到法定退休年龄时因病或者非因工致残完全丧失劳动能力的，可以领取病残津贴，所需资金从基本养老保险基金中支付。

（三）基本医疗保险

1.基本医疗保险的含义。

基本医疗保险制度是指按照国家规定缴纳一定比例的医疗保险费，参保人因患病或意外伤害而就医诊疗，由医疗保险基金支付其一定医疗费用的社会保险制度。

2.基本医疗保险的覆盖范围。

（1）职工基本医疗保险。

职工应当参加职工基本医疗保险，由用人单位和职工按照国家规定共同缴纳基本医疗保险费。职工基本医疗保险费的征缴范围包括国有企业、城镇集体企业、外商投资企业、城镇私营企业和其他城镇企业及其职工，国家机关及其工作人员，事业单位及其职工，民办非企业单位及其职工，社会团体及其专职人员。

无雇工的个体工商户、未在用人单位参加基本医疗保险的非全日制从业人员以及其他灵活就业人员可以参加职工基本医疗保险，由个人按照国家规定缴纳基本医疗保险费。

（2）城乡居民基本医疗保险。

国务院于2016年1月3日印发的《关于整合城乡居民基本医疗保险制度的意见》规定，整合城镇居民基本医疗保险和新型农村合作医疗两项制度，建立统一的城乡居民基本医疗保险制度。2019年底，两项制度在全国范围内实现了并轨运行。城乡居民基本医疗保险制度覆盖范围包括现有城镇居民基本医疗保险制度和新型农村合作医疗所有应参保（合）人员，即覆盖除职工基本医疗保险应参保人员以外的其他所有城乡居民，统一保障待遇。

3.全面推进生育保险和职工基本医疗保险合并实施。

根据国务院办公厅2019年3月6日印发的《关于全面推进生育保险和职工基本医疗保险合并实施的意见》，推进两项保险合并实施，统一参保登记，即参加职工基本医疗保险的在职职工同步参加生育保险。统一基金征缴和管理，生育保险基金并入职工基本医疗保险基金，按照用人单位参加生育保险和职工基本医疗保险的缴费比例之和确定新的用人单位职工基本医疗保险费率，个人不缴纳生育保险费。两项保险合并实施后实行统一定点医疗服务管理，统一经办和信息服务，确保职工生育期间的生育保险待遇不变。

4.职工基本医疗保险费的缴纳。

基本医疗保险与基本养老保险一样采用"统账结合"模式，即分别设立社会统筹基金和个人账户基金。基本医疗保险基金由统筹基金和个人账户构成。

（1）单位缴费。

由统筹地区统一确定适合当地经济发展水平的基本医疗保险单位缴费率，一般为职工工资总额的6%左右。用人单位缴纳的基本医疗保险费分为两部分：一部分用于建立统筹基金，另一部分划入个人账户。

（2）基本医疗保险个人账户的资金来源。

① 个人缴费部分，由统筹地区统一确定适合当地职工负担水平的基本医疗保险个人缴费率，一般为本人工资收入的2%。

② 用人单位缴费的划入部分，由统筹地区根据个人医疗账户的支付范围和职工年龄等因素确定用人单位所缴医疗保险费划入个人医疗账户的具体比例，一般为30%左右。

（3）基本医疗保险关系转移接续制度。

个人跨统筹地区就业的，其基本医疗保险关系随本人转移，缴费年限累计计算。

（4）退休人员基本医疗保险费的缴纳。

参加职工基本医疗保险的个人，达到法定退休年龄时累计缴费达到国家规定年限的，退休后不再缴纳基本医疗保险费，按照国家规定享受基本医疗保险待遇；未达到国家规定缴费年限的，可以缴费至国家规定年限。目前，对最低缴费年限没有全国统一的规定，由各统筹地区根据本地情况确定。

5.职工基本医疗保险的结算。

参保人员符合基本医疗保险药品目录、诊疗项目、医疗服务设施标准以及急诊、抢救的医疗费用，按照国家规定从基本医疗保险基金中支付。参保人员医疗费用中应当由基本医疗保险基金支付的部分，由社会保险经办机构与医疗机构、药品经营单位直接结算。目前，各地对职工基本医疗保险费用结算的方式并不一致。享受基本医疗保险待遇，一般要符合以下条件：第一，参保人员必须到基本医疗保险的定点医疗机构就医、购药或到定点零售药店购买药品；第二，参保人员在看病就医过程中所发生的医疗费用必须符合基本医疗保险药品目录、诊疗项目、医疗服务设施标准的范围和给付标准。

参保人员符合基本医疗保险支付范围的医疗费用中，在社会医疗统筹基金起付标准以上与最高支付限额以下的费用部分，由社会医疗统筹基金按一定比例支付。

起付标准又称起付线，一般为当地职工年平均工资的10%左右。最高支付限额又称封顶线，一般为当地职工年平均工资的6倍左右。支付比例一般为90%。

参保人员符合基本医疗保险支付范围的医疗费用中，在社会医疗统筹基金起付标准以下的费用部分，由个人账户资金支付或个人自付；统筹基金起付线以上至封顶线以下的费用部分，个人也要承担一定比例的费用，一般为10%，可由个人账户支付，也可自付。参保人员在封顶线以上的医疗费用部分，可以通过单位补充医疗保险或参加商业保险等途径解决。

6.基本医疗保险基金不支付的医疗费用。

下列医疗费用不纳入基本医疗保险基金支付范围：

（1）应当从工伤保险基金中支付的；

（2）应当由第三人负担的；

（3）应当由公共卫生负担的；

（4）在境外就医的。

医疗费用应当由第三人负担，第三人不支付或者无法确定第三人的，由基本医疗保险基金先行支付。基本医疗保险基金先行支付后，有权向第三人追偿。

7.医疗期。

医疗期是指企业职工因患病或非因工负伤停止工作，治病休息，但不得解除劳动合同的期限。

（1）医疗期的期限。

企业职工因患病或非因工负伤，需要停止工作进行医疗时，根据本人实际参加工作年限和在本单位工作年限，给予3个月到24个月的医疗期。

① 实际工作年限不足10年的，在本单位工作年限不足5年的为3个月，5年以上的为6个月。

② 实际工作年限10年以上的，在本单位工作年限不足5年的为6个月，5年以上不足10年的为9个月，10年以上不足15年的为12个月，15年以上不足20年的为18个月，20年以上的为24个月。

（2）医疗期的计算方法。

医疗期的计算从病休第一天开始，累计计算。医疗期3个月的按6个月内累计病休时间计算；6个月的按12个月内累计病休时间计算；9个月的按15个月内累计病休时间计算；12个月的按18个月内累计病休时间计算；18个月的按24个月内累计病休时间计算；24个月的按30个月内累计病休时间计算。

病休期间，公休、假日和法定节日包括在内。对某些患特殊疾病（如癌症、精神病、瘫痪等）的职工，在24个月内尚不能痊愈的，经企业和劳动主管部门批准，可以适当延长医疗期。

（3）医疗期内的待遇。

企业职工在医疗期内，其病假工资、疾病救济费和医疗待遇按照有关规定执行。病假工资或疾病救济费可以低于当地最低工资标准支付，但最低不能低于最低工资标准的80%。在医疗期内，除劳动者有以下情形外，用人单位不得解除或终止劳动合同：①在试用期间被证明不符合录用条件的；②严重违反用人单位规章制度的；③严重失职，营私舞弊，给用人单位造成重大损害的；④劳动者同时与其他用人单位建立劳动关系，对完成本单位的工作任务造成严重影响，或者经用人单位提出，拒不改正的；⑤以欺诈、胁迫的手段或者乘人之危，使用人单位在违背真实意思的情况下订立或者变更劳动合同致使劳动合同无效的；⑥被依法追究刑事责任的。如果医疗期内遇合同期满，则合同必须续延至医疗期满，职工在此期间仍然享受医疗期内待遇。对医疗期满尚未痊愈者，或者医疗期满后，不能从事原工作，也不能从事用人单位另行安排的工作，被解除劳动合同的，用人单位需要按经济补偿规定给予其经济补偿。

（四）工伤保险

1.工伤保险的含义。

工伤保险是指劳动者在职业工作中或规定的特殊情况下遭遇意外伤害或职业病，导致暂时或永久丧失劳动能力以及死亡时，劳动者或其遗属能够从国家和社会获得物质帮助的社会保险制度。

2.工伤保险费的缴纳。

职工应当参加工伤保险，由用人单位缴纳工伤保险费，职工不缴纳工伤保险费。

中国境内的企业、事业单位、社会团体、民办非企业单位、基金会、律师事务所、会计师事务所等组织和有雇工的个体工商户（以下简称用人单位）应当依照《工伤保险条例》的规定参加工伤保险，为本单位全部职工或者雇工（以下简称职工）缴纳工伤保险费。中国境内的企业、事业单位、社会团体、民办非企业单位、基金会、律师事务所、会计师事务所等组织的职工和个体工商户的雇工，均有依照规定享受工伤保险待遇的权利。

用人单位应当按照本单位职工工资总额，根据社会保险经办机构确定的费率，按时足额缴纳工伤保险费。用人单位缴纳工伤保险费的数额为本单位职工工资总额乘以单位缴费费率之积。工资总额是指用人单位直接支付给本单位全部职工的劳动报酬总额。

对难以按照工资总额缴纳工伤保险费的行业，其缴纳工伤保险费的具体方式，由国务院社会保险行政部门规定。

3.工伤认定与劳动能力鉴定。

（1）工伤认定。

① 应当认定工伤的情形。

职工有下列情形之一的，应当认定工伤：

A.在工作时间和工作场所内，因工作原因受到事故伤害的；

B.工作时间前后在工作场所内，从事与工作有关的预备性或者收尾性工作受到事故伤害的；

C.在工作时间和工作场所内，因履行工作职责受到暴力等意外伤害的；

D.患职业病的；

E.因公外出期间，由于工作原因受到伤害或者发生事故下落不明的；

F.在上下班途中，受到非本人主要责任的交通事故或者城市轨道交通、客运轮渡、火车事故伤害的；

G.法律、行政法规规定应当认定为工伤的其他情形。

② 视同工伤的情形。

职工有下列情形之一的，视同工伤：

A.在工作时间和工作岗位，突发疾病死亡或者在48小时内经抢救无效死亡的；

B.在抢险救灾等维护国家利益、公共利益活动中受到伤害的；

C.原在军队服役，因战、因公负伤致残，已取得革命伤残军人证，到用人单位后旧伤复发的。

③ 不认定为工伤的情形。

职工因下列情形之一导致本人在工作中伤亡的，不认定为工伤：

A. 故意犯罪；

B. 醉酒或者吸毒；

C. 自残或者自杀。

（2）劳动能力鉴定。

职工发生工伤，经治疗伤情相对稳定后存在残疾、影响劳动能力的，应当进行劳动能力鉴定。劳动能力鉴定是指劳动功能障碍程度和生活自理障碍程度的等级鉴定。

劳动功能障碍分为10个伤残等级，最重的为一级，最轻的为十级。生活自理障碍分为3个等级：生活完全不能自理、生活大部分不能自理和生活部分不能自理。劳动能力鉴定标准由国务院社会保险行政部门会同国务院卫生行政部门等部门制定。

自劳动能力鉴定结论作出之日起1年后，工伤职工或者其近亲属、所在单位或者经办机构认为伤残情况发生变化的，可以申请劳动能力复查鉴定。

4. 工伤保险待遇。

职工因工作原因受到事故伤害或者患职业病，且经工伤认定的，享受工伤保险待遇。其中，经劳动能力鉴定丧失劳动能力的，享受伤残待遇。

（1）工伤医疗待遇。

职工因工作遭受事故伤害或者患职业病进行治疗，享受工伤医疗待遇。其包括：

① 治疗工伤的医疗费用（诊疗费、药费、住院费）。职工治疗工伤应当在签订服务协议的医疗机构就医，情况紧急时可以先到就近的医疗机构急救。治疗工伤所需费用符合工伤保险诊疗项目目录、工伤保险药品目录、工伤保险住院服务标准的，从工伤保险基金中支付。

② 住院伙食补助费、交通食宿费。职工住院治疗工伤的伙食补助费，以及经医疗机构出具证明，报经办机构同意，工伤职工到统筹地区以外就医所需的交通、食宿费用，按标准从工伤保险基金中支付。

③ 康复性治疗费。工伤职工到签订服务协议的医疗机构进行工伤康复的费用，符合规定的，从工伤保险基金中支付。

④ 停工留薪期工资福利待遇。职工因工作遭受事故伤害或者患职业病需要暂停工作接受工伤医疗的，在停工留薪期内，原工资福利待遇不变，由所在单位按月支付。停工留薪期一般不超过12个月。伤情严重或者情况特殊，经设区的市级劳动能力鉴定委员会确认，可以适当延长，但延长不得超过12个月。工伤职工评定伤残等级后，停止享受停工留薪期待遇，按照规定享受伤残待遇。工伤职工在停工留薪期满后仍需治疗的，继续享受工伤医疗待遇。生活不能自理的工伤职工在停工留薪期内需要护理的，由所在单位负责。工伤职工治疗非因工伤引发的疾病，不享受工伤医疗待遇，按照基本医疗保险办法处理。

（2）辅助器具装配。

工伤职工因日常生活或者就业需要，经劳动能力鉴定委员会确认，可以安装假肢、矫形器、假眼、假牙和配置轮椅等辅助器具，所需费用按照国家规定的标准从工伤保险基金中支付。

（3）伤残待遇。

经劳动能力鉴定委员会鉴定，评定伤残等级的工伤职工，享受伤残待遇。其包括：

① 生活护理费。工伤职工已经评定伤残等级并经劳动能力鉴定委员会确认需要生活护理的，从工伤保险基金中按月支付生活护理费。

② 一次性伤残补助金。职工因工致残被鉴定为一级至十级伤残的，从工伤保险基金中按伤残等级支付一次性伤残补助金。

③ 伤残津贴。职工因工致残被鉴定为一级至四级伤残的，保留劳动关系，退出工作岗位，从工伤保险基金中按月支付伤残津贴。伤残津贴实际金额低于当地最低工资标准的，由工伤保险基金补足差额。职工因工致残被鉴定为五级、六级伤残的，保留与用人单位的劳动关系，由用人单位安排适当工作；难以安排工作的，由用人单位按月发给伤残津贴。伤残津贴实际金额低于当地最低工资标准的，由用人单位补足差额。

④ 一次性工伤医疗补助金和一次性伤残就业补助金。五级、六级伤残，经工伤职工本人提出，可以与用人单位解除或者终止劳动关系；七级至十级伤残，劳动、聘用合同期满终止，或者职工本人提出解除劳动、聘用合同的，由工伤保险基金支付一次性工伤医疗补助金，由用人单位支付一次性伤残就业补助金。一次性工伤医疗补助金和一次性伤残就业补助金的具体标准，由省、自治区、直辖市人民政府规定。

（4）工亡待遇。

职工因工死亡，或者伤残职工在停工留薪期内因工伤导致死亡的，其近亲属按照规定从工伤保险基金中领取丧葬补助金、供养亲属抚恤金和一次性工亡补助金。

① 丧葬补助金，为6个月的统筹地区上一年度职工月平均工资。

② 供养亲属抚恤金，按照职工本人工资的一定比例发给由因工死亡职工生前提供主要生活来源、无劳动能力的亲属。供养亲属的具体范围由国务院社会保险行政部门规定。

③ 一次性工亡补助金，其标准为上一年度全国城镇居民人均可支配收入的20倍。

一级至四级伤残职工在停工留薪期满后死亡的，其近亲属可以享受丧葬补助金、供养亲属抚恤金待遇，不享受一次性工亡补助金待遇。

5.工伤保险待遇负担。

（1）因工伤按照国家规定从工伤保险基金中支付的费用。

因工伤发生的下列费用，按照国家规定从工伤保险基金中支付：

① 治疗工伤的医疗费用和康复费用；

② 住院伙食补助费；

③ 到统筹地区以外就医的交通食宿费；

④ 安装配置伤残辅助器具所需费用；

⑤ 生活不能自理的，经劳动能力鉴定委员会确认的生活护理费；

⑥ 一次性伤残补助金和一级至四级伤残职工按月领取的伤残津贴；

⑦ 终止或者解除劳动合同时，应当享受的一次性医疗补助金；

⑧ 因工死亡的，其遗属领取的丧葬补助金、供养亲属抚恤金和因工死亡补助金；

⑨ 劳动能力鉴定费。

（2）因工伤按照国家规定由用人单位支付的费用。

因工伤发生的下列费用，按照国家规定由用人单位支付：

① 治疗工伤期间的工资福利；

② 五级、六级伤残职工按月领取的伤残津贴；

③ 终止或者解除劳动合同时，应当享受的一次性伤残就业补助金。

6.特别规定。

（1）工伤保险中的本人工资。

工伤保险中所称的本人工资，是指工伤职工因工作遭受事故伤害或者患职业病前12个月平均月缴费工资。本人工资高于统筹地区职工平均工资300%的，按照统筹地区职工平均工资的300%计算；本人工资低于统筹地区职工平均工资60%的，按照统筹地区职工平均工资的60%计算。

（2）停止享受工伤保险待遇的情形。

工伤职工有下列情形之一的，停止享受工伤保险待遇：

① 丧失享受待遇条件的；

② 拒不接受劳动能力鉴定的；

③ 拒绝治疗的。

（3）工伤职工符合领取基本养老金条件。

工伤职工符合领取基本养老金条件的，停发伤残津贴，享受基本养老保险待遇。基本养老保险待遇低于伤残津贴的，由工伤保险基金补足差额。

（4）职工所在用人单位未依法缴纳工伤保险费、发生工伤事故。

职工所在用人单位未依法缴纳工伤保险费、发生工伤事故的，由用人单位支付工伤保险待遇。用人单位不支付的，从工伤保险基金中先行支付，由用人单位偿还。用人单位不偿还的，社会保险经办机构可以追偿。

（5）由于第三人的原因造成工伤，第三人不支付工伤医疗费用或者无法确定第三人。

由于第三人的原因造成工伤，第三人不支付工伤医疗费用或者无法确定第三人的，由工伤保险基金先行支付。工伤保险基金先行支付后，有权向第三人追偿。

（6）职工（包括非全日制从业人员）在两个或者两个以上用人单位同时就业。

职工（包括非全日制从业人员）在两个或者两个以上用人单位同时就业的，各用人单位应当分别为职工缴纳工伤保险费。职工发生工伤，由职工受到伤害时工作的单位依法承担工伤保险责任。

（五）失业保险

1.失业保险的含义。

失业是指处于法定劳动年龄阶段的劳动者，有劳动能力和劳动愿望，但没有劳动岗位的一种状态。失业保险是指国家通过立法强制实行的，由社会集中建立基金，保障因失业而暂时中断生活来源的劳动者的基本生活，并通过职业培训、职业介绍等措施促进其再就业的社会保险制度。

2.失业保险费的缴纳。

职工应当参加失业保险，由用人单位和职工按照国家规定共同缴纳失业保险费。失业保险费的征缴范围包括：国有企业、城镇集体企业、外商投资企业、城镇私营企业和其他城镇企业（统称城镇企业）及其职工，事业单位及其职工。

根据《失业保险条例》的规定，城镇企业、事业单位按照本单位工资总额的2%缴纳失业保险费，职工按照本人工资的1%缴纳失业保险费。为减轻企业负担，促进扩大就业，人力资源社会保障部、财政部数次发文降低失业保险费率，将用人单位和职工失业保险缴费比例总和从3%阶段性降至1%，个人费率不得超过单位费率。

职工跨统筹地区就业的，其失业保险关系随本人转移，缴费年限累计计算。

3.失业保险待遇。

（1）失业保险待遇的享受条件。

失业人员符合下列条件的，可以申请领取失业保险金并享受其他失业保险待遇：

① 失业前用人单位和本人已经缴纳失业保险费满1年的。

② 非因本人意愿中断就业的，包括以下情形：

A.终止劳动合同的；

B.被用人单位解除劳动合同的；

C.被用人单位开除、除名和辞退的；

D.用人单位以暴力、威胁或者非法限制人身自由的手段强迫劳动，劳动者解除劳动合同的；

E.用人单位未按照劳动合同约定支付劳动报酬或者提供劳动条件，劳动者解除劳动合同的；

F.法律、行政法规另有规定的。

③ 已经进行失业登记，并有求职要求的。

（2）失业保险金的领取期限。

用人单位应当及时为失业人员出具终止或者解除劳动关系的证明，将失业人员的名单自终止或者解除劳动关系之日起7日内报受理其失业保险业务的经办机构备案，并按要求提供终止或者解除劳动合同证明等有关材料。根据人力资源社会保障部办公厅发布的《关于进一步推进失业保险金"畅通领、安全办"的通知》，失业人员在失业期间，可凭社会保障卡或身份证到现场或通过网上申报的方式，向参保地经办失业保险业务的公共就业服务机构或者社会保险经办机构（以下简称经办机构）申领失业保险金。经办机构认定失业人员失业状态时，不得要求失业人员出具终止或者解除劳动关系证明、失业登记证明等其他证明材料。失业人员申领失业保险金，经办机构应当同时为其办理失业登记和失业保险金发放。根据人力资源社会保障部办公厅发布的《关于扎实做好失业保险待遇发放工作的通知》，要确保落实申领失业保险金同步办理失业登记或发放后办理失业登记。失业保险金领取期限自办理失业登记之日起计算。

失业人员失业前用人单位和本人累计缴费满1年不足5年的，领取失业保险金的期限最长为12个月；累计缴费满5年不足10年的，领取失业保险金的期限最长为18个月；累计缴费10年以上的，领取失业保险金的期限最长为24个月。重新就业后，再次失业的，缴费时间重新计算，领取失业保险金的期限与前次失业应当领取而尚未领取的失业保险金的期限合并计算，最长不超过24个月。失业人员因当期不符合失业保险金领取条件的，原有缴费时间予以保留，重新就业并参保的，缴费时间累计计算。

根据人力资源社会保障部、财政部发布的《关于扩大失业保险保障范围的通知》，自2019年12月起，延长大龄失业人员领取失业保险金期限，对领取失业保险金期满仍未就业且距法定退休年龄不足1年的失业人员，可继续发放失业保险金至法定退休年龄。

根据人力资源社会保障部、财政部、国家税务总局发布的《关于做好失业保险稳岗位提技能防失业工作的通知》，继续实施失业保险保障扩围政策，对领取失业保险金期满仍未就业的失业人员、不符合领取失业保险金条件的参保失业人员，发放失业补助金；对参保不满1年的失业农民工，发放临时生活补助。其保障范围为2022年1月1日至12月31日期间新发生的参保失业人员。

（3）失业保险金的发放标准。

失业保险金的发放标准，不得低于城市居民最低生活保障标准，一般也不高于当地最低工资标准，具体数额由省、自治区、直辖市人民政府确定。

（4）其他失业保险待遇。

① 领取失业保险金期间享受基本医疗保险待遇。

失业人员在领取失业保险金期间，参加职工基本医疗保险，享受基本医疗保险待遇。失业人员应当缴纳的基本医疗保险费从失业保险基金中支付，个人不缴纳基本医疗保险费。

② 领取失业保险金期间的死亡补助。

失业人员在领取失业保险金期间死亡的，参照当地对在职职工死亡的规定，向其遗属发放一次性丧葬补助金和抚恤金，所需资金从失业保险基金中支付。个人死亡同时符合领取基本养老保险丧葬补助金、工伤保险丧葬补助金和失业保险丧葬补助金条件的，其遗属只能选择领取其中的一项。

③ 职业介绍与职业培训补贴。

失业人员在领取失业保险金期间，应当积极求职，接受职业介绍和职业培训。失业人员接受职业介绍、职业培训的补贴由失业保险基金按照规定支付。补贴的办法和标准由省、自治区、直辖市人民政府规定。

④ 国务院规定或者批准的与失业保险有关的其他费用。

4.停止享受失业保险待遇的情形。

失业人员在领取失业保险金期间有下列情形之一的，停止领取失业保险金，并同时停止享受其他失业保险待遇：

（1）重新就业的。

（2）应征服兵役的。

（3）移居境外的。

（4）享受基本养老保险待遇的。

（5）被判刑收监执行的。

（6）无正当理由，拒不接受当地人民政府指定部门或者机构介绍的适当工作或者提供培训的。

（7）有法律、行政法规规定的其他情形的。

（六）社会保险经办

1.社会保险经办机构。

国务院人力资源和社会保障行政部门主管全国基本养老保险、工伤保险、失业保险等社会保险经办工作。国务院医疗保障行政部门主管全国基本医疗保险、生育保险等社会保险经办工作。县级以上地方人民政府人力资源和社会保障行政部门按照统筹层次主管基本养老保险、工伤保险、失业保险等社会保险经办工作。县级以上地方人民政府医疗保障行政部门按照统筹层次主管基本医疗保险、生育保险等社会保险经办工作。社会保险经办机构是人力资源社会保险行政部门所属的经办基本养老保险、工伤保险、失业保险等社会保险的机构和医疗保障行政部门所属的经办基本医疗保险、生育保险等社会保险的机构。

2.社会保险登记。

（1）用人单位的社会保险登记。

根据《社会保险经办条例》的规定，用人单位在登记管理机关办理登记时同步办理社会保险登记。

（2）个人的社会保险登记。

用人单位应当自用工之日起30日内为其职工向社会保险经办机构申请办理社会保险登记。未办理社会保险登记的，由社会保险经办机构核定其应当缴纳的社会保险费。

自愿参加社会保险的无雇工的个体工商户、未在用人单位参加社会保险的非全日制从业人员以及其他灵活就业人员，应当向社会保险经办机构申请办理社会保险登记。个人申请办理社会保险登记，以公民身份证号码作为社会保障号码，取得社会保障卡和医保电子凭证。社会保险经办机构应当自收到申请之日起10个工作日内办理完毕。

3.社会保险转移、变更和注销。

（1）社会保险关系转移。

参加职工基本养老保险、职工基本医疗保险、失业保险的个人跨统筹地区就业，其职工基本养老保险、职工基本医疗保险、失业保险关系随同转移。

参加职工基本养老保险的个人在机关事业单位与企业等不同性质用人单位之间流动就业，其职工基本养老保险关系随同转移。

参加工伤保险、生育保险的个人跨统筹地区就业，在新就业地参加工伤保险、生育保险。

（2）社会保险变更和注销。

用人单位的性质、银行账户、用工等参保信息发生变化，以及个人参保信息发生变化的，用人单位和个人应当及时告知社会保险经办机构。社会保险经办机构应当对用人单位和个人提供的参保信息进行比对核实。

用人单位和个人申请变更、注销社会保险登记，社会保险经办机构应当自收到申请之日起10个工作日内办理完毕。用人单位注销社会保险登记的，应当先结清欠缴的社会保险费、滞纳金、罚款。

4.社会保险待遇核定和支付。

（1）用人单位和个人向社会保险经办机构提出领取基本养老金的申请，社会保险经办机构应当自收到申请之日起20个工作日内办理完毕。

（2）个人医疗费用、生育医疗费用中应当由基本医疗保险（含生育保险）基金支付的部分，由社会保险经办机构审核后与医疗机构、药品经营单位直接结算。

（3）个人治疗工伤的医疗费用、康复费用、安装配置辅助器具费用中应当由工伤保险基金支付的部分，由社会保险经办机构审核后与医疗机构、辅助器具配置机构直接结算。

（4）个人申领失业保险金，社会保险经办机构应当自收到申请之日起10个工作日内办理完毕。个人在领取失业保险金期间，社会保险经办机构应当从失业保险基金中支付其应当缴纳的基本医疗保险（含生育保险）费。

个人申领职业培训补贴，应当提供职业资格证书或者职业技能等级证书。社会保险经办机构应当对职业资格证书或者职业技能等级证书进行审核，并自收到申请之日起10个工作日内办理完毕。

（5）个人出现国家规定的停止享受社会保险待遇的情形，用人单位、待遇享受人员或者其亲属应当自相关情形发生之日起20个工作日内告知社会保险经办机构，社会保险经办机构核实后应当停止发放相应的社会保险待遇。

对涉嫌丧失社会保险待遇享受资格后继续享受待遇的，社会保险经办机构调查核实后，停止发放相应的社会保险待遇。

（七）社会保险费征缴与社会保险基金管理

1.社会保险费征缴。

根据中共中央发布的《深化党和国家机构改革方案》，为提高社会保险资金征管效率，将基本养老保险费、基本医疗保险费、失业保险费等各项社会保险费交由税务部门统一征收。按照改革相关部署，自2019年1月1日起由税务部门统一征收各项社会保险费和先行划转的非税收入。

用人单位应当自行申报、按时足额缴纳社会保险费，非因不可抗力等法定事由不得缓缴、减免。

职工应当缴纳的社会保险费由用人单位代扣代缴，用人单位应当按月将缴纳社会保险费的明细情况告知职工本人。缴费单位应当每年向本单位职工公布本单位全年社会保险费缴纳情况，接受职工监督。

无雇工的个体工商户、未在用人单位参加社会保险的非全日制从业人员以及其他灵活就业人员，可以直接向社会保险费征收机构缴纳社会保险费。

2.社会保险基金管理。

除基本医疗保险基金与生育保险基金合并建账及核算外，其他各项社会保险基金按照社会保险险种分别建账，分账核算，执行国家统一的会计制度。社会保险基金专款专用，任何组织和个人不得侵占或者挪用。

社会保险基金存入财政专户，按照统筹层次设立预算，通过预算实现收支平衡。除基本医疗保险基金与生育保险基金预算合并编制外，其他社会保险基金预算按照社会保险项目分别编制。县级以上人民政府在社会保险基金出现支付不足时，给予补贴。社会保险经办机构应当定期向社会公布参加社会保险情况以及社会保险基金的收入、支出、结余和收益情况。

社会保险基金在保证安全的前提下，按照国务院规定投资运营实现保值增值。不得违规投资运营，不得用于平衡其他政府预算，不得用于兴建、改建办公场所和支付人员经费、运行费用、管理费用，或者违反法律、行政法规规定挪作其他用途。

关键知识清单

1.《劳动法》中关于社会保险的规定
2.我国几种常见的社会保险
3.社会保险的经办
4.社会保险费征缴与社会保险基金管理

三、任务实施

1.当地职工上一年度月平均工资的300%为7 200元（2 400×3），张某的月工资为9 000元，高于当地职工月平均工资的300%，因此，应当按照当地职工月平均工资的300%作为其缴纳基本养老保险费的缴费工资基数，张某每月个人应缴纳的基本养老保险费为576元（7 200×8%）。

2.王某2023年度的月平均工资为8 500元（（110 000-8 000）÷12），高于当地职工月平均工资的300%，即7 500元（2 500×3），应当按照当地职工月平均工资的300%作为王某缴纳基本养老保险费的缴费工资基数，因此，王某个人2024年度每月应缴纳的基本养老保险费为600元（7 500×8%）。

任务六 承担违反社会保险法律制度的法律责任

一、任务情景

（一）任务场景

某公司为减轻经济负担，通过更改职工档案、编造证明材料等手段，为部分愿意提前退休的职工以特殊工种为由办理了退休手续。之后，该市社保机构在进行年度资格审查时发现了该公司有20名员工的材料存在伪造痕迹，而这20名员工已领取基本养老金6个月，共计24万元。

（二）任务布置

分析社会保险行政部门可以对"任务场景"中的该公司采取哪些措施。

二、任务准备

（一）用人单位违反《社会保险法》的法律责任

用人单位不办理社会保险登记的，由社会保险行政部门责令限期改正；逾期不改正的，对用人单位处应缴社会保险费数额1倍以上3倍以下的罚款，对其直接负责的主管人员和其他直接责任人员处500元以上3 000元以下的罚款。

视频10

违反社会保险
法律制度的
法律责任

用人单位未按时足额缴纳社会保险费的，由社会保险费征收机构责令限期缴纳或者补足，并自欠缴之日起，按日加收0.05%的滞纳金；逾期仍不缴纳的，由有关行政部门处欠缴数额1倍以上3倍以下的罚款。

用人单位拒不出具终止或者解除劳动关系证明的，由劳动行政部门责令改正；给劳动者造成损害的，应当承担赔偿责任。

（二）骗保行为的法律责任

以欺诈、伪造证明材料或者其他手段骗取社会保险待遇的，由社会保险行政部门责令退回骗取的社会保险金，处骗取金额2倍以上5倍以下的罚款。

社会保险经办机构以及医疗机构、药品经营单位等社会保险服务机构以欺诈、伪造证明材料或者其他手段骗取社会保险基金支出的，由社会保险行政部门责令退回骗取的社会保险金，处骗取金额2倍以上5倍以下的罚款；属于社会保险服务机构的，解除服务协议；直接负责的主管人员和其他直接责任人员有执业资格的，依法吊销其执业资格。

（三）社会保险经办机构、社会保险费征收机构、社会保险服务机构等机构的法律责任

社会保险经办机构及其工作人员有下列行为之一的，由社会保险行政部门责令改正；给社会保险基金、用人单位或者个人造成损失的，依法承担赔偿责任；对直接负责

的主管人员和其他直接责任人员依法给予处分：

（1）未履行社会保险法定职责的；

（2）未将社会保险基金存入财政专户的；

（3）克扣或者拒不按时支付社会保险待遇的；

（4）丢失或者篡改缴费记录、享受社会保险待遇记录等社会保险数据、个人权益记录的；

（5）有违反社会保险法律、法规的其他行为的。

社会保险费征收机构擅自更改社会保险费缴费基数、费率，导致少收或者多收社会保险费的，由有关行政部门责令其追缴应当缴纳的社会保险费或者退还不应当缴纳的社会保险费；对直接负责的主管人员和其他直接责任人员依法给予处分。

违反《社会保险法》规定，隐匿、转移、侵占、挪用社会保险基金或者违规投资运营的，由社会保险行政部门、财政部门、审计机关责令追回；有违法所得的，没收违法所得；对直接负责的主管人员和其他直接责任人员依法给予处分。

社会保险行政部门和其他有关行政部门、社会保险经办机构、社会保险费征收机构及其工作人员泄露用人单位和个人信息的，对直接负责的主管人员和其他直接责任人员依法给予处分；给用人单位或者个人造成损失的，应当承担赔偿责任。

国家工作人员在社会保险管理、监督工作中滥用职权、玩忽职守、徇私舞弊的，依法给予处分。

违反《社会保险法》规定，构成犯罪的，依法追究刑事责任。

关键知识清单

1. 用人单位违反《社会保险法》的法律责任

2. 骗保行为的法律责任

3. 社会保险经办机构、社会保险费征收机构、社会保险服务机构等机构的法律责任

三、任务实施

根据社会保险法律制度的规定，对于骗保行为，社会保险行政部门应责令退回骗取的保险金，并处骗取金额2倍以上5倍以下的罚款。本案例中，该公司通过伪造材料骗取养老金，共计24万元，因此，社会保险行政部门可以责令其退回已领取的养老金，并处以48万元至120万元的罚款。

知之守之

2023年3月，李华通过面试，入职一家小型贸易公司担任会计。面试时双方口头约定，试用期1个月，月薪5 000元，转正后缴纳社保，1个月内签订劳动合同。试用期结束后，该贸易公司以各种理由拖延签订合同，也未给李华办理社保。李华工作至当年7月，因不满公司未签订合同和未缴纳社保，提出辞职，并向当地劳动仲裁委员会申请仲

裁，要求公司支付2023年4月至7月未签订书面劳动合同的双倍工资差额。

案例解析：根据《劳动合同法》的规定，用人单位自用工之日起即与劳动者建立劳动关系，应当订立书面劳动合同。已建立劳动关系，未同时订立书面劳动合同的，应当自用工之日起1个月内订立书面劳动合同。用人单位自用工之日起超过1个月不满1年未与劳动者订立书面劳动合同的，应当向劳动者每月支付两倍的工资。该贸易公司在李华入职1个月后仍未签订劳动合同，违反法律规定。劳动仲裁委员会最终裁决公司支付李华4个月的双倍工资差额，共计20 000元。此案例警示用人单位，不签订书面劳动合同不仅会面临法律风险，还会增加用工成本，按时签订劳动合同是保障双方权益的基础。

巩固与提升

【例5-1·多选题】下列各单位中，与劳动者建立劳动关系，订立、履行、变更、解除或者终止劳动合同，适用《劳动合同法》的有（　　）。

A.民办非企业单位　　　　　　　　B.律师事务所

C.企业　　　　　　　　　　　　　D.个体经济组织

项目五在线测试

【例5-2·单选题】根据劳动合同法律制度的规定，下列用人单位聘用劳动者的行为中，符合法律规定的是（　　）。

A.甲超市聘用12周岁的小李为营销员

B.乙工厂聘用15周岁，已经初中毕业不再上学的小赵为生产工人

C.丙演出公司聘用10周岁的童星小刘为全职演员

D.丁商店聘用14周岁的速算神童小张为收银员

【例5-3·多选题】根据劳动合同法律制度的规定，下列关于劳动报酬支付的表述中，正确的有（　　）。

A.用人单位可以采用多种形式支付工资，如货币、有价证券、实物等

B.工资至少每月支付一次，实行周、日、小时工资制的，可按周、日、小时支付工资

C.对完成一次性临时劳动的劳动者，用人单位应按协议在其完成劳动任务后即支付工资

D.约定支付工资的日期遇节假日或者休息日的，应提前在最近的工作日支付

【例5-4·单选题】劳动合同生效的日期是（　　）。

A.达成口头协定当日

B.收到书面录用通知书当日

C.签订劳动合同当日

D.实际上岗当日

【例5-5·单选题】2024年3月12日，张某在招聘会上与甲公司达成了就职意向，双方口头约定了张某的工作内容、工作时间及工资福利待遇等。6月30日，张某到甲公

司上班。7月20日,双方订立了书面劳动合同。7月30日,张某收到了甲公司支付的第一个月工资。甲公司与张某建立劳动关系的起始时间为(   )。

A.2024年3月12日   B.2024年6月30日

C.2024年7月20日   D.2024年7月30日

【例5-6·单选题】2024年7月1日,甲公司书面通知张某被录用。7月6日,张某到甲公司上班。11月15日,甲公司与张某签订书面劳动合同,因未及时签订书面劳动合同,甲公司应向张某支付一定期间的两倍工资。该期间为(   )。

A.自2024年8月1日至2024年11月14日

B.自2024年7月1日至2024年11月15日

C.自2024年7月6日至2024年11月15日

D.自2024年8月6日至2024年11月14日

【例5-7·单选题】2024年3月1日,陈某入职甲公司工作,每月工资4500元。2024年6月1日,甲公司与陈某签订了书面劳动合同,陈某要求公司支付相应的工资补偿。在已按月支付4500元的情况下,甲公司依法应向陈某支付的工资补偿为(   )元。

A.9 000   B.13 500

C.0   D.18 000

【例5-8·多选题】2008年以来,甲公司与下列职工均已连续订立两次固定期限劳动合同,再次续订劳动合同时,除职工提出订立固定期限劳动合同外,甲公司应与之订立无固定期限劳动合同的有(   )。

A.不能胜任工作,经过培训能够胜任的李某

B.因交通违章承担行政责任的范某

C.患病休假,痊愈后能继续从事原工作的王某

D.同时与乙公司建立劳动关系,经甲公司提出后立即改正的张某

【例5-9·多选题】下列关于用人单位未按照劳动合同的约定或者国家规定支付劳动者劳动报酬应承担法律责任的表述中,正确的有(   )。

A.由用人单位向劳动者支付违约金

B.劳动报酬低于当地最低工资标准的,用人单位应当支付其差额的部分

C.用人单位按照应付劳动报酬金额200%的标准向劳动者加付赔偿金

D.由劳动行政部门责令用人单位限期支付劳动报酬

【例5-10·多选题】下列属于劳动合同必备条款内容的有(   )。

A.工作内容   B.服务期

C.合同期限   D.补充保险

【例5-11·多选题】下列劳动合同可以约定试用期的有(   )。

A.无固定期限劳动合同

B.劳动合同期限不满3个月的

C.1年期劳动合同

D.以完成一定工作任务为期限的劳动合同

【例5-12·多选题】下列关于用人单位和劳动者对竞业限制约定的表述中，正确的有（　　）。

A.竞业限制约定适用于所有的劳动者

B.用人单位应当按照双方约定在竞业限制期限内按月给予劳动者经济补偿

C.用人单位和劳动者约定的竞业限制期限不得超过2年

D.劳动者违反竞业限制约定的，应当按照约定向用人单位支付违约金

【例5-13·多选题】当事人申请人民法院执行劳动争议仲裁机构作出的发生法律效力的裁决书、调解书，被申请人提出证据证明劳动争议仲裁裁决书、调解书有（　　）情形，经审查核实的，人民法院可以裁定不予执行。

A.仲裁员在仲裁该案时有索贿行为

B.裁决所根据的证据是伪造的

C.劳动争议仲裁机构无权仲裁

D.人民法院认定执行该劳动争议仲裁裁决违背社会公共利益的

【例5-14·多选题】根据《国务院关于渐进式延迟法定退休年龄的办法》，自2025年1月1日起，下列说法正确的有（　　）。

A.男职工法定退休年龄逐步延迟至58周岁

B.男职工法定退休年龄每4个月延迟1个月

C.原法定退休年龄为55周岁的女职工，法定退休年龄每2个月延迟1个月

D.原法定退休年龄为50周岁的女职工，法定退休年龄逐步延迟至55周岁

【例5-15·多选题】参加基本养老保险的个人，如因病或者非因工死亡，下列各项中，其遗属可以领取的有（　　）。

A.一次性工亡补助金　　　　　　　B.抚恤金

C.伤残津贴　　　　　　　　　　　D.丧葬补助金

【例5-16·多选题】下列人员中，属于基本医疗保险覆盖范围的有（　　）。

A.大学生　　　　　　　　　　　　B.国有企业职工

C.城镇私营企业职工　　　　　　　D.灵活就业人员

【例5-17·多选题】如果发生以下情况，则该医疗费不由基本医疗保险基金支付的有（　　）。

A.李某需要进行外科手术的原因是工伤

B.钱某需要进行外科手术的原因是被李某驾驶的汽车撞伤

C.孙某需要进行外科手术的原因是非因工负伤

D.张某需要进行外科手术的原因是患病

答案与解析

项目六　会计职业道德

素养目标

1.培养法律和职业道德底线意识，充分理解职业道德，能够自觉严守道德底线。

2.树立正确的法律价值观和道德观念，理解道德底线在社会秩序、公平正义中的重要作用，增强社会责任感。

3.面对法律事务时能够保持理性和客观。

知识目标

1.掌握道德的基本概念、特征、起源和发展规律。

2.熟悉我国会计职业道德的构成、划分以及基本内容。

3.理解会计职业道德在法律中的本质和作用。

技能目标

1.培养阅读、理解和分析会计职业道德案例的能力。

2.能够运用会计职业道德底线思维分析常见法律问题。

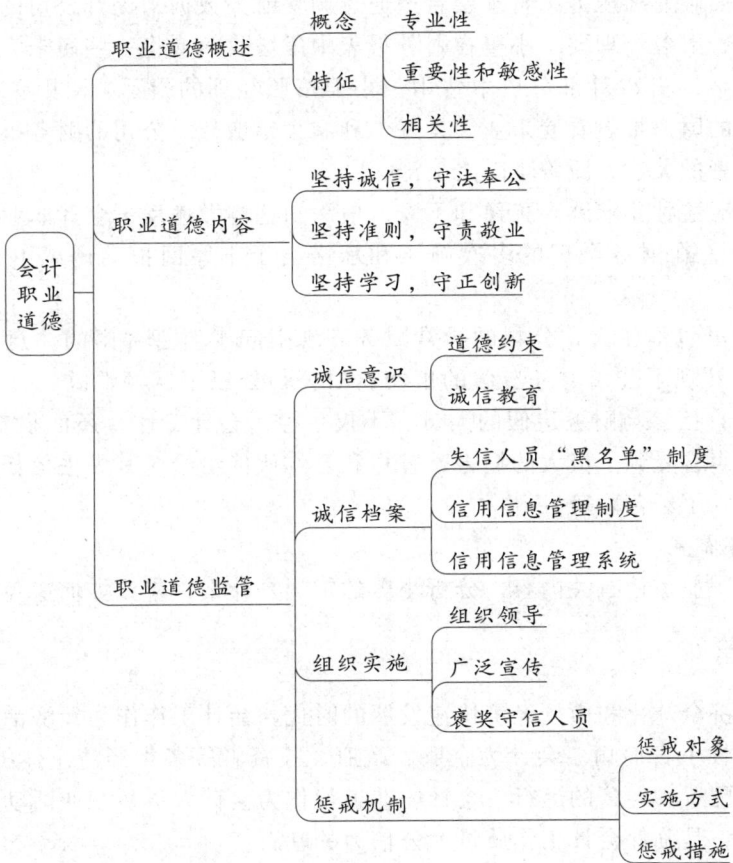

任务一 认知会计职业道德

一、任务情景

（一）任务场景

小姜刚毕业，在一家中型企业担任会计，负责公司的日常账务处理和财务报表编制。公司近期面临业绩压力，管理层希望通过调整财务数据来提升公司的市场形象和股价表现。于是，财务经理要求小姜在财务报表中虚增收入，将一些尚未完成的销售订单提前确认为收入，并少计部分成本费用。小姜按照经理的指示，对财务报表进行了粉饰，使得公司的财务报表看起来业绩良好，利润大幅增长。公司的财务报表公布后，吸引了众多投资者的关注，股价也随之上涨。

小姜起初对这种要求感到犹豫和不安，他深知这样做违反了会计职业道德和相关法律法规。然而，在财务经理的多次施压和承诺给予丰厚回报的诱惑下，小姜最终妥协了。

然而，纸里包不住火，公司的异常财务表现引起了监管部门的注意。经过深入调查，监管部门发现了公司财务造假的事实，对公司处以了巨额罚款，并责令其进行整改。小姜作为直接参与财务造假的人员，不仅丢掉了会计工作，还面临着法律的制裁。同时，公司的声誉受到了极大的损害，客户和合作伙伴纷纷对其失去信任，业务量急剧下降，最终陷入了经营困境。

（二）任务布置

预习会计职业道德有关内容，分析小姜的错误是什么，应该如何避免。

二、任务准备

在当今经济全球化和市场经济快速发展的时代，会计工作作为经济活动的重要组成部分，其重要性不言而喻。会计为企业、政府、投资者等各类经济主体提供决策依据，影响着资源的配置和经济的运行。会计职业道德作为会计人员在职业活动中应遵循的行为准则和规范，是确保会计工作质量和公信力的基石。

从宏观层面看，会计职业道德关系到市场经济的健康有序发展。真实、准确、完整的会计信息是市场经济有效运行的基础，其能够引导资源合理配置，促进市场公平竞争。反之，若会计人员违背职业道德，提供虚假会计信息，将导致市场信号失真，误导投资者决策，破坏市场经济秩序，甚至引发经济危机。例如，21世纪初美国安然公司通过一系列复杂的财务手段虚报利润、隐瞒债务，使得投资者对其财务状况产生严重误判，最终破产，投资者遭受巨大损失，金融市场也受到强烈冲击。这一事件也让人们深刻认识到会计职业道德缺失的严重后果。

从微观层面看，会计职业道德关乎企业的生存与发展。对于企业来说，可靠的会计信息有助于管理层作出科学的战略决策，合理安排生产经营活动，有效控制成本和风险。同时，良好的会计职业道德形象也能增强企业在市场中的信誉和竞争力，吸引投资者和合作伙伴。例如，我国华为公司一直注重财务的诚信与透明，其会计团队严格遵守职业道德，提供高质量的财务报告，为公司在全球市场赢得了广泛的信任和赞誉，助力企业持续稳健发展。

进行会计职业道德教育，是培养未来会计专业人才十分重要的教学内容。在学生的职业成长道路上，不仅要学习专业知识和技能，更要树立正确的职业道德观念。因此，深入学习会计职业道德，深刻认知其内涵、重要性以及如何在实践中坚守职业道德，是会计学习中不可或缺的重要内容，对培养适应社会需求的高素质会计人才具有深远意义。

（一）会计职业的概念

会计职业是指利用会计专门的知识和技能，为经济社会提供会计服务，获取合理报酬的职业。

视频11

会计职业的
概念与特征

从企业内部来看，会计人员负责记录每一笔经济业务，包括收入、支出、资产购置、债务偿还等。会计人员依据会计准则和法规，对这些业务进行分类、计量和记录，生成各种财务报表，如资产负债表、利润表、现金流量表等。这些报表如同企业的"健康体检报告"，直观地展示了企业在一定时期内的财务状况、经营成果和现金流动情况，帮助企业管理层了解企业的运营效率、盈利能力和资金状况，从而作出科学的战略决策，如投资决策、融资决策、成本控制决策等。例如，企业管理层可以通过分析利润表，了解各项业务的盈利情况，进而决定是否扩大盈利业务的规模，或者调整亏损业务的经营策略；通过分析资产负债表，评估企业的资产质量和偿债能力，合理安排资金的使用和筹集，确保企业的财务安全。

在企业外部，会计信息则是投资者、债权人、政府监管部门等利益相关者了解企业的重要窗口。投资者通过分析企业的财务报表，评估企业的投资价值和风险水平，决定是否投资以及投资的规模和时机。债权人依据企业的财务状况，判断企业的偿债能力，决定是否给予贷款以及贷款的额度和利率。政府监管部门通过审查企业的会计信息，监督企业是否遵守相关法律法规，确保市场经济的公平有序运行。例如，一家上市公司的财务报表是投资者决定是否购买其股票的重要依据，如果财务报表显示企业业绩良好、财务状况稳健，就会吸引更多投资者的关注和投资。政府税务部门根据企业的会计信息，核算企业应缴纳的税款，防止企业偷税漏税，维护国家税收利益。

随着经济全球化的加速和信息技术的飞速发展，会计职业的内涵和外延也在不断拓展和深化。一方面，会计人员需要具备更加广泛的知识和技能，不仅要精通传统的财务会计知识，还要掌握管理会计、税务筹划、财务管理、审计等相关领域的知识，以及信息技术在会计领域的应用，如财务软件的操作、数据分析工具的使用等，以适应企业多元化的发展需求和复杂多变的经济环境。另一方面，会计职业的国际化程度不断提高，会计人员需要了解国际会计准则和国际财务报告准则，熟悉不同国家和地区的会计制度和税收政策，具备跨文化沟通和协作的能力，以便在跨国企业或国际业务中发挥重要作用。例如，在跨国并购业务中，会计人员需要对目标企业的财务状况进行全面的尽职调查，运用国际会计准则进行财务分析和估值，同时还要考虑不同国家的税收政策和法律规定，为并购决策提供准确的财务支持。

（二）会计职业的特征

会计职业具有多方面鲜明的特征，这些特征不仅塑造了会计工作的独特性质，也对会计人员的职业道德提出了特殊要求。

1.会计职业的社会属性

会计是社会分工形成的一种职业，在经济社会中履行职能，提供服务，处理企业利益相关者和社会公众的经济权益及其关系，维护生产关系和经济社会秩序。会计信息是企业经济活动的数字化反映，其贯穿于企业的整个运营过程，对企业的生存和发展起着至关重要的作用。真实、准确、完整的会计信息是企业管理层制定战略决策的重要依据。通过对财务报表的分析，管理层可以了解企业的盈利能力、偿债能力、运营效率等关键指标，从而判断企业的优势和劣势，预测未来的发展趋势，进而制定出符合企业实际情况的发展战略，维护生产关系和经济社会秩序。

2.会计职业的规范性。

会计职业具有系统性的专业规范操作要求，具有严格职业道德的规范性要求。会计作为一门高度专业化的工作，有着严谨的理论体系、方法体系和制度体系，为经济活动提供精确记录与分析。会计人员需要熟练掌握包括《会计法》《企业会计准则》《会计人员职业道德规范》及相关财经法规等一系列法律规章制度，具体而言，涵盖了财务会计、管理会计、审计、税务等多个关键领域的具体专业操作规范。在财务会计中，会计准则和制度是财务会计业务处理的标准。会计人员需要熟练运用这些规则，严谨做好账务处理，依规编制财务报表。管理会计聚焦于企业内部管理，会计人员需要运用成本性态分析、本量利分析等专业方法，为管理者提供决策参考。

3.会计职业的经济性。

会计职业是会计人员赖以谋生的劳动过程，具有获取合理报酬的特性。对利益相关者而言，会计职业是利益相关者经济利益的保护者，通过会计确认、计量、记录和报告及信息披露，实现对利益相关者经济利益的保护。对投资者、债权人等外部利益相关者而言，会计信息是其评估企业价值和风险的主要依据。投资者在作出投资决策之前，往往会秉持审慎态度，仔细研读企业的财务报表，全面深入地分析企业的财务状况和经营成果，从盈利能力、偿债能力、成长潜力等多个维度综合评估投资回报率和风险水平，进而审慎决定是否投资、投资规模的大小以及投资时机的选择。债权人则会重点关注企业的偿债能力，通过对会计信息的细致分析，判断企业是否具备按时足额偿还贷款的能力，以此决定是否给予贷款以及确定贷款的额度和利率。然而，一旦会计信息存在虚假内容或者具有误导性，将会引发极其严重的后果。曾经就有企业为了吸引投资，不惜虚构收入和利润，编织"美丽的"财务谎言。投资者基于这些错误信息作出投资决策，其结果是当企业真实的经营状况不佳暴露时，投资者往往血本无归，多年积蓄化为泡影；债权人也极有可能面临贷款无法收回的巨大风险，资金链断裂，影响自身的正常运营。这不仅会给投资者和债权人带来惨重的经济损失，还会严重扰乱金融市场的正常秩序，破坏市场信用体系，阻碍经济的健康发展。

4.会计职业的技术性。

会计职业采用各种专门方法和程序履行其职能。例如，管理会计人员可以通过成本性态分析，帮助企业管理者了解成本与业务量之间的关系，从而在成本控制和定价决策中作出更合理的选择。再如，如果企业的毛利率持续下降，会计人员可以通过分析成本结构和市场价格，找出原因并建议管理层采取相应的措施，如优化供应链降低采购成本或调整产品定价策略以提高盈利能力。

5.会计职业的时代性。

会计职业应当适应经济社会生产经营方式以及文化、社会组织等的变化要求，切实贯彻创新、协调、绿色、开放、共享的新发展理念，与时俱进，适应新时代中国特色社会主义的发展要求。随着经济的快速高质量发展，金融衍生品交易、碳排放权交易等新经济业务不断涌现。这些新经济业务具有独特的交易模式和经济实质，其会计处理方法也与传统业务大相径庭。面对这些新挑战，会计人员必须树立持续学习的意识，紧跟时代步伐，及时掌握新的会计处理方法，只有这样，才能在复杂多变的经济环境中胜任本职工作，为企业的稳定发展保驾护航。

（三）会计职业道德的概念

会计职业道德是指在会计职业活动中应当遵循的、体现会计职业特征的、调整会计职业关系的职业行为准则和规范。它是一般社会道德在会计职业中的具体体现，涵盖了会计人员与国家、社会公众、服务对象以及会计人员之间的关系。会计职业道德不仅是一种行为规范，更是一种内在的职业素养和价值观念，其贯穿于会计工作的全过程。

会计职业道德具有鲜明的职业特征。它是专门针对会计职业的特点和要求而制定的，与会计工作的专业性、重要性和敏感性密切相关。例如，会计人员需要处理大量的财务数据，这些数据涉及企业的经济利益和商业秘密，因此，诚实守信、保守秘密就成为会计职业道德的重要内容。在面对复杂的财务业务和各种利益诱惑时，会计人员必须坚持客观公正的原则，确保财务信息的真实性和可靠性，这也是会计职业道德的核心要求之一。

会计职业道德的核心是职业诚信。其内容包括：爱岗敬业、诚实守信、廉洁自律、客观公正、坚持准则、提高技能、参与管理和强化服务等方面。爱岗敬业要求会计人员热爱本职工作，敬重会计职业，具有强烈的责任感和使命感，全身心地投入到会计工作中。诚实守信强调会计人员要做老实人，说老实话，办老实事，不搞虚假，保守企业的商业秘密和财务机密，不为利益所诱惑。廉洁自律要求会计人员公私分明，不贪不占，遵纪守法，自觉抵制各种腐败行为和不正之风。客观公正要求会计人员在处理会计事务时，要以客观事实为依据，不偏不倚，保持公正的态度，不受主观因素和外部压力的影响。坚持准则要求会计人员熟悉国家的财经法律、法规和会计准则，严格按照这些准则和制度进行会计核算和监督，不屈从于任何非法的指令和要求。提高技能要求会计人员不断学习和更新专业知识，提高业务能力和综合素质，以适应不断变化的会计工作环境和要求。参与管理要求会计人员积极参与企业的管理活动，为企业的决策提供准确的财务信息和专业的建议，发挥会计在企业管理中的重要作用。强化服务要求会计人员树立服务意识，提高服务质量，为企业内部和外部的利益相关者提供优质、高效的服务。

这些核心内容相互联系、相互制约，共同构成了一个完整的会计职业道德体系。爱岗敬业是会计职业道德的基础，只有热爱本职工作，才能全身心地投入到工作中，为其他职业道德规范的践行提供动力；诚实守信是会计职业道德的精髓，是会计人员赢得信任和尊重的基石；廉洁自律是会计职业道德的内在要求，是保持会计职业独立性和公正性的重要保障；客观公正是会计职业道德的灵魂，是确保会计信息真实可靠的关键；坚持准则是会计职业道德的核心，是会计人员依法办事的根本准则；提高技能是会计职业道德的时代要求，是适应经济发展和会计变革的必要条件；参与管理是会计职业道德的拓展，是会计人员发挥专业优势、为企业创造价值的重要途径；强化服务是会计职业道德的归宿，是会计人员实现自身价值的最终体现。

关键知识清单

1. 会计职业的概念
2. 会计职业的特征
3. 会计职业道德的概念

三、任务实施

小姜在面对管理层的不当要求时，未能坚守会计职业道德中的诚实守信和客观公正原则。他为了个人利益和迎合上级的指示，不惜违背职业道德，参与财务造假，严重损害了公司和投资者的利益。

小姜之所以会违背职业道德，一方面是受到了丰厚回报的诱惑，另一方面则是来自管理层的压力。在现实工作中，会计人员往往会面临各种利益诱惑和工作压力，如何在这些诱惑和压力面前坚守职业道德，是每一位会计人员都需要面对的挑战。

小姜对相关法律法规的认识不足，没有意识到财务造假的严重后果。他以为只要按照经理的指示行事，就不会承担法律责任。然而，法律是公正的，任何违法违规行为都将受到应有的制裁。公司管理层能够轻易地要求小姜进行财务造假，说明公司的内部控制制度存在严重漏洞。公司缺乏有效的监督和制衡机制，使管理层的权力得不到约束，从而为财务造假提供了可乘之机。

任务二　规范会计职业道德

一、任务情景

（一）任务场景

小廖刚毕业入职会计师事务所从事审计工作时，某被审计单位财务负责人推三阻四地就是不配合提供审计资料，并要求出具"满意的"审计报告。小廖直接说明不配合提供审计资料将出具无法表示意见的审计报告。

小廖在某肉类食品上市公司担任成本管理会计时，发现一批存货下落不明。小廖及时汇报并展开调查，顶住涉事人员对自己的人身威胁，使相关人员受到了处分，公司的内部控制和存货管理得到了改善。

（二）任务布置

自主学习会计职业道德规范，分析"任务场景"中的小廖坚持了哪些会计职业道德。

二、任务准备

（一）会计职业道德规范的内容

1.坚持诚信，守法奉公。

要求会计人员应牢固树立诚信理念，以诚立身、以信立业，严于律己、心存敬畏，学法知法守法，公私分明、克己奉公，树立良好职业形象，维护会计行业声誉。

视频12

会计职业道德
规范的内容

诚信是会计职业道德的基石，是会计人员安身立命之本。在会计工作中，每一个数据、每一张报表都承载着企业的财务状况与经营成果，更关乎各方利益相关者的决策。会计人员唯有牢固树立诚信理念，做到以诚立身、以信立业，才能在复杂的经济环境中坚守职业操守，确保会计信息的真实可靠。

在日常工作中，会计人员可能会面临各种利益诱惑，如企业管理层为追求业绩，要求会计人员虚报收入、隐瞒费用等。此时，会计人员必须严于律己、心存敬畏，学法知法守法，坚决拒绝违规操作，做到公私分明、克己奉公。

例如，在某企业中，会计小李发现上级领导暗示其通过调整账目来美化企业季度财务报表，以获取银行更高额度的贷款。小李深知这种行为不仅违背职业道德，还可能触犯法律，于是他坚守诚信原则，拒绝了领导的不当要求。最终，小李的坚持维护了企业财务信息的真实性，也为企业避免了潜在的法律风险。

一旦会计人员违背诚信原则，后果将不堪设想。从个人层面看，其职业生涯将遭受重创，声誉扫地，失去职业发展的机会；从企业角度看，虚假的会计信息会误导管理层决策，导致企业经营策略失误，损害企业长期利益；从社会层面看，会计诚信缺失会扰乱市场经济秩序，破坏市场信任机制，影响整个社会经济的健康发展。

2.坚持准则，守责敬业。

要求会计人员应严格执行准则制度，保证会计信息真实完整，勤勉尽责、爱岗敬业、忠于职守、敢于斗争，自觉抵制会计造假行为，维护国家财经纪律和经济秩序。

会计准则和制度是会计工作的基本规范和行为准则，严格执行准则制度是保证会计信息质量的关键。在实际工作中，会计核算、报表编制等各个环节都需要严格遵循准则要求，确保会计信息的准确性、完整性和可比性。

比如，在收入确认方面，《企业会计准则》明确规定了收入确认的条件和时点，会计人员必须依据准则判断企业的销售业务是否满足收入确认条件，准确核算收入金额，不得提前或推迟确认收入，以保证财务报表真实反映企业的经营成果。

会计人员应具备勤勉尽责、爱岗敬业的职业精神，全身心投入到工作中，对每一项财务数据、每一笔账务处理都要严谨细致，确保工作零差错。同时，要忠于职守，并敢于与会计造假等违法违规行为作斗争。在面对会计造假行为时，会计人员不能因畏惧权势、顾及个人利益而选择沉默或参与其中，而应该勇敢地站出来，维护国家财经纪律和经济秩序。

例如，在某上市公司财务造假案件中，审计人员小王在审计过程中发现公司存在虚构交易、虚增利润的迹象。尽管公司管理层对其施加压力，试图掩盖问题，但小王秉持着守责敬业的精神，坚持深入调查，最终将造假行为揭露出来，维护了广大投资者的利益。

3.坚持学习，守正创新。

会计人员应始终秉持专业精神，勤于学习、锐意进取，持续提升会计专业能力，不断适应新形势新要求，与时俱进、开拓创新，努力推动会计事业高质量发展。

随着经济全球化、数字化的快速发展，会计领域也在不断变革和创新。新的会计准则、税收政策、财务管理理念和信息技术层出不穷，如财务共享服务中心的兴起、人工智能在会计核算中的应用等。这就要求会计人员始终秉持专业精神，勤于学习、锐意进取，持续提升会计专业能力，不断更新知识结构，才能适应新形势下会计工作的要求。

在实际工作中，会计人员要积极学习新知识、新技能，将所学运用到工作实践中，不断探索创新工作方法和模式，提高工作效率和质量。例如，某企业的会计小张通过学习财务数据分析软件，将传统的手工账务处理与数据分析相结合，不仅大大提高了财务数据处理的效率和准确性，还通过数据分析为企业管理层提供了更具价值的决策建议，帮助企业优化成本结构、提高经济效益。会计人员还应积极参与企业的财务管理和决策过程，发挥专业优势，为企业发展提供战略支持，推动会计事业向更高水平发展。

（二）会计职业道德失范的现实警示

1.案例直击：触目惊心的道德滑坡。

在会计领域，职业道德失范的每一个案例都如同一记重锤，敲响了诚信与责任的警钟。其中，美国安然公司财务造假案堪称典型。安然公司曾是美国能源行业的巨头，20世纪末至21世纪初，其业务遍布全球，一度成为美国经济的标志性企业。然而，为了维持公司的高股价和满足投资者的预期，安然公司管理层与会计人员合谋，通过复杂的财务手段进行造假。他们利用特殊目的实体（SPE）隐瞒债务和亏损，将大量债务转移到表外，同时虚报利润，使公司财务报表呈现出虚假的繁荣景象。

这一造假行为持续多年，给投资者和社会带来了巨大的灾难。2001年，安然公司财务造假丑闻曝光，股价瞬间暴跌，从每股90多美元降至不到1美元，公司最终破产。投资者损失惨重，许多人毕生积蓄化为乌有。安然公司的员工不仅失去了工作，而且其养老金也因公司破产而大幅缩水。这一事件还引发了美国资本市场的信任危机，投资者对上市公司的财务报表产生了严重的怀疑，整个行业的信誉受到极大冲击。

我国康美药业财务造假案同样令人震惊。康美药业是一家知名的医药上市公司，2016—2018年期间，通过伪造、变造增值税发票等手段，虚增营业收入，同时通过伪造银行单据等方式，虚增货币资金，累计虚增货币资金高达887亿元。此外，康美药业还存在隐瞒关联交易、虚构中药材贸易等违法违规行为。

康美药业的财务造假行为严重误导了投资者的决策，损害了投资者的利益。公司股价大幅下跌，众多中小投资者血本无归。这一事件也对我国医药行业的形象造成了负面影响，引发了社会各界对上市公司财务造假问题的高度关注。

2.深度剖析：是什么让道德防线崩塌。

会计职业道德失范案例的背后，有着复杂的原因。从个人层面来看，利益诱惑是导致会计人员道德滑坡的重要因素。在市场经济环境下，金钱和物质的诱惑无处不在，一些会计人员为了追求个人私利，不惜违背职业道德，参与财务造假、挪用资金等违法违规行为。部分企业管理层为了追求业绩和个人利益，对会计人员施加压力，要求其篡改财务数据、隐瞒真实财务状况。会计人员由于担心失去工作或受到其他报复，往往被迫屈从于管理层的要求，放弃职业道德底线。

外部监管体系的不完善也为会计职业道德失范提供了可乘之机。目前，我国会计行业的监管在一定程度上存在多头监管、职责不清等问题，导致个别监管部门在执法过程中偶尔会出现执法不严、处罚力度较轻的情况，使得违法成本较低，未对有关会计人员形成足够有效的威慑。

会计职业道德教育的缺失也是不容忽视的问题。在会计教育中，往往过于注重专业技能的培养，导致部分会计人员对职业道德的重要性认识不足，缺乏正确的职业价值观和道德判断能力。

（三）加强会计职业道德规范的多维度策略

1.教育先行：播种道德的种子。

教育是培养会计人员职业道德的基础环节，应贯穿于会计人才培养的全过程。在职业教育阶段，要高度重视会计职业道德教育，将其融入专业课程体系。一方面，增加职业道德课程的比重，如开设专门的"会计职业道德"课程，系统讲解会计职业道德的基本概念、原则、规范以及违反职业道德的后果等内容；另一方面，在其他会计专业课程中，巧妙融入职业道德教育元素，使学习人员在学习专业知识的同时，潜移默化地接受职业道德的熏陶。

在教学方法上，应摒弃传统的单一讲授模式，采用多样化的教学方法，激发学习人员的学习兴趣和主动性。例如，运用案例分析法，选取国内外典型的会计职业道德案例，组织学习人员进行深入分析和讨论，引导学习人员思考在实际工作中如何应对道德困境，作出正确的职业判断和选择。通过角色扮演法，设置逼真的工作场景，让学习人员扮演不同的会计角色，模拟处理会计业务中的道德冲突，增强学习人员的实践体验和道德意识。另外，还可以邀请企业资深会计人员或注册会计师走进课堂，分享他们在实际工作中的经验和教训，使学习人员更加直观地了解会计职业道德的重要性和实际应用。

对于在职会计人员，要持续开展后续职业培训，将职业道德教育作为培训的重要内容。培训形式可以多样化，包括线上课程、线下讲座、研讨会等，以满足不同会计人员的学习需求。培训内容应紧密结合当前会计行业的发展趋势和实际工作中的热点问题，及时更新和完善，使会计人员能够不断提升职业道德素养，适应新形势下会计工作的要求。

2.制度保障：编织严密的监管网络。

建立健全会计职业道德相关制度是规范会计行为、保障职业道德实施的重要保障。首先，要完善会计职业道德规范体系，明确会计人员在工作中应遵循的道德准则和行为规范，使会计人员在面对各种复杂情况时，有明确的行为指南。这些规范应涵盖会计核算、财务报告、内部控制、税务筹划等会计工作的各个环节，确保会计人员的行为始终符合职业道德要求。

加强监督机制建设至关重要，建立内部监督与外部监督相结合的全方位监督体系。内部监督主要依靠企业内部的审计部门、监事会等机构，对企业会计人员的职业道德行为进行日常监督和检查，及时发现和纠正存在的问题。外部监督则由财政、审计、税务等政府部门以及注册会计师协会等行业组织共同承担，通过定期检查、专项审计、行业自律检查等方式，对会计人员的职业道德情况进行监督和评价。政府部门要加大对会计违法行为的查处力度，严格执法，提高违法成本，使会计人员不敢轻易违反职业道德。

建立科学合理的奖惩机制，对遵守职业道德、表现优秀的会计人员给予表彰和奖励，如颁发荣誉证书、给予物质奖励、晋升职称或职务等，激励更多的会计人员坚守职业道德底线。对违反职业道德的会计人员，要依法依规进行严肃处罚，包括警告、罚款等，情节严重的，要追究其法律责任。同时，将会计人员的职业道德表现纳入信用档案，对失信会计人员实行联合惩戒，使其在职业发展、社会生活等方面受到限制，形成"一处失信，处处受限"的局面。

3.自我约束：唤醒内心的道德自觉。

会计人员的自我约束是加强职业道德建设的内在动力。要引导会计人员加强自我修养，不断提高自身的道德素质和职业素养。会计人员应树立正确的价值观和职业观，深刻认识到会计工作的重要性和肩负的社会责任，将个人的职业发展与社会利益紧密结合起来，自觉遵守职业道德规范，做到诚实守信、廉洁奉公。

　　会计人员要增强自律意识，时刻保持清醒的头脑，自觉抵制各种利益诱惑。在工作中，要严格要求自己，做到"慎独""慎微"，即使在无人监督的情况下，也能坚守职业道德底线，不做违法违规的事情。同时，要学会自我反思和自我批评，定期审视自己的职业行为，及时发现并纠正存在的问题，不断提高自己的职业道德水平。

　　会计人员还应积极参加各种职业道德培训和学习活动，不断丰富自己的道德知识和职业技能，提高自己的道德判断能力和解决问题能力。通过与同行交流和分享经验，学习他人的优点和长处，不断完善自己，努力成为一名具备高尚职业道德的优秀会计人才。

　　规范会计职业道德是一项系统而艰巨的工程，关乎经济发展的大局，关乎社会公众的利益。它不仅是会计人员个人职业发展的基石，更是维护市场经济秩序、保障经济健康稳定运行的重要支撑。在当前经济环境日益复杂多变的背景下，加强会计职业道德规范显得尤为重要和紧迫。

关键知识清单

1.会计职业道德规范的核心内容
2.会计职业道德失范的现实警示

三、任务实施

　　小廖熟悉审计准则，面对被审计单位的不合理要求，据理力争，体现了坚持准则。在发现存货问题后，积极履行监督管理职能，与不合法、不合规行为作斗争，做到了守责敬业。

任务三　强化会计职业道德监管

一、任务情景

（一）任务场景

　　A公司是一家在行业内颇具规模的上市公司，业务覆盖多个领域。在一次常规的年度财务审计中，监管部门发现A公司的财务报表存在异常波动，部分数据与行业趋势和公司实际运营情况不符，由此展开深入调查。

　　经调查发现，A公司财务部门为达到虚增业绩、拉高股价的目的，在会计处理上进行了一系列违规操作。例如，虚构销售合同，提前确认收入，将本应在未来期间确认的收入计入当期；同时，对成本费用进行不合理的递延和分摊，压低当期成本，以制造利润增长的假象。

（二）任务布置

　　分析"任务场景"中的A公司财务部门违反了哪些财经法规和会计职业道德。

二、任务准备

(一) 增强会计人员诚信意识

1.强化会计职业道德约束。

视频13

会计职业道德监管

会计职业道德是会计人员在职业活动中应遵循的行为准则和规范，其对于维护会计行业的良好秩序、保障会计信息的真实性和可靠性具有重要意义。在实际工作中，会计人员可能会面临各种利益诱惑和压力，如来自上级领导的不当指示、客户的不合理要求等。此时，强化会计职业道德约束，能够帮助会计人员坚守道德底线，作出正确的职业判断。

进一步完善会计职业道德规范，应结合会计工作的特点和实际需求，明确会计人员在各个工作环节中的道德责任和义务。引导会计人员自觉遵纪守法，严格遵守国家的财经法规和会计制度，不参与任何违法违规的财务活动。要求会计人员勤勉尽责，认真对待每一项会计工作任务，确保会计信息的准确性和及时性。鼓励会计人员积极参与管理，运用专业知识为企业的经营决策提供有价值的建议和支持。强化服务意识，以优质的服务满足企业内部和外部利益相关者对会计信息的需求。

督促会计人员坚持客观公正、诚实守信、廉洁自律、不做假账，是强化会计职业道德约束的核心内容。客观公正要求会计人员在处理会计事务时，不受个人情感和利益的影响，以事实为依据，如实反映企业的财务状况和经营成果。诚实守信是会计人员的基本职业素养，要求会计人员言行一致，遵守承诺，不提供虚假的会计信息。廉洁自律是会计人员保持职业操守的重要保障，要求会计人员自觉抵制各种利益诱惑，不利用职务之便谋取私利。不做假账是会计人员的职业道德底线，任何形式的会计造假行为都将严重损害会计行业的声誉和公信力。

2.加强会计诚信教育。

会计诚信教育是提升会计人员诚信意识的重要手段，通过多种形式的教育活动，能够使会计诚信理念深入人心，成为会计人员的自觉行动。财政部门、中央主管单位和会计行业组织应充分发挥各自的优势，共同推动会计诚信教育的广泛开展。

采取多种形式开展会计诚信教育，如举办专题讲座、研讨会、培训课程等，邀请专家学者、行业资深人士等为会计人员传授会计诚信知识和职业道德规范。利用网络平台、在线课程等新媒体手段，拓宽会计诚信教育的渠道，方便会计人员随时随地进行学习。开展案例教学，通过剖析实际发生的会计诚信案例，让会计人员深刻认识到会计诚信缺失的危害和后果，增强其对会计诚信的重视程度。

将会计职业道德作为会计人员继续教育的必修内容，是加强会计诚信教育的重要举措。在继续教育课程中，应系统地讲解会计职业道德的基本理论、规范要求和实践应用，引导会计人员不断反思和提升自己的职业道德水平。定期组织会计人员参加职业道德培训和考核，确保会计人员对职业道德规范的掌握和遵守。

充分发挥新闻媒体对会计诚信建设的宣传教育、舆论监督等作用，能够营造良好的会计诚信氛围。新闻媒体可以通过报道会计诚信模范的先进事迹，为广大会计人员树立榜样，激发他们学习先进、追求诚信的热情。对违反会计诚信的典型案例进行深入剖析和曝光，让社会公众了解会计诚信缺失的危害，形成强大的舆论压力，促使会计人员自觉遵守职业道德规范。

引导财会类专业教育开设会计职业道德课程，是从源头上培养会计人员诚信意识的重要途径。在高校和职业院校的财会类专业教学中，应将会计职业道德教育贯穿于整个教学过程中，使学生在学习专业知识的同时，树立正确的职业道德观念。通过课堂教学、实践教学、案例分析等多种教学方法，培养学生的诚信意识和职业操守，为他们今后从事会计工作奠定坚实的道德基础。

鼓励用人单位建立会计人员信用管理制度，将会计人员遵守会计职业道德情况作为考核评价、岗位聘用的重要依据，能够强化会计人员的诚信责任。用人单位可以制定具体的信用评价指标和考核办法，对会计人员的工作表现、职业道德遵守情况等进行全面评价。对于信用良好的会计人员，给予表彰和奖励，在岗位晋升、薪酬待遇等方面给予优先考虑；对于信用不良的会计人员，进行批评教育和相应的处罚，情节严重的，依法解除劳动合同。通过这种方式，能够激励会计人员自觉遵守职业道德规范，提高自身的诚信水平。

（二）建设会计人员诚信档案

1.建立严重失信会计人员"黑名单"制度。

建立严重失信会计人员"黑名单"制度，是加强会计人员诚信档案建设的关键环节，对于净化会计行业环境、维护市场经济秩序具有重要意义。将有提供虚假财务会计报告，做假账，隐匿或者故意销毁会计凭证、会计账簿、财务会计报告，贪污，挪用公款，职务侵占等与会计职务有关违法行为的会计人员，作为严重失信会计人员列入"黑名单"，纳入全国信用信息共享平台，依法通过信用中国网站等途径，向社会公开披露相关信息。这一举措能够形成强大的舆论压力和社会监督，使严重失信会计人员在职业发展和社会生活中受到限制，从而起到有效的惩戒和警示作用。

通过将严重失信会计人员列入"黑名单"并公开披露信息，能够提高会计人员的违法成本，使其认识到违反职业道德和法律法规的严重后果。这不仅有助于遏制会计人员的违法违规行为，还能对其他会计人员起到教育和威慑作用，促使他们自觉遵守职业道德规范，维护会计行业的良好形象。此外，"黑名单"制度还能够为用人单位、金融机构、监管部门等提供重要的参考依据，帮助他们在招聘、合作、监管等过程中，准确识别和防范信用风险。

2.建立会计人员信用信息管理制度。

建立健全会计人员信用信息管理制度，是规范会计人员信用信息管理、保障会计人员合法权益的重要举措。研究制定会计人员信用信息管理办法，明确信用信息的采集、记录、评价、应用等各个环节的具体要求和操作流程，确保信用信息的真实性、准确性、完整性和及时性。

规范会计人员信用评价，应建立科学合理的信用评价指标体系，综合考虑会计人员的职业道德表现、工作业绩、违法违规记录等因素，对会计人员的信用状况进行全面、客观、公正的评价。信用评价结果应及时向会计人员本人反馈，并作为其信用档案的重要内容。建立信用信息采集机制，明确信息采集的渠道和方式，确保能够及时、准确地获取会计人员的信用信息。信息采集应遵循合法、公正、必要的原则，保护会计人员的个人隐私和商业秘密。

探索建立会计人员信息纠错、信用修复、分级管理等制度，能够为会计人员提供合理的救济途径，促进会计人员诚信意识的提升。当会计人员认为信用信息存在错误或遗漏时，应允许其提出异议并进行申诉，相关部门应及时进行核实和处理。对于信用状况良好的会计人员，可以给予一定的激励措施，如优先参与培训、评选表彰等；对于信用状况较差的会计人员，应加强监管和教育，督促其整改提高。对于积极改正错误、表现良好的会计人员，应允许其在一定条件下修复信用记录，重新获得良好的信用评价。

3.完善会计人员信用信息管理系统。

完善会计人员信用信息管理系统，是提高会计人员信用信息管理效率和水平的重要手段。以会计专业技术资格管理为抓手，有序采集会计人员信息，记录会计人员从业情况和信用情况，建立和完善会计人员信用档案。省级财政部门和中央主管单位应有效利用信息化技术手段，组织升级改造本地区（部门）现有的会计人员信息管理系统，构建完善本地区（部门）的会计人员信用信息管理系统，实现信用信息的集中存储、统一管理和实时共享。

在系统建设过程中，应注重提高系统的安全性和稳定性，采取有效的技术措施和管理手段，保障信用信息的安全。加强对系统用户的身份认证和权限管理，确保只有经过授权的人员才能访问和使用信用信息。建立健全数据备份和恢复机制，防止数据丢失和损坏。同时，要注重系统的易用性和便捷性，为会计人员、用人单位、监管部门等提供高效、便捷的服务。财政部门在此基础上将构建全国统一的会计人员信用信息平台，实现全国范围内会计人员信用信息的互联互通和共享共用，为加强会计人员诚信建设提供有力的技术支持。通过全国统一的信用信息平台，能够打破信息孤岛，实现信用信息的全面共享和综合利用，提高会计人员信用管理的效率和效果。

（三）加强会计职业道德管理的组织实施

1.落实组织领导。

会计职业道德建设是一项系统工程，需要各方面的协同配合和共同努力。根据国家关于加强社会诚信建设的有关文件精神，应通过信用信息公开和共享，建立跨部门、跨地区、跨领域的联合激励与惩戒机制，形成政府部门协同联动、行业组织自律管理、信用服务机构积极参与、社会舆论广泛监督的共同治理格局。

建立联席制度，是推动会计人员诚信建设工作有效开展的重要举措。财政部门、审计部门、税务部门、中国人民银行等相关部门应加强沟通与协作，定期召开联席会议，共同研究解决会计职业道德建设中存在的问题。明确各部门在会计职业道德管理中的职责分工，避免出现管理空白和重复监管的现象。财政部门作为会计行业的主管部门，应发挥主导作用，负责制定会计职业道德规范和管理制度，组织开展会计人员诚信教育和培训，加强对会计人员信用信息的管理和应用。审计部门应加强对企业财务报表的审计监督，对发现的会计造假等违法违规行为，依法进行查处，并及时向财政部门通报相关情况。税务部门应加强对企业纳税申报的审核，对发现的偷逃税等违法行为，依法进行处理，并将相关信息纳入企业和会计人员的信用档案。中国人民银行应加强对金融机构的监管，将会计人员的信用状况作为金融机构授信的重要参考依据，对信用不良的会计人员，限制其在金融机构的任职资格。

通过建立健全联合激励与惩戒机制，对诚实守信的会计人员给予表彰和奖励，在职称评定、职务晋升、培训学习等方面给予优先考虑；对失信的会计人员依法依规进行惩戒，限制其从事会计工作，将其列入"黑名单"，向社会公开披露相关信息，使其在职业发展和社会生活中受到限制。通过这种方式，形成良好的激励导向，促使会计人员自觉遵守职业道德规范。

2.加大宣传力度。

加大对会计人员诚信建设工作的宣传力度，是营造良好会计职业道德氛围的重要手段。财政部门及其他有关部门、会计行业组织应充分利用报纸、广播、电视、网络等多种渠道，广泛宣传会计职业道德的重要性和基本要求，提高社会各界对会计职业道德的认识和重视程度。

教育引导会计人员和会计后备人员不断提升会计诚信意识，是宣传工作的重要目标。通过开展专题讲座、培训课程、案例分析等活动，向会计人员和会计后备人员传授会计职业道德知识，引导他们树立正确的职业道德观念。邀请会计行业的专家学者、道德模范等进行授课和经验分享，让会计人员和会计后备人员近距离感受到职业道德的力量，激发他们学习先进、追求诚信的热情。

积极引导社会各方依法依规利用会计人员信用信息，褒扬会计诚信，惩戒会计失信，能够扩大会计人员信用信息的影响力和警示力。鼓励用人单位在招聘会计人员时，查询其信用信息，优先录用信用良好的会计人员；对信用不良的会计人员，谨慎录用或不予录用。金融机构在开展信贷业务时，将会计人员的信用状况作为重要参考依据，对信用良好的企业和会计人员，给予优惠的信贷政策；对信用不良的企业和会计人员，提高信贷门槛或拒绝提供信贷支持。通过社会各方的共同参与，形成对会计失信行为的强大舆论压力，促使会计人员自觉遵守职业道德规范。

通过广泛宣传，使全社会形成崇尚会计诚信、践行会计诚信的社会风尚，为会计职业道德建设创造良好的社会环境，让会计诚信成为会计人员的自觉行动，成为社会各界对会计行业的普遍期望，推动会计行业的健康发展。

3.褒奖守信会计人员。

将会计人员信用信息作为先进会计工作者评选、会计职称考试或评审、高端会计人才选拔等资格资质审查的重要依据，能够激励会计人员积极践行职业道德规范，提高自身的诚信水平。在先进会计工作者评选中，优先考虑信用记录良好、职业道德高尚的会计人员，对他们的工作成绩和道德表现给予充分肯定和表彰，为广大会计人员树立榜样。在会计职称考试或评审中，将会计人员的信用状况作为重要的评审指标，对信用不良的会计人员，在考试报名、评审资格等方面进行限制，促使会计人员在备考和工作过程中，始终保持良好的职业道德操守。在高端会计人才选拔中，更加注重会计人员的信用品质和职业道德素养，选拔出一批德才兼备的高端会计人才，为会计行业的发展提供有力的人才支持。

鼓励用人单位依法使用会计人员信用信息，优先聘用、培养、晋升具有良好信用记录的会计人员，能够进一步强化会计人员的诚信意识。用人单位在招聘会计人员时，通过查询信用信息，了解其职业道德表现，选择信用良好的会计人员加入企业，能够提高企业财务工作的质量和安全性。在企业内部，对信用良好的会计人员，给予更多的培训机会和职业发展空间，激励他们不断提升自己的专业能力和职业道德水平。对表现优秀的会计人员，在职务晋升、薪酬待遇等方面给予优先考虑，让他们感受到诚信带来的实际利益，从而更加坚定地遵守职业道德规范。通过用人单位的积极参与，形成对会计人员诚信行为的有效激励机制，促进会计人员职业道德水平的整体提升。

（四）建立健全会计职业联合惩戒机制

建立健全会计职业联合惩戒机制，是强化会计职业道德监管的重要保障，能够对会计失信行为形成强大的威慑力，维护会计行业的正常秩序。相关部门应明确联合惩戒对象，将存在严重失信行为的会计人员和会计机构作为重点惩戒对象，依法依规实施联合惩戒。

1.明确联合惩戒对象。

明确联合惩戒对象，是实施联合惩戒机制的首要任务。将有提供虚假财务会计报告，做假账，隐匿或者故意销毁会计凭证、会计账簿、财务会计报告，贪污，挪用公款，职务侵占等与会计职务有关违法行为的会计人员，以及协助、参与企业财务造假的会计师事务所、注册会计师等，作为联合惩戒对象。这些行为严重违反了会计职业道德和法律法规，损害了国家和社会公众的利益，必须予以严厉惩戒。通过明确联合惩戒对象，能够使惩戒措施更加有的放矢，提高惩戒的针对性和有效性。

2.信息共享与联合惩戒的实施方式。

实现信息共享是实施联合惩戒的关键环节。财政部门、税务部门、审计部门、中国人民银行、证券监管部门等相关部门应建立健全信息共享机制，实现会计人员信用信息的互联互通和共享共用。通过建立统一的信用信息平台，将会计人员的基本信息、从业资格信息、信用评价信息、违法违规信息等进行集中管理和共享，为各部门实施联合惩戒提供有力的数据支持。

各部门应按照职责分工，依法依规对联合惩戒对象实施惩戒措施。财政部门可以对违规会计人员和会计机构进行行政处罚，如罚款等；税务部门可以对偷逃税的企业和相关会计人员进行税务稽查和处罚；审计部门可以对企业的财务报表进行审计监督，对发现的问题依法进行处理，并向相关部门通报；中国人民银行可以将会计人员的信用状况纳入金融信用信息基础数据库，对信用不良的会计人员在信贷、融资等方面进行限制；证券监管部门可以对上市公司的财务造假行为进行查处，对相关会计人员和会计师事务所进行处罚，并限制其从事证券业务。通过各部门的协同配合，形成联合惩戒的强大合力，使失信者一处失信、处处受限。

3.联合惩戒措施。

联合惩戒措施应具有多样性和针对性，根据失信行为的性质和严重程度，采取不同的惩戒方式。罚款、限制从事会计工作、追究刑事责任等惩戒措施是对严重违法违规会计行为的严厉打击。对于提供虚假财务会计报告、做假账等情节严重的行为，依法给予罚款处罚，并限制其在一定期限内从事会计工作；构成犯罪的，依法追究刑事责任。记入会计从业人员信用档案，将会计人员的失信行为记录在其信用档案中，作为其职业信用的重要依据，影响其今后的职业发展。

将会计领域违法失信当事人信息通过财政部网站、信用中国网站等予以发布，同时协调相关互联网新闻信息服务单位向社会公布，使失信者的行为曝光于公众视野之下，形成强大的舆论压力。实行行业惩戒，会计行业组织可以对失信会计人员和会计机构进行行业内通报批评、警告、暂停会员资格、取消会员资格等惩戒措施，加强行业自律管理。限制取得相关从业任职资格，限制获得认证证书，对失信会计人员在报考会计专业技术资格考试、申请注册会计师资格等方面进行限制，提高其失信成本。

依法限制参与评先、评优或取得荣誉称号，使失信者失去在行业内获得荣誉和奖励的机会，激励会计人员遵守职业道德规范。依法限制担任金融机构董事、监事、高级管理人员，限制其担任国有企业法定代表人、董事、监事，限制登记为事业单位法定代表人，防止失信会计人员在其他领域继续从事与财务相关的重要职务，降低其对经济社会的危害。作为招录（聘）为公务员或事业单位工作人员以及业绩考核、干部选任的参考，将会计人员的信用状况作为重要的参考依据，确保公职人员队伍的诚信素质。

通过建立健全会计职业联合惩戒机制，明确联合惩戒对象，完善信息共享与联合惩戒的实施方式，采取多样化的联合惩戒措施，能够有效遏制会计失信行为的发生，提高会计人员的职业道德水平，维护会计行业的良好秩序和社会公信力。

关键知识清单

1.增强会计人员诚信意识
2.建设会计人员诚信档案
3.加强会计职业道德管理的组织实施
4.建立健全会计职业联合惩戒机制

三、任务实施

会计人员未如实记录经济业务，虚构交易事项，严重违背了诚实守信的基本职业道德。这种行为误导了投资者、债权人等利益相关者，使其基于错误信息作出决策，损害了他们的利益。《企业会计准则》明确规定了收入确认和成本核算的原则与方法，A公司财务人员故意违反这些准则，通过不正当的会计手段操纵利润，破坏了财务信息的真实性和可靠性，扰乱了正常的市场经济秩序。财务人员在管理层的压力下，未能保持独立客观的态度，屈从于不当要求，未能公正地反映公司的财务状况和经营成果，沦为财务造假的工具。

对A公司的处罚：证券监管部门对A公司处以巨额罚款，责令其改正违法行为，重新披露真实的财务报告；同时，对公司的主要管理人员和直接责任人员实施市场禁入措施，禁止他们在一定期限内从事证券市场相关业务。税务部门追缴其偷逃的税款，并加收滞纳金和罚款。

对会计师事务所的处罚：负责A公司审计的会计师事务所，因未能勤勉尽责，未发现A公司的财务造假行为，被处以罚款，暂停承接相关业务；对签字注册会计师给予警告、罚款，并吊销其注册会计师资格证书。

知之守之

2020年，重庆某公司财务主管李明在利益的诱惑下，伙同会计张悦，通过伪造财务报表、虚报账目等手段，非法挪用公司巨额资金，给公司带来了严重的经济损失，也损害了众多投资者的利益。在历经长时间的调查和严谨的司法程序后，2023年，法院对李明、张悦财务造假案作出终审判决，依法判处二人相应的有期徒刑，并处罚金，同时要求他们退还挪用的资金，赔偿公司损失。这一行为不仅破坏了公司的正常运营，也让人们对财务会计的诚信问题产生了深刻反思。

案例解析：从法律层面来看，李明与张悦的行为构成了挪用资金罪和财务造假罪。他们主观上具有非法占有公司资金和欺骗公众的故意，客观上实施了伪造财务报表、虚报账目等行为，直接导致公司资金被挪用、财务信息严重失真。这种行为严重违反了《公司法》《会计法》，以及《刑法》中关于财务造假和挪用资金的相关规定。财务造假不仅误导了投资者的决策，破坏了资本市场的公平性，还损害了国家税收利益；挪用资金更是侵犯了公司的财产所有权。在法律体系中，对于此类经济犯罪，根据犯罪金额、情节恶劣程度以及造成的后果等因素量刑。本案例中，李明和张悦的行为情节特别恶劣，涉案金额巨大，严重扰乱了市场经济秩序，挑战了法律的底线。按照我国《刑法》相关规定，依法应受到严厉的刑罚制裁，以此捍卫法律的尊严和社会的公平正义。

从道德层面而言，这起案件暴露了财务人员职业道德的严重缺失。财务会计作为公司经济活动的记录者和监督者，肩负着维护财务信息真实、准确、完整的重任，同时也承担着对公司、投资者以及社会公众的诚信义务。李明和张悦本应秉持诚实守信、廉洁奉公的职业道德，却为了一己私利，违背了基本的职业操守，作出了损害公司利益、欺骗投资者的行为。这种行为不仅违背了行业内的道德准则，也严重伤害了社会公众对财务行业的信任。职业道德是行业健康发展的基石，财务人员一旦丧失职业道德，整个财务行业的公信力都将受到质疑。这起案件警示着所有财务从业者，要时刻坚守职业道德，以诚信为本，在面对利益诱惑时，保持清醒的头脑，坚决抵制违法行为。

巩固与提升

【例6-1·单选题】会计职业道德的核心是（　　）。

A. 诚实守信

B. 客观公正

C. 坚持准则

D. 爱岗敬业

项目六在线测试

【例6-2·单选题】某会计人员在工作中"懒""拖"，办事敷衍，这违背了会计职业道德（　　）的要求。

A. 爱岗敬业　　　　　　　　　B. 诚实守信

C. 廉洁自律　　　　　　　　　D. 客观公正

【例6-3·单选题】会计人员对于工作中知悉的商业秘密应依法保密，不得泄露，这体现了会计职业道德（　　）的要求。

A. 廉洁自律　　　　　　　　　B. 诚实守信

C. 客观公正　　　　　　　　　D. 坚持准则

【例6-4·单选题】会计职业道德要求的"客观公正"的基本特征是（　　）。

A. 真实性和公正性　　　　　　B. 合规性和公平性

C. 公正性和公开性　　　　　　D. 真实性和准确性

【例6-5·单选题】会计人员不断地学习和提高职业技能，体现了会计职业道德（　　）的要求。

A. 参与管理　　　　　　　　　B. 强化服务

C. 提高技能　　　　　　　　　D. 廉洁自律

【例6-6·单选题】下列各项中，不属于会计职业道德"强化服务"要求的是（　　）。

A. 提高服务质量

B. 树立服务意识

C. 努力维护和提升会计职业的良好社会形象

D. 代理记账，提高经济效益

【例6-7·多选题】下列各项中，属于会计职业道德"爱岗敬业"要求的有（　　）。

A. 工作一丝不苟　　　　　　　B. 工作尽职尽责

C. 工作严肃认真　　　　　　　D. 热爱会计工作

【例6-8·多选题】会计职业道德"廉洁自律"的基本要求包括（　　）。

A. 树立正确的人生观和价值观

B. 公私分明，不贪不占

C. 保守秘密，不为利益所诱惑

D.遵纪守法，一身正气

【例6-9·多选题】下列各项中，属于会计职业道德"客观公正"的基本要求的有（　　）。

A.依法办事　　　　　　　　　B.实事求是

C.保持独立性　　　　　　　　D.不偏不倚

【例6-10·多选题】会计职业道德"坚持准则"的要求包括（　　）。

A.熟悉准则　　　　　　　　　B.遵循准则

C.敢于同违法行为作斗争　　　D.保持独立性

【例6-11·多选题】下列各项中，体现会计职业道德"提高技能"要求的有（　　）。

A.出纳人员向银行工作人员请教辨别假钞的技术

B.会计人员向专家学习会计电算化操作方法

C.会计主管人员研究对人力资源价值的核算

D.总会计师通过自学提高财务管理分析能力

【例6-12·多选题】会计职业道德规范中的"参与管理"要求会计人员（　　）。

A.全面熟悉单位经营活动和业务流程

B.主动提出合理化建议

C.代替领导决策

D.积极参与管理

【例6-13·判断题】会计职业道德具有一定的强制性。　　　　　　（　　）

【例6-14·判断题】会计人员遵循"坚持准则"的会计职业道德，就是只需要坚持会计准则。　　　　　　　　　　　　　　　　　　　　　　　　　（　　）

【例6-15·判断题】会计职业道德允许个人和各经济主体获取合法的自身利益，但反对通过损害国家和社会公众利益而获取违法利益。　　　　　　　　（　　）

【例6-16·判断题】廉洁自律是会计职业道德的内在要求和行为准则。　（　　）

【例6-17·判断题】会计职业道德规范中的"参与管理"就是直接参加管理活动，为管理者当参谋，为管理活动服务。　　　　　　　　　　　　　　（　　）

【例6-18·判断题】会计职业道德教育的主要形式是接受教育。　　　（　　）

答案与解析

主要参考文献

［1］中共中央文献编辑委员会．习近平著作选读（第一卷、第二卷）［M］．北京：人民出版社，2023．

［2］陈汉文，韩洪灵．商业伦理与会计职业道德［M］．北京：中国人民大学出版社，2020．

［3］张俊民．商业伦理与会计职业道德［M］．上海：复旦大学出版社，2020．

［4］叶陈刚，叶康涛，干胜道，等．商业伦理与会计职业道德［M］．北京：清华大学出版社，2020．

［5］张俊民．会计师事务所诚信评价［M］．北京：经济科学出版社，2005．

［6］国际会计师联合会．职业会计师道德守则［M］．中国注册会计师协会，译．北京：中国财政经济出版社，2003．

［7］韩洪灵，陈汉文．穿透会计舞弊［M］．北京：中国人民大学出版社，2021．

［8］叶钦华，叶凡，黄世忠．财务舞弊识别框架构建——基于会计信息系统论及大数据视角［J］．会计研究，2022（3）：3-16．

［9］财政部会计司．贯彻落实党和国家路线方针政策 发挥会计服务经济社会发展作用——新会计法系列解读之一［EB/OL］．［2024-07-19］．http://www.mof.gov.cn/index.htm．

［10］刘国峰，罗海静．将会计职业道德建设融入会计课程思政的实践逻辑［J］．财务与会计，2023（22）：85-86．

［11］财政部会计财务评价中心．初级会计实务［M］．北京：经济科学出版社，2025．

［12］财政部会计财务评价中心．经济法基础［M］．北京：经济科学出版社，2025．